本书受到“同济大学德国研究中心专项资金”资助

同济大学欧洲与德国研究丛书

德国的亚洲政策研究

（2013～2019年）

GERMANY'S ASIA POLICY
(2013–2019)

陈弢 著

社会科学文献出版社
SOCIAL SCIENCES ACADEMIC PRESS (CHINA)

目录
CONTENTS

绪 论

一 德国视野中的“亚洲”

“亚洲”这个词所涵盖的区域为何，一直没有过统一的意见。这个名词的意义更多取决于欧洲本身的变动及其活跃程度。[①] 甚至连“亚洲”内部各大地理和文化板块之间，都长期存在不同的归类。[②] 在很大程度上，德国对“亚洲”的划分取决于某个国家或区域的政治经济变动给德国带来的冲击。例如，中国、印度和日本等就因此成为自近代以来多次被德国观察者所强调的对象，而阿富汗、马来西亚等则相对不受到重视。[③]

今天我们探讨的德国亚洲政策在很大程度上起始于 1949 年，即联邦德国和民主德国成立之时。东西方冷战以及不同的意识形态深刻影响了两个德国对外政策的制定。两个德国对亚洲有着完全不同的认识，并分别形成了独

---

① 德国主流历史学家通常认为“亚洲”和“欧洲”一样，都是被文化建构出来的概念。而我们今天主要以地理（如乌拉尔山和博斯普鲁斯海峡以东）为欧亚分界的做法，实际上既不能反映地表的物质结构，也不能体现“亚洲”在文化、民族或宗教上的任何统一性。Jürgen Osterhammel, *Die Entzauberung Asiens: Europa und die asiatischen Reiche im 18. Jahrhundert*, München: C. H. Beck, 2013.

② 例如，在德国著名东亚问题专家戈特弗里德－卡乐·金德曼（Gottfried-Karl Kinderman）的著名论著中，柬埔寨、越南及其他东盟国家一起被归入了中国、日本、韩国、朝鲜所属的“东亚”。Gottfried-Karl Kindermann, *Der Aufstieg Ostasiens in der Weltpolitik, 1840 – 2000*, Stuttgart: Deutsche Verlags-Anstalt, 2001.

③ Jürgen Osterhammel, *Die Flughohe der Adler: Historische Essays zur Globalen Gegenwart*, München: C. H. Beck, 2017.

特的对亚洲国家政策执行机构和体系。

在冷战期间联邦德国与民主德国的外交体系中，远东或东亚始终是被作为一个整体来考虑的。例如，民主德国外交部中直接负责处理远东事务的机构，是其外交部远东司［Abteilung Ferner Osten，也称“第一非欧司（1. Außereuropäische Abteilung）”］。直到 1970 年代初，除了东亚几个社会主义国家，其他亚洲国家均未承认民主德国，因此，民主德国的远东司基本上成为其亚洲政策的执行机构。远东司由一位外交部副部长任司长，不仅掌管包括中国、日本[①]、朝鲜、蒙古国等地理位置为东亚的国家，还掌管越南、老挝和柬埔寨等地理位置为东南亚的国家与民主德国的外交事务。而从建国初期到 1954 年之前，民主德国同越南民主共和国及朝鲜的外交关系都是由其驻中国使馆负责，驻华大使也兼任驻这两个国家的大使。远东司通常会对其在这些国家的政策制定一个整体的目标。前驻华大使汪戴尔（Paul Wandel）、约翰内斯·科尼希（Johannes König）、君特·柯尔特（Günther Kohrt）以及约瑟夫·黑根（Josef Hegen）都在卸任之后担任了外交部副部长。而担任过外交部副部长的古斯塔夫·赫茨菲尔德（Gustav Hetzfeldt）在 1969 年初被任命为驻华大使。另外，1969～1972 年任驻越南民主共和国大使的克劳斯·维勒丁（Klaus Willerding）在卸任之后也被任命为外交部副部长，负责掌管中近东、非洲和南亚及东南亚事务。以上都可以看出远东司及驻扎在其下属国家的大使在民主德国外交体系中的重要性。在民主德国的外交政策中，“远东”始终是一个极其重要的地理和政治概念。远东的中国、越南民主共和国、朝鲜和蒙古国在很长一段时间里是与民主德国拥有共同意识形态的“同志加兄弟”国家。[②] 民主德国对远东地区进行统一政策规划的一个例子，是其在从中国到朝鲜到越南的建筑援助中，都使用了统一的建筑理论和哲学，并集中体现在民主德国在这些地方修建的包豪斯风格的工业建筑群上。[③] 与上述几个国家不同，阿富汗、印度等中国的邻国在冷战期间并非属于外交部远东司管辖，民主德国对它们的政策也有所区别。

在联邦德国外交部目前的机构设置中，中国事务与朝鲜半岛、日本、印度、阿富汗、越南及东南亚等都统一由其亚太司（Abteilung für Asien und

---

① 自 1968 年开始，日本事务脱离了远东司，转归第六非欧司，即美国、加拿大司管辖。

② Quinn Slobodian, *Comarades of Color: East Germany and the World*, New York: Berghahn, 2017.

③ Young-Sun Hong, *Cold War Germany, the Third World, and the Global Humanitarian Regime*, Cambridge: Cambridge University Press, 2015.

Pazifik）负责。[1] 冷战期间，联邦德国外交部派往亚太区国家的重要官员，很多曾有在中国工作的经历，并熟练掌握中文和中国文化知识。[2] 这样的中国经历，加上冷战期间中国对周边国家的巨大影响，使得联邦德国对该区域国家的政策始终直接或间接地牵涉中国。[3] 1950 年代～1960 年代，亚太地区在联邦德国的外交政策设计中获得了一种独特的地位，被视作与联邦德国的国防安全直接相关，“柏林需要在湄公河进行保卫”。在这种“多米诺骨牌”理论[4]的思路下，联邦德国以各种方式参与了如越南战争等亚太地区的重要国际争端。[5]

联邦德国国内的经济发展在 1970 年代中后期出现了衰退。1973～1976 年，就业人数下降了 130 万。同时，就业岗位也首次呈现了持续性减少的趋势：1973～1976 年减少了接近 80 万个职位。[6] 与此同时，1970 年代也是联邦德国进一步全球化的年代。这一时期，联邦德国在世界上的影响力逐渐增长，已经成为国际经济和金融舞台上的重要力量。其 1973～1981 年的发展援助经费就增长了两倍多。1970 年代联邦德国的国际转移支付金额也从此前的 80 亿西德马克爆炸性地增长到 201 亿西德马克。按施密特所说，联邦德国“已经被迫以极其深入的方式对其他国家负责”。[7] 同时，由于全球化的进展和东亚经济的迅速成长，联邦德国政界开始出现认为 21 世纪是“太平

---

① Auswärtiges Amt，*Organisationsplan des Auswartigen Amts*，Berlin，19. 5. 2020.

② 例如，1950 年代～1960 年代相继担任联邦德国驻泰国和驻马来西亚大使，并在 1952 年建立了联邦德国驻印度尼西亚大使馆的霍斯特·贝林（Horst Böhling），在耶拿大学获得汉学博士学位后曾于 1939～1945 年在德国驻华使馆担任过要职，二战结束后在同济大学任教，直到 1950 年才返回联邦德国。Till Florian Tömmel，*Bonn, Jarkarta und der Kalte Krieg: Die Außenpolitik der Bundesrepublik Deutschland gegenüber Indonesien von 1952 bis 1973*，Berlin：De Gruyter，2018.

③ 例如，中国对联邦德国与民主德国在同印度尼西亚关系的建设过程中起到了极其重要的直接和间接作用。Bernd Schaefer & Baskara Wardaya eds.，*1965: Indonesia and the World,* Jakarta：Gramedia Pustaka Utama，2013；陈弢：《中苏破裂背景下的中国和民主德国关系（1964～1966）》，《当代中国史研究》2012 年第 3 期。

④ “多米诺骨牌”理论是冷战初期由美国总统艾森豪威尔在 1954 年提出的对美国和西方外交影响深远的一种理念。这一理念深受地缘政治学影响，认为越南和中南半岛的丢失会在全球范围内引发连锁反应，不仅会使其他东南亚国家难逃厄运，还会殃及包括西欧在内的当时正在“抗击共产主义扩张”的其他国家，使这些国家纷纷迅速屈服于“共产主义”。〔德〕弗里德里克·罗格沃尔：《越南战争与冷战转型：关于多米诺理论的若干思考》，《冷战国际史研究》2011 年第 1 期。

⑤ Alexander Troche，*Berlin wird am Mekong verteidigt: Die Ostasienpolitik der Bundesrepublik in China, Taiwan und Süd-Vietnam 1954－1966*，Düsseldorf：Droste Verlag，2001.

⑥ Werner Abelshauser，*Deutsche Wirtschaftsgeschichte, von 1945 bis zur Gegenwart*，München：C. H. Beck，2011.

⑦ Ibid.

洋世纪”的看法。它们认为，亚太地区在 21 世纪会成为世界政治和经济的重要角色。尤其是东亚和东南亚出现的大量迅速增长的经济体（如东亚四小龙等），使得联邦德国政界认为这一趋势在加速。因此，主要在联邦德国的建议下，欧共体于 1980 年通过决议加强与东盟组织的对话。在这个背景下，联邦德国也加强了与亚洲国家在双边层面的关系发展。①

值得注意的是，冷战期间，出于在国际上展示自身的制度优越性及合法性，民主德国和联邦德国于包括亚洲在内的广大第三世界国家和地区进行了激烈的人心之争。而由于在这些地区没有传统殖民和军事存在，两个德国在亚洲较量的重点是工程建设及社会合作，并通过派出或交换大量的工程师、专家、医生、护士等专业人员，从而输出自身的意识形态与各自现代化道路的正确性。② 这一特征深刻地影响了今天联邦德国的亚洲政策及其具体操作，即强调社会和经济领域的合作，最终导致亚洲国家出现德国政策所构想的诸多变化。此外，包括亚洲大部分国家在内的亚非拉发展中国家，不仅是联邦德国和民主德国对外援助的主要流向地，③ 也成为两德公民对自己社会的外部镜像，④ 构建了两国的公民认同，⑤ 同时也对他们的国内政治和社会产生了直接或间接的巨大影响。⑥

---

① Deutsche Asienpolitik im Rückblick，2. 9. 2002，https://www. bpb. de/veranstaltungen/dokumentation/130207/deutsche-asienpolitik-im-rueckblick? p = all.

② Young-Sun Hong，*Cold War Germany, the Third World, and the Global Humanitarian Regime*，Cambridge：Cambridge University Press，2015.

③ 例如位于东亚地区的越南，从 1960 年代初期开始，逐渐成为民主德国在全球关注的重点地区之一。民主德国对越南进行了大量援助，成为仅次于苏联和中国的对越南民主共和国进行援助的第三大国和越南民主共和国的第三大贸易伙伴。Harish Mehta，Soviet biscuit factories and Chinese Financial Grants：North Vietnam's Economic Diplomacy in 1967 and 1968，*Diplomatic History*，36（2），2012.

④ Young-Sun Hong，*Cold War Germany, the Third World, and the Global Humanitarian Regime*，Cambridge：Cambridge University Press，2015.

⑤ 例如，1977 年 12 月 1～6 日，民主德国领导人昂纳克访问越南，并同越南签署了《友好互助协定》。这一协定将双方定位为彼此重要的盟友，从而进一步深化了民主德国与越南的关系。协定中也不再提及德国统一等统社党以往德国政策的重要内容，事实上是对民主德国“德国政策”的支持，对民主德国政府发动国内民众，增强其执政意识形态的正当性，构建“社会主义民族”大有帮助。这样，越南作为民主德国在这一地区外交政策中心的地位终于形成。陈弢：《民主德国与中越朝关系研究（1960～1977）》，华东师范大学博士学位论文，2014。

⑥ 例如，在 1960 年代～1970 年代的联邦德国，越南战争和越南共和国难民问题是极具争议性乃至爆炸性的社会和政治问题，并导致爆发了大规模的社会运动。Quinn Slobodian，*Foreign Front: Third World Politics in Sixties West Germany*，Durham：Duke University Press，2012；Frank Bösch，*Zeitwende 1979: Als die Welt von heute begann*，München：C. H. Beck，2019.

二 1990年后德国对亚洲国家政策的调整

1990年10月3日，民主德国和联邦德国完成了统一。在这个基础上，德国的亚洲政策有了全新的发展。这个发展最初于科尔的“新亚洲政策方案（Asien-Konzept der Bundesregierung）”中出现。

1990年代初期，与美国等相比，新统一的德国在亚太地区的经贸活动明显不足。时任美国助理国务卿温斯顿·洛德（Winston Lord）曾表示：“今天对美国来说，世界上没有其他地区比亚太更加重要。”超过20%的美国对外投资被投放在亚洲。而德国在亚洲国家的投资却不到其对外投资总额的5%。① 在欧洲内部市场对德国出口的需求逐渐减弱之时，德国经济界需要寻找新的极具潜力的增长区域。经济增长迅速的中国尤其受到了统一之后德国的关注。② 很多有代表性的德国企业担心本国会在从泰国到中国的亚洲强劲经济增长中成为后来者。③

在这个背景下，1993年2～3月，德国总理科尔先后访问印度、新加坡、印度尼西亚、日本和韩国。此次访问使他对亚洲经济的蓬勃发展深感震惊。他回国后立即表示亚洲事务是德国要处理的“要务”所在。在与内阁各部长的会谈中，科尔提出了德国“新亚洲政策方案”，该方案在9月底的内阁会议上获得批准。④ 其中指出，德国需要一个“更加积极的亚洲政策”，这将“保证德国的未来”。亚洲会成为21世纪最重要的大洲。与世界经济增长最快的地区加强联系是德国亚洲政策的核心。在外交及对外经济活动方面，德国将对亚洲及亚太国家实行优先原则，而在亚洲，没有一个国家像中国那样正在经历飞速的经济发展。科尔将中国视作具有全球性意义的国家，同中国加强经贸交往是这个“新亚洲政策方案”的重点之一。

尽管该方案被冠以“亚洲政策方案”的名称，但实际上其主要内容是以“亚洲—太平洋地区”来进行叙述的。从中可见，这一“亚太地区”主要包

---

① 陈弢：《科尔与中德关系发展》，澎湃新闻，2017年6月24日。

② Deutsche Asienpolitik im Rückblick, 2.9.2002, https://www.bpb.de/veranstaltungen/dokumentation/130207/deutsche-asienpolitik-im-rueckblick? p = all.

③ Thomas Barthlein, Deutsche Asienpolitik im Wandel, 26.10.2001, https://www.dw.com/de/deutsche-asienpolitik-im-wandel/a - 370780 - 0.

④ Weil in Asien die Musik spielt, *Die Zeit*, 12.11.1993.

括日本、中国、印度、新加坡、越南、韩国、印度尼西亚、孟加拉国等国及中国香港、中国台湾等地区。而日本、中国和印度被视作“拥有巨大实力的政治强国”①。该方案还判断，大部分亚洲国家仍十分贫穷，尤在经贸和技术领域对包括德国在内的欧洲感兴趣。

该方案进一步指出，德国必须极大地增进对亚太地区的了解，并应清楚认识到自身力量不能延伸得过长，到处干预，而应挑选出符合本国利益的领域，有重点地参与亚太事务。为此，其给出了几点建议：①充分利用德国在这个地区存在的机遇。②对来自亚太的经济挑战作好准备。③通过努力，使亚太国家和社会在维护和平、不扩散大规模杀伤性武器、经济社会发展、国际贸易和经济关系等领域实践共同责任，并充分使其注意到环境和人权问题。④要成功实现上述目标，需要使大多数亚太国家认同德国的政策。因此，德国必须对亚太地区开放经济和文化，并进一步支持其现代化和发展。尤其要注意到亚太国家的多样性及不同国家在文化、政治、社会和经济等具体情况上的差别。⑤建立起对双方都有利的物质上的伙伴关系。这直接与经济领域的合作有关，同时发展援助和科技合作也有助于构建全方位的伙伴关系。“新亚洲政策方案”将德国的人权政策定位于构建社会的多元性和自由且可以预计的政治体系，认为如果反对亚太国家或没有亚太国家的参与，这一政策就不能有所实践。对德国来说，除了与亚太地区的国家和地区组织进行对话及合作外，别无他途。这一地区许多国家充满活力的发展使其成为德国重要的贸易和投资伙伴。在德国的外交和对外经贸政策中，亚太地区居于优先位置。至于环境问题，尽管德国与亚太国家已经进行了很深入的合作，但当地人应该努力承担起自身的环保责任。最为重要的是，该方案将经济问题作为德国与亚太地区的国家发展关系的重点，而民主价值观和人权等问题则退居其后。②

在科尔眼里，亚洲是一个充满机遇的大陆。按照时任德国外长克劳斯·金克尔（Klaus Kinkel）的看法，科尔政府的亚洲政策方案不仅是德国外交政策调整的一份内部文件，还是对外界发送的一个信号，即亚太区域未来在德国外交中的重要性还会增强。在德国“新亚洲政策方案”的推动下，欧洲加强了与亚洲的整体对话。其突出体现是 1996 年设立的“亚欧会议

---

① “新亚洲政策方案”认为，日后印度尼西亚和韩国也会成为世界政治强国。

② Asien-Konzept der Bundesregierung, Drucksache 12/6151, 25. 10. 1993, Deutscher Bundestag.

机制”[①]，并推动亚欧政府和社会加强彼此的了解、沟通与合作。[②]尽管很多人对这份方案有所指责（例如认为其太偏重经济领域），但其毫无疑问构成了1993年至今德国亚洲政策的基石，是冷战结束后德国外交政策的重要调整。进入21世纪，德国目前的亚洲政策仍在体现该方案的核心精神。

经过统一后近十年时间与亚洲的接触，公元2000年前后，德国各界对亚洲有了新的认识，并认为科尔的“新亚洲政策方案”应该得到更新。首先，德国各界认识到亚洲是个巨大而多元的大陆，不能用单一的政策来应对。在政治发展上，亚洲也应该分成几个不同的区域，而德国的外交政策需要采取不同的方案来应对这些不同的区域。同时，鉴于2000年前后全球和亚洲出现的一系列安全危机，德国认识到本国的外交应该在该地区投入更多的精力。在认识到亚洲地区多样性和复杂性的基础上，德国政界人士逐渐意识到科尔时期过于重视经济的亚洲政策并不能应对亚洲发展的多样性。因此，施罗德领导的红绿联盟政府于1998年10月上台后，安全、区域稳定和裁军等政治议题再度受到关注，民主、法治和人权主题等也在对亚洲国家的外交中被多次提及，与亚洲各国的公共社会对话也逐渐增多和受到重视。与此同时，由于亚洲的重要性提升，德国政府各部门也分别制定了各自的“亚洲政策方案”。例如联邦教育部2002年的亚洲政策方案及联邦经济合作与发展部2001年的亚洲政策方案均认为应通过消除贫困、保护环境和推动亚洲民主化的方式来制止危机。[③]

2005年11月，科尔的接班人默克尔击败社民党施罗德当选联邦总理。德国的亚洲政策继续进行调整。2007年，联盟党专门制定了一份亚洲政策文件，并随即在中国舆论引发了对中德关系未来发展的担忧。[④] 与施罗德时期的亚洲政策相比，这份文件既有继承也有发展。文件的一大突破是第一次

---

① 今天的亚欧会议，参与者已经从最初的15个亚洲国家和10个欧洲国家发展成为拥有45个成员（包括东盟10国、东盟秘书处、中国、日本、韩国、蒙古国、印度、巴基斯坦等亚洲国家和组织，以及欧盟27个成员国及欧盟委员会），人口达24.7亿（截至2018年9月）的重要国际论坛。我们可以发现，这里指的“亚洲”仍然是地理上的亚太地区。

② Deutsche Asienpolitik im Rückblick, 2.9.2002, https://www.bpb.de/veranstaltungen/dokumentation/130207/deutsche-asienpolitik-im-rueckblick? p = all.

③ Thomas Barthlein, Deutsche Asienpolitik im Wandel, 26.10.2001, https://www.dw.com/de/deutsche-asienpolitik-im-wandel/a－370780－0; Deutsche Asienpolitik im Rückblick, 2.9.2002, https://www.bpb.de/veranstaltungen/dokumentation/130207/deutsche-asienpolitik-im-rueckblick? p = all.

④《默克尔“价值观外交”背后：有意拥抱印度抗衡中国?》,《环球》2007年11月16日，http://www.chinanews.com/gj/kong/news/2007/11－16/1079262.shtml。

明确地对联邦德国外交政策视野里的“亚洲”范围进行了界定，认为“亚洲”由东北亚、东南亚和南亚等三个区域组成，即地理范围西至阿富汗、巴基斯坦，北至中国（北方）和蒙古国，东至日本和菲律宾，南至印度尼西亚和巴布亚新几内亚。而西亚、（阿富汗以外的）中亚、南高加索地区、俄罗斯及大洋洲的澳大利亚和新西兰等均未被列入德国亚洲政策所涉及的范围。[①]

这份文件认为，这一地区的挑战和机遇不仅来自经济领域，还越发在国际政治和文化等领域出现。德国乃至欧洲需要有一个多层次的亚洲政策，并在双边、欧盟和国际层面加强与亚洲国家的关系及德国的竞争力，从而使得亚洲的崛起不意味着德国的衰落。文件还指出了德国乃至欧盟在亚洲的三种利益：经济利益（如贸易、投资、确保竞争力和科研合作）、政治和地缘战略利益（如维护和平、阻止大规模杀伤性武器扩散和强调人权、法治国家的价值问题对话等）、全球利益（如环境保护和全球治理等）。与科尔的亚洲政策和施罗德的亚洲政策相比，这份文件对价值观合作伙伴尤为强调，实际上是德国在亚洲地区寻找发展与中国之外国家关系的重要开端。文件特别指出，德国乃至欧洲的亚洲政策必须注意到长远的利益，在亚洲民众和政府中寻找“可信赖的合作伙伴（Verlässliche Partner zu gewinnen）”。而从长久来看，这种伙伴关系只能建立在“共同的价值观和信念（Gemeinsame Werte und Überzeugungen）”上。文件指出，这种价值观包括尊重人权、宽容不同意见、民众平等参与国家和社会事务，并将其视作现代国家制度的合法性基础及实现国内外和平的前提。[②] 文件还指出，德国需要制定出一个积极的亚洲政策框架，它不仅应包括外交和发展援助政策，还应囊括安全、对外经济政策及技术、能源和环境保护等领域。其中的最高准则是，与亚洲国家建立起合作伙伴关系。[③]在这份亚洲政策文件中，联盟党强调要采取多层次政策应

① Asien als strategische Herausforderung und Chance für Deutschland und Europa, Asienstrategie der CDU/CSU-Bundestagsfraktion Beschluss vom 23. 10. 2007, S. 2, 20.

② 作为这份文件编撰负责人之一的诺伯特·吕特根（Norbert Röttgen）是联邦议院外交委员会主席，并且有可能成为默克尔的接班人。Asien als strategische Herausforderung und Chance für Deutschland und Europa, Asienstrategie der CDU/CSU-Bundestagsfraktion Beschluss vom 23. 10. 2007, S. 3.

③ Asien als strategische Herausforderung und Chance für Deutschland und Europa, Asienstrategie der CDU/CSU-Bundestagsfraktion Beschluss vom 23. 10. 2007, S. 13.

对亚洲的多样性，如在德国发展援助中，要区分中国与孟加拉国的不同。[①]此外，文件还指出德国和欧洲在实施亚洲政策时需要与美国协调，以应对来自这个区域的挑战。

不过，2007 年的亚洲政策文件并未扭转德国亚洲政策发展中重视中国而忽视其他国家的趋势。相反，主要随着中国经济的飞速发展以及中德经贸往来的不断扩大，德国对这个区域的政策愈发侧重于中国。到目前为止，包括默克尔总理在内的德国政府高层访问中国的次数，比对该地区其他国家进行访问的总和加起来还要多。由此可以看出中国在德国亚洲政策中的重要地位。

2012 年，美国奥巴马政府公布了“亚太再平衡战略”，重视以重振盟国及多边的方式“重返亚太”，并在这一战略下制定了多种机制和文件来推动欧美在亚太地区的合作。[②] 例如，2012 年 7 月，美国国务卿希拉里和欧盟外交和安全政策高级代表凯瑟琳·阿什顿（Catherine Ashton）在柬埔寨首都金边会晤后发表的《美欧关于在亚太合作的联合声明》强调了“亚洲、美国和欧洲间的相互依赖已经达到了前所未有的地步”，并初步规划了美欧在该地区的安全及可持续发展和经贸等领域的合作。从文件内容来看，这里所指的“亚太”基本上与德国传统意义上的“亚洲”地区相重合，不同之处是将太平洋上的一些国家纳入其中。[③] 该联合声明并不能掩盖双方在亚太政策上的很多分歧甚至矛盾。例如，很多美国人认为欧洲人只关心自己在亚洲的商业利益，而对政治和社会领域的关注不够。但实际上，欧洲却是亚洲最大的发展援助和人道主义援助提供者，在规制输出上做了相当多的工作。尽管如此，至少在奥巴马时期，美欧双方都认为“只有合作才能维持西方的领导地位”。[④] 在这个背景下，德国政界认为，德国乃至欧洲也需要积极开展行动来配合和应对美国在亚洲的战略调整，以避免该地区出现军事冲突，并将中

---

① 文件认为，快速发展的中国尽管仍有很多问题要去解决，且德国也能够和应该对中国解决这些问题进行帮助。但其已经拥有世界上最大规模的外汇储备，中国企业在世界市场和德国国内市场上也在与德国企业进行着激烈的竞争，而孟加拉国则显然不同。Asien als strategische Herausforderung und Chance für Deutschland und Europa, Asienstrategie der CDU/CSU-Bundestagsfraktion Beschluss vom 23. 10. 2007, S. 18.

② 方晓：《后危机时代的欧美关系：全球挑战下的变化》，《欧洲研究》2013 年第 6 期。

③ U. S. -EU Statement on the Asia-Pacific Region, 12. 7. 2012, U. S. Department of State, https://2009 – 2017. state. gov/r/pa/prs/ps/2012/07/194896. htm.

④ 方晓：《后危机时代的欧美关系：全球挑战下的变化》，《欧洲研究》2013 年第 6 期。

国视为政治和经济上的合作伙伴。①

在美国“重返亚太战略”的引领下，德国亚洲政策更加追求在中国与亚洲其他国家之间，在价值观盟友和经济伙伴之间的平衡，并且发展与中国之外国家的关系。2012 年 6 月中旬，执政党联盟党的 300 多个代表专门在柏林召开了有关亚洲问题的大会，并在会上经过讨论发布了题为《普世价值、持续增长和稳定的世界秩序》的德国亚洲政策的协商文件。此次会议认为，亚洲国家在塑造世界秩序问题上有着越来越大的责任。德国将会在亚洲寻找平等的合作关系。该文件将在亚洲寻找“值得信赖的伙伴”作为德国乃至欧盟的主要目标。②

在继承 2007 年版亚洲政策文件对“亚洲”基本范围的定义上，2012 年的文件对“亚洲”的概念进行了扩大。这份文件把澳大利亚和新西兰，以及包括阿富汗在内的中亚地区纳入进来。这显然与 7 月即将发布的《美欧关于在亚太合作的联合声明》中的划分相呼应。文件以经济发展程度及价值观与西方的接近程度来对亚洲国家作了分类。按照经济发展程度，文件指出亚洲绝大多数国家将经济增长和富强视作自己的首要发展目标。并因此将亚洲国家分为三类。第一类是日本、韩国、澳大利亚和新加坡这几个已经加入全球高度发达国家之列的国家。第二类是中国、印度和印度尼西亚等经济高速增长的国家。第三类是柬埔寨、孟加拉国、老挝、缅甸和阿富汗等仍然希望解决贫困问题的不发达国家。文件指出，这些国家有着不同的利益。文件还根据价值观亲疏，将亚洲国家分为四类。首先，认为美国今后会愈发强化亚太区域在其政策中的重要性，并强调了与美国在中亚与阿富汗合作的重要性。其次，将印度、日本、韩国和澳大利亚列为德国在亚洲的“价值观合作伙伴（Wertepartner）”。再次，将中国视作构建在牢固的经济关系基础上的，但在价值观层面却继续有着矛盾的“战略合作伙伴（Strategischer Partner）”。中亚国家则准备加入欧洲安全和合作组织（OSZE）③，欧盟应该扩大与这些国家和东盟的合作。④

该文件还首次不点名地指出了亚洲国家在对德经贸合作上存在的诸多问

---

① Ying Huang, *Die Chinapolitik der Bundesrepublik Deutschland nach der Wiedervereinigung. Ein Balanceakt zwischen Werten und Interessen*, Wiesbaden: Springer VS, 2019, S. 159.

② Asienpolitik strategisch ausrichten, 13. 6. 2012, https://www. cducsu. de/presse/pressemitteilungen/asienpolitik-strategisch-ausrichten.

③ 此份文件不认为阿富汗也准备加入欧洲安全和合作组织。

④ Universelle Werte, Nachhaltiges Wachstum, Stabile Weltordnung, Diskussionspapier der CDU/CSU-Bundestagsfraktion zur Asienpolitik, 13. 6. 2012.

题，号召反对贸易保护主义和强制技术转让，提倡开放市场准入和知识产权保护。其中指出，德国和欧盟一起支持东盟正在进行的对研究和教育领域继续进行区域整合的努力。①

在2013年成立的大联合政府的《联合执政协议》中，默克尔政府用专门的段落对其亚洲政策作了论述。协议指出，德国需要在普世价值的基础上继续深化与亚洲国家的关系，要因势利导美国的“亚太再平衡战略”，并对此作出贡献，以使得合作和利益共享而非对抗成为这个地区的主题。协议认为，与日本的友谊是德国外交政策的一个重要支柱，德国欢迎正在进行的签订《欧日经济伙伴关系协定》的谈判。对于印度，协议则指出其是德国的战略合作伙伴，德方希望构建与印度在政治、经济和公民社会领域的合作。与印度之间建立定期的政府间磋商机制也可以起到这些作用。与支持欧日谈判一样，德国也支持欧盟与印度的自贸协定谈判。这份协议在叙述德国的亚洲政策时，单独开启了一个版块论述德国的阿富汗政策。协议指出，德国会继续将公共援助视作其在阿富汗的工作重点，并尽可能使那些为在阿德国人工作的阿富汗人能够在项目结束后获得同家人一起到德国生活的机会。②

2017年初，美国政府更迭，特朗普上台执政后美欧关系发展遇到了巨大的困难，双方在亚洲问题上的政策开始出现明显的差别。同时，尽管努力尝试进行协调，但效果并不明显。而德国对亚洲地区，尤其是对中国之外亚洲国家的关注并未受此影响，反而持续加深。在继续发展与中国关系的同时，德国也愈发重视发展与价值观合作伙伴的关系。德国政府高层开始明确提出要重视中国之外的其他亚洲国家，并且重视发展与后者的价值观合作伙伴关系。

2017年3月24日，时任德国外长西格玛·加布里尔（Sigmar Gabriel）在汉堡市议会发表了主题为德国的“亚洲政策新定位（Neue Ausrichtung der Asienpolitik）”的讲话，号召重新定位德国乃至欧盟的亚洲政策。在讲话中，加布里尔指出，现在德国乃至欧洲不能再像以前那样对亚太区域发生的事情不管不问。“亚洲现在是并且仍将是对德国和欧洲未来至关重要的关键地

---

① Universelle Werte, Nachhaltiges Wachstum, Stabile Weltordnung, Diskussionspapier der CDU/CSU-Bundestagsfraktion zur Asienpolitik, 13. 6. 2012.

② 这份协议同时也有很多处理对华关系的论述，但本书主要介绍有关亚洲其他国家的部分。Deutschlands Zukunft gestalten: Koalitionsvertrag zwischen CDU, CSU und SPD, Berlin, 12. 2013, S. 120 – 121.

区”，正在亚洲发生的巨大转型会对德国和欧洲产生巨大的影响。例如，德国有 200 万个工作岗位直接与德国和亚洲国家的贸易有关。他指出，亚洲生活着 60% 的世界人口，且人口数量仍在稳定增长，而欧洲的人口数量却在下降。长期以来，欧盟中的任何一个成员国在亚洲都没有足够的实力和影响。欧盟只有团结起来才能捍卫在亚太的利益，其声音才会得到该地区国家的重视。加布里尔明确指出，德国和欧洲长期以来太过将注意力集中在中国而忽视了其他国家，① 因此必须认识到亚洲的广度，并将其纳入德国的政策中。②

为此，他指出德国和欧洲应该在战略上对其亚洲政策进行新的定位，进而提出了德国和欧盟政策应包括的四个主题：聚焦与中国发展“自由而公平的贸易”及加速推动与日本、新加坡、越南、印度和印度尼西亚等国的自贸协定谈判及签署过程；③ 加大德国和欧盟对亚太地区争端的介入力度；④ 鼓励亚洲在全球治理和国际机制中发挥更大的作用，并支持亚投行等该地区新兴的合作机制；在人权和传播西方价值观上强调实行“聪明而稳定”的政策等。⑤ 对比 2016 年 6 月 26 日出台的《欧盟对华新战略要素》和 7 月 18 日的理事会决议，加布里尔此次尤其强调加大德国对亚太地区争端的介入力度。

在 2018 年 2 月制定的新一届大联合政府的《联合执政协议》中，亚洲的地位得到了持续强调。协议指出，亚洲持续的发展给德国和欧洲提供了巨大的机会。因此，联邦政府会努力加强德国和欧洲在亚洲经济、社会和安全领域的投入。除中国之外，协议主要提到了日本、印度、韩国和阿富汗等亚洲国家。其中指出，德国将继续耕耘和发展几十年来与日本已经建立起的紧密合作和友谊以及价值观合作伙伴关系。协议认为，朝鲜的核计划是对世界

---

① 加布里尔在此次演讲中直接点名指出德国需要更加注意发展与“世界最大的民主国家印度”和“世界最大的伊斯兰国家印度尼西亚”的关系，并认为德国应该思考印度与中国的快速发展会对世界政治带来何种影响。

② Rede von Außenminister Sigmar Gabriel beim 97. “Liebesmahl” des Ostasiatischen Vereins im Rathaus der Freien und Hansestadt Hamburg，24. 3. 2017，http://www. auswaertiges-amt. de/DE/Infoservice/Presse/Reden/2017/170324 – BM-Ostasiatischer_ Verein. html.

③ 通过签订自贸协定，德国在亚洲国家贸易政策的中心是塑造全球化的规则，即推动对环境无害、不违背工人权利、不损害社会安全和文化多样性的全球化。

④ 即推动亚洲冲突各方和平解决争端，并承认独立国际机构的有关判决。为此，加布里尔专门强调了加强对该地区各种海上争端调解的重要性，认为这对整个地区的稳定十分重要。

⑤ Rede von Außenminister Sigmar Gabriel beim 97. “Liebesmahl” des Ostasiatischen Vereins im Rathaus der Freien und Hansestadt Hamburg，24. 3. 2017，http://www. auswaertiges-amt. de/DE/Infoservice/Presse/Reden/2017/170324 – BM-Ostasiatischer_ Verein. html.

和平的巨大威胁，但只能通过外交手段予以解决。对于印度，协议认为鉴于其地理位置、体量和充满活力的经济增长，德国对加强与印度的战略合作伙伴关系具有兴趣。协议与上届政府一样，专门开辟了一个小主题探讨德国对阿富汗的政策，并指出必须继续支持阿富汗以使其今后能够通过行之有效的安全结构自行处理国内的安全事务。①

英国《经济学人》(*Economists*) 杂志曾刊文指出，欧洲等国夹在中美两个超级大国之间，同时受到两方的压力。② 中美之间的关税问题升级，对深深植入经济全球化网络中的德国企业和整个德国的经济造成了沉重打击。德国经济界被迫加速思考其海外投资及全球供应链的调整，甚至开始寻找中美之外的第三方合作伙伴。在亚洲而言，这尤其体现在对中国之外市场的愈发强调上。2019 年 1 月初，德国工业联合会（BDI）的一份报告指出，德国企业应尽量从中国脱离。③ 报告指出，德国与欧洲要发展与“志同道合的伙伴(gleichgesinnte Partner)”的国际合作，应更加积极地与其他“自由市场经济”国家合作，以在共同的对华利益下发展出共同应对中国的方法。④ 在具体的对策部分，报告指出，德国“急切”需要与“志同道合的伙伴”进行密切和有目的的关于中国的协商，主要目标是在市场经济国家圈子内部尽可能地确保以高而统一的标准进行整合，并促使这个圈子外部的国家遵守圈内国家的严格规定。并且，德欧要避免过度依赖单一市场，因为这会导致“政治和经济上的风险”。而为了塑造销售市场、原料来源地和生产地的多元化，德国和欧盟需要为企业改善相关的营商条件。因此，批准欧盟与日本、新加坡和越南等亚洲国家的自贸协定被德国工业联合会视作“中心任务”。以此为基，欧盟还会与东盟其他国家及澳大利亚和新西兰签订类似的协定。⑤

鉴于中国在世界产业链和供应链中极其重要的影响力，以及包括德国在内的欧盟国家短时间内建立完整的产业链极其困难，对德国来说，要与中国

---

① Koalitionsvertrag zwischen CDU, CSU und SPD, 7. 2. 2018.

② America urges Europe to join forces against China, 16. 2. 2020, https://www.economist.com/europe/2020/02/16/america-urges-europe-to-join-forces-against-china.

③ BDI: Deutsche Unternehmen sollen China-Geschäfte reduzieren, 31. 10. 2018, https://deutsche-wirtschafts-nachrichten.de/2018/10/31/bdi-deutsche-unternehmen-sollen-china-geschaefte-reduzieren.

④ BDI: Partner und Systemischer Wettbewerber: Wie gehen wir mit Chinas staatlich gelenkter Volkswirtschaft um?, 1. 2019.

⑤ BDI: Partner und Systemischer Wettbewerber: Wie gehen wir mit Chinas staatlich gelenkter Volkswirtschaft um?, 1. 2019.

脱钩几乎是不可能实现的任务。同时，在亚洲找到中国之外的替代商品销售市场或投资地的做法无疑也十分困难。按照德国经济界最新给出的统计数据，中国连续四年是德国在全球最大的贸易对象国。到2018年为止，德国对华投资约860亿欧元，相当于当年德国对外投资总额的6.7%。同时，德企已高度融入中国市场。90%的在华德企只为中国市场生产产品而不对外出口。① 但减少对中国依赖的想法仍然获得了很多经济界有影响力人士的支持。例如，德国经济研究所（DIW）所长迈克尔·许特（Michael Hüther）认为，德企需要担忧在亚太地区可能出现的"新冷战"，因此不能太过依赖于中国市场。他指出，对中国市场的依赖使德国企业陷入了困境，即如果跟随中国的市场需求，那德企在其他市场经济国家的活动就会受到影响。德国经济界以往已经展现了自身的灵活性，因此不能高估由于德企对中国的依赖而出现的对德国出口的影响。② 这些专业意见无疑加大了在亚洲寻求其他经贸伙伴的声音。

德国经济界的种种思考与德国政府亚洲政策的转变是一致的。近年来，德国政界越来越多的声音要求政府重视发展与中国之外的亚洲国家的关系。③ 2018年夏，在大联合政府的《联合执政协议》基础上，德国外交部正式提出了与包括亚洲价值观盟友在内的全球中等强国合作维护世界秩序的"多边主义者联盟（Allianz der Multilateralisten）"计划。该计划提出的一个重要背景是2018年春爆发的中美贸易摩擦。2018年8月初德国外交部第16届驻外使节会议召开前，海科·马斯（Heiko Maas）构想的"多边主义者联盟"计划完全是以意识形态价值观为基础的排他的自由民主国家联盟。马斯曾明确将联盟加入者的主要身份界定为拥有民主自由的价值观，并且支持自由贸易的国家。因此，在他看来，欧盟成员国、加拿大、日本、澳大利亚、韩国等

---

① Schriftliche Einreichung im Vorfeld der Anhörung von Herrn Dr. Mair, Mitglied der Hauptgeschäftsführung im BDI, als Experte im Auswärtigen Ausschuss des deutschen Bundestags zu "China" am 29. Juni 2020, BDI, 24. 6. 2020.

② Ein jahrelanges Erfolgsrezept der deutschen Wirtschaft droht nun zur ernsten Gefahr zu werden, 15. 9. 2019, https://www. businessinsider. de/wirtschaft/ein-erfolgsrezept-der-deutschen-wirtschaft-droht-zur-gefahr-zu-werden－2019－9.

③ 自由民主党主席克里斯蒂安·林德纳（Christian Lindner）指出，上一个到访过马来西亚的联邦政府部长还是前任经济与能源部部长迈克尔·格洛斯（Michael Glos）。Deutschland braucht eine neue Asien Strategie, Handelsblatt, 5. 9. 2019, https://www. handelsblatt. com/meinung/kommentare/gastkommentar-deutschland-braucht-eine-neue-asien-strategie/24984182. html?ticket＝ST－7956070－vqqd3OlS50M4YJWVPuXs-ap1.

应该是首批与德国建立联盟的合作伙伴。[①] 在 2019 年 9 月底的联合国大会上，除了德法日加四国外，还有包括印度、澳大利亚、法国、墨西哥、韩国、智利、加纳和新加坡等来自各大洲的 50 多个国家公开表示加入这一联盟。这也是联盟在国际场合的第一次公开亮相。亚洲的日本、韩国、新加坡、印度以及澳大利亚等是“多边主义者联盟”的核心合作伙伴。

通过以上对 1990 年统一以来德国政经两届的亚洲政策论述的梳理，我们可以发现，德国亚洲政策主要有三个变化趋势：第一，从以中国为中心到在中国与亚洲其他国家之间寻求平衡。第二，从单纯追求经济利益到追寻价值观盟友和经济伙伴之间的平衡。第三，从跟随美国到努力追寻独立自主的亚洲政策。

三　德国学界对当前德国与亚洲关系问题的研究

正如一位著名的外交史学者所说，尽管学者们已经对德国在全世界的活动有过很多研究，但德国在东亚和东南亚的活动仍没有得到学术界的足够重视。[②] 如果放眼到德国在整个亚洲的活动，我们可以发现情况实际上也差不多。又由于中国是德国政经两界在亚洲的焦点，因而在德国国际关系学界的研究中，中国以外的亚洲地区一直处于边缘领域，并未受到重视。与此相同的还有他们对经济事务之外的其他德国与亚洲交往领域的忽视。[③]

---

① Für eine Allianz der Multilateralisten, 27. 8. 2018, http://www. auswaertiges-amt. de/de/newsroom/maas-allianz-multilateralisten/2129908; Außenminister Maas warnt vor wachsendem Einfluss Chinas, 19. 8. 2018, https://www. handelsblatt. com/politik/deutschland/weltpolitik-aussenminister-maas-warnt-vor-wachsendem-einfluss-chinas/22928882. html? ticket = ST - 5269477 - wVWz1dU2ruxbrghvashy - ap5.

② William Gray, William Gray über Florian Tömmel, Till: Bonn, Jakarta und der Kalte Krieg. Die Außenpolitik der Bundesrepublik Deutschland gegenüber Indonesien von 1952 bis 1973. Berlin 2018, *H-Soz-Kult*, 21. 2. 2019.

③ 少数的例外是对德国对越南政策的研究，如约尔根·吕兰（Jürgen Rüland）对德国在东南亚地区政策的研究，以及安贾·塞弗特（Anja Seiffert）对德国在阿富汗军事和政治存在的研究等。但很明显，这些研究在数量和研究深度上都是不够的。Gerhard Will, Chancen und Risiken deutscher Politik in Vietnam, *SWP-Studie*, Berlin, 2002; Jürgen Rüland, Südostasien, von Siegmar Schmidt, Gunther Hellmann, Reinhard Wolf Hg. , *Handbuch zur deutschen Außenpolitik*, Wiebaden: VS Verlag für Sozialwissenschaften, 2007; Anja Seiffert, *Der Einsatz der Bundeswehr in Afghanistan: Sozial-und Politikwissenschaftliche Perspektiven*, Wiesbaden: VS Verlag für Sozialwissenschaften, 2012.

而约从2009年以来，随着中国综合国力不断增强，中国外交开始更加坚定和强硬地应对与包括东亚国家在内的与周边国家的外交和政治纠纷。而美国也在此时祭出了“重返亚太战略”的大旗。整个东亚国际局势也开始发生巨大变化。到2012年，中日在钓鱼岛和历史问题上出现了剧烈矛盾和争执，东亚局势有失控危险。一时间，德国和欧洲如何应对东亚地区冲突的加剧成为很多德国学者探讨的主题。德国国际关系学界对亚洲问题的研究出现了新变化，主要体现在两个方面：第一，更加专注于探讨经济事务之外德国在亚洲事务中的政治及安全中的作用；第二，开始热衷探讨德国与除中国之外其他亚洲国家关系的发展。

在亚洲局势发生巨大变化的背景下，德国学者认为德国和欧洲对于东亚地区国际关系出现的新局面准备不足，而且也没有制定出成形的东亚战略，除了经济领域外，在政治和安全领域上不能产生大的影响。塞巴斯蒂安·贝尔西克（Sebastian Bersick）教授指出，整个欧盟都没有准备好如何应对中国随着经济实力增强而大幅提升的政治外交影响力，而欧洲国家由于在东亚地区的外交和安全活动必须和美国协调一致，因此其活动空间也受到了明显的限制。[①] 那么，德国为什么要介入亚洲地区的争端呢？德国学者认为，这有经济、政治和国际秩序等多方面的原因。按古德龙·瓦克（Gudrun Wacker）等人所说，德国在东亚地区的经济利益可能受到地区形势不稳的损害。此外，东亚地区的冲突由于中美日等大国的卷入，还可能使整个国际和地区合作机制有面临崩溃的危险。这也是欧洲国家必须更加积极地介入这场争端的重要原因。[②] 著名的德国东亚政策专家埃贝哈德·桑德斯奈德（Eberhard Sandschneider）教授也认同这个看法。他强调了东亚和整个亚太地区在整个国际政治经济秩序中及对德国的重要性。他认为，德国和欧洲应该更加关注亚太安全事务，而不应仅仅将注意力放到同该地区做生意上。他认为，不仅是德国，甚至其他的欧盟成员国在其外交政策中不仅需要将亚太地区视作经济增长的地区，还应将其视为世界权力政治的重心，会给欧洲在全球的经济

---

① Sebastian Bersick, *Die Rolle der EU in der Sicherheitsarchitektur Ostasiens*, SWP, Arbeitspapier FG7, 2009.

② Nadine Godehardt, Alexandra Sakaki, Gudrun Wacker, Sino-jananischer Inselstreit und europäische Beiträge zur Deeskalation, in Volker Perthes/Barbara Lippert Hg., Ungeplant bleibt der Normalfall: Acht Situationen, die politische Aufmerksamkeit verdienen, *SWP-Studie*, 16, 9.2013.

和政治利益带来风险。[①] 桑德斯奈德的观察中，试图将欧洲局势与亚洲局势的发展结合起来考虑。2014 年 6 月，中越再次就领海问题发生争论。但由于当时正值乌克兰问题升温，德国和欧洲直接面临着乌克兰危机和俄罗斯的挑战而无暇应对更加遥远的远东事务。在乌克兰危机的阴影下，桑德斯奈德认为，中国才是该次危机的最大受益者，其正在利用乌克兰危机继续“扩张”其在东海和南海的政治经济意图。[②]

在确定德国和欧洲需要更多关注亚洲在经济之外的政治及安全事务后，德国学者开始思考德国应采取何种方法应对亚洲事务。此间越来越多的德国学者开始要求联邦政府加大对亚太事务的关注，从而在此地区站稳脚跟，“不要被边缘化”。约尔格·克罗瑙尔（Jörg Kronauer）认为，德国应该在东亚和亚太地区采取一种“进攻性的钟摆外交”，即不单纯受制于中国或美日任何一方，而是在双方中间摇摆，以谋取自身的最大利益。[③] 不过，德国学界的主流声音还是强调通过制度和规范去调解东亚地区的冲突，那样才符合德国和欧洲的利益。有德国学者认为，包括德国和法国在内的欧洲国家其实是非常好的东亚地区争端调节者。二战后德法等国在资源共同管理、建立政治信任等方面有着许多有用的经验可供东亚地区学习。[④] 柏林科学与政治基金会（SWP）的克里斯蒂安·贝克尔（Christian Becker）指出，南海地区随时可能发生军事冲突，并认为德国和欧洲应该努力促使南海冲突各方理性评估冲突的发展，并一如既往地强调冲突应该通过法律形式来解决。他认为，要清楚地对有关各方表示，南海冲突不会有赢家，只会产生巨大的代价。[⑤] 德国学者奥利弗·布劳纳（Oliver Bräuner）指出，正是由于没有在冲突中“选边站队”，并且和冲突各方都保持着良好的关系，德国才非常适合作为解

---

① Eberhard Sandschneider, Aufstieg neuer Mächte: Verliert Europa seine Überzeugungskraft? 2. 2. 2013, https://www. tagesspiegel. de/meinung/aufstieg-neuer-maechte-verliert-europa-seine-ueberzeugungskraft/7723910. html.

② Eberhard Sandschneider, Nutznießer der Ukraine-Krise: China profitiert von Putins Interesse an einer Ressourcenpartnerschaft, *Internationale Politik*, 4, 7/8. 2014.

③ Jörg Kronauer, Aggressive Pendeldiplomatie, 3. 3. 2012, https://www. jungewelt. de/loginFailed. php? ref = /artikel/179332. aggressive-pendeldiplomatie. html.

④ Nadine Godehardt, Alexandra Sakaki, Gudrun Wacker, Sino-jananischer Inselstreit und europäische Beiträge zur Deeskalation, in Volker Perthes / Barbara Lippert Hg. , Ungeplant bleibt der Normalfall: Acht Situationen, die politische Aufmerksamkeit verdienen, *SWP-Studie*, 16, 9. 2013.

⑤ Christian Becker, Die militärstrategische Bedeutung des Südchinesischen Meeres: Überlegungen zum chinesischen Kalkül im Inselstreit, *SWP-Aktuell*, 82, 9. 2015.

决冲突的斡旋者。德国应该向各方强调遵守基于国际法的海洋秩序，保证航行自由并用《联合国海洋法公约》来解决冲突。此外德国还应该和其他欧洲国家一起协调向冲突双方的武器出口问题。但如果包括朝鲜半岛核危机和中日、中越争端在内的地区冲突导致战争爆发，那对德国和欧洲来说都是一个巨大的灾难。[①] 还有学者指出，欧洲在东海争端的主权问题上没有实际的立场，却支持危机管理和通过国际法来解决冲突。他们认为，这实际上是一种影响极其有限却并非不重要的"原则中立"。欧洲应该强化对该地区事务的关注，并且通过国际法来解决问题，因为其是独一无二的中立的第三方。[②]

不过对于德国对东亚安全事务进行干预的能力，德国学者并未太过高估。布劳纳也承认德国在该地区的安全事务中并不受重视。时任科尔伯基金会（Körber Fcundation）亚洲项目主管的扬卡·奥特尔（Janka Oertel）研究员认为，十年来第一次出席香格里拉对话的德国国防部部长乌尔苏拉·冯·德尔·莱恩（Ursula von der Leyen）是"空着手来亚洲"的，因为德国在该区域的安全领域并没有具体的存在。[③]

通过对以上研究的回顾，我们可以发现目前德国学者对东亚国际问题的关注是和他们对中国问题的关注紧密联系在一起的。目前德国的东亚政策研究也主要围绕着中国的发展对整个东亚局势有何影响，以及德国和欧盟应采取何种应对之策来进行的。而且，大多数德国东亚政策专家其实是从中国问题专家转变而来。这种情况导致德国学者非常关注中国的发展。例如韩博天（Sebastian Heilmann）教授的一系列文章认为，中国在向周边地区急剧"扩张"，并"威胁"到了西方一直主导的国际政治和经济秩序。[④] 对此，瓦克

① 按这位学者的分析，德国外交近年来在东亚地区已经打下了非常好的基础，与各国都建立了良好的关系，甚至在朝鲜也是少数保留有大使馆从而可以和朝方直接联系的西方国家之一，只不过以往由于过于强调经济问题而未充分利用这些渠道。Oliver Bräuner, Rüstungstransfers ins maritime Südostasien-Wettrüsten oder Proliferation?, *Aus Politik und Zeitgeschichte*, 40－41/2014, Sicherheit in Südostasien, https://www.bpb.de/apuz/191928/ruestungstransfers-ins-maritime-suedostasien? p = all.

② Mathieu Duchâtel, Fleur Huijskens, The European Union's Principled Neutrality on The East China Sea, *SIPRI Policy Brief*, 2. 2015.

③ Janka Oertel, Deutschland in Asien: Mit leeren Händen in Shangri-La, 28. 5. 2015, https://www.faz.net/aktuell/politik/ausland/asien/von-der-leyen-nimmt-an-asia-security-summit-teil－13617702.html.

④ Sebastian Heilmann, Moritz Rudolf, Mikko Huotari und Johannes Buckow, Chinas Schatten-Außenpolitik: Parallelstrukturen fordern die internationale Ordnung heraus, *China Monitor*, No. 18, 23. 9. 2014, Merics.

教授指出，德国必须对中国可能出现的经济危机以及随之而来的东亚区域冲突升级为军事战争作好准备，并在国内就如何应对这样的冲突进行讨论。瓦克将东盟也视作东亚区域，她指出德国与欧盟其他国家会和亚洲很多国家一样，不认为中国的发展会对自身安全构成威胁。但德国与欧盟需要采取明确的政策来缓和该地区因中国的发展所导致的紧张局势，并在亚太区域各种论坛和峰会中派代表出席，进而体现自己的影响。①

德国亚洲外交过度重视中国的问题，在 2000 年代就已经引起德国学者的重视，但真正的整体性变化则出现在 2010 年之后。2012 年由贝尔西克等人编著出版的名为《欧洲人眼中的亚洲》指出，德国和欧洲其实对亚洲地区和多边事务了解很少，其公众及媒体对亚洲的理解过于“中国中心化（Sino-centric）”，而将亚洲等同于中国会限制欧洲人对亚洲多元现状的理解，并且使其难以理解今天亚洲地区复杂局势的内部动力。因此，德国和欧洲应该推动公众认识一个更加广泛的亚洲。该书建议增强对东盟的报道和了解。②

2017 年年底中国共产党十九大召开后，中国在习近平新时代中国特色社会主义思想指引下，更加积极地参加国际事务，并努力为解决人类问题贡献中国智慧和中国方案。在这种情况下，德国舆论和学术界对中国的发展愈发关注。同时，美国特朗普政府上台执政后不久即将中国视作美国的战略竞争对手，并发起了对华贸易摩擦。德国和欧洲夹在中美之间，迫切需要维护自身利益，并维持西方主导的国际秩序。在这个背景下，发展与中国之外亚洲其他国家的关系并展开合作成为很多德国国际关系学者思考的主题。

很多德国学者愈发重视以意识形态和价值观来对德国在亚洲地区的合作伙伴进行划分。例如，时任德国马歇尔基金会研究员的奥特尔等人通过比较中国在印太地区的影响，指出目前该地区的自由主义体系正受到来自中国的巨大挑战。美欧日印澳等自由主义国家应团结起来，共同应对中国对自由主义秩序的挑战。③ 马歇尔基金会的杰米·弗莱（Jamie Fly）指出，欧洲国家亟须更新对亚太问题的认识，不能仅仅将中国乃至亚洲视作投资和贸易的目的

① Gudrun Wacker, Security Cooperation in East Asia, Strucktures, Trends and Limitations, *SWP Research Paper*, 5. 2015.

② Sebastian Bersick, Michael Bruter, Natalia Chaban, Martin Holland, Sol Iglesias, eds., Asia in the Eyes of Europe, Images of a Rising Giant, *DGAP-Schriften zur Internationalen Politik*, NOMOS-Verlag, 6. 2012.

③ Janka Oertel, Andrew Small, Amy Studdart, The Liberal Order in the Indo-Pacific, Asia Program, German Marshall Fund of the United States, No. 13, 2018.

地，还应该认识到欧洲依赖于美国及其亚洲盟国在中国南海和该地区其他地方所确保的安全。弗莱认为，在欧洲国家中，德国尤其应该采取更多措施以增加与印度、日本、澳大利亚及其他本地区关键伙伴的外交和军事合作。①

德国学者强调德国与亚洲具有共同价值观的国家间不仅应该在政治领域，还需要在经济领域进行合作，同时在文化和社会领域加强相互学习。例如，柏林科学与政治基金会亚洲研究部主任汉斯·希尔佩尔特（Hanns Hilpert）指出，欧盟与日本签署的自由贸易协定具有重要的政治和外交意义。它体现了双方基于共同的价值观，通过更加紧密的经济合作，在威权主义统治模式日益盛行的当下，捍卫自由主义世界秩序的决心，并能增加欧盟在亚洲的政治存在。② 海德堡大学的奥雷尔·克洛瓦桑特（Aurel Croissant）教授指出，德国和欧盟应该积极加入亚洲"民主国家"之间已愈发广泛的跨界合作中，并对其提供支持。报告指出，"当欧盟内部的民主在走回头路之时，西方支持民主的势力和活动者可以从其亚洲的价值观合作伙伴那里学到很多东西"。③

与此同时，德国学者愈发强调德国和欧洲与其他价值观盟友一起暂时替代美国来领导西方世界的重要性。例如，德国墨卡托中国研究所的蒂洛·哈内曼（Thilo Hanemann）及米科·霍塔里（Mikko Huotari）认为德国和欧洲不能坐在一边，而只让美国来领导西方世界。他们指出，与具有共同价值观的国家合作应对中国非常重要，这些国家坐在同一条船上。他们指出，尽管各国在对华贸易面前很可能放弃共同的立场而选择应求中国的特别对待，但是应共享政策信息，并制定对华政策的共同时间表。④

在德国暂时承担领导西方世界责任的过程中，亚洲的价值观盟友被赋予了极其重要的地位。德国马歇尔基金会研究员乌尔里希·施贝克（Ulrich Speck）在特朗普就任总统后不久正式提出了12国方案或B队方案，即德国要与包括日本在内的12个西方国家一起，在美国放弃或部分放弃保卫自由主义国际秩序时，组成B队来共同维护这个体系。施贝克认为，这12个国

---

① Jamie Fly, Trump's Asia Policy and the Concept of the Indo-Pacific, Research Division Asia/BCAS 2018, *SWP Working Paper*, 10. 2018, S. 9.

② Hanns Hilpert, The Japan-EU Economic Partnership Agreement: Economic Potentials and Policy Perspectives, *SWP Comment* 2017/C 49, 11. 2017.

③ Aurel Croissant, The Struggle for Democracy in Asia: Regression, Resilience, Revival, *Asia Policy Brief*, Bertelsmann Stiftung, 2020.

④ Thilo Hanemann, Mikko Huotari, EU-China FDI: Working towards Reciprocity in Investment Relations, *Merics Papers on China*, No. 3, Update, 5. 2018.

家都是美国的盟友，它们的国内生产总值（GDP）总和比美国、中国和俄罗斯单独一方都要高。他指出，德国和日本是这12个国家中经济实力最强的国家，并且作为出口大国，与其他国家比起来，两国从自由主义国际秩序中得到了更多的好处，因此也应该更加支持这个计划。施贝克还指出，为了维护自由主义国际秩序，12国至少有五件事情要做：摆脱美国束缚以建立双边和多边战略联盟关系、承担区域领导责任、强调巩固和传播自由民主制度的重要性以积极应对中俄两国的挑战，以及从国际秩序接收者转为监管者。[①]从上面的叙述来看，12国方案与2018年夏马斯的德国外交部提出的“多边主义者联盟”计划，无论是在表述上还是在具体行动上都有非常多的相似处。此外，这一方案还与美国主流国际关系学界的很多观点极其类似。这些观点认为，在美国不愿扮演世界和西方领导者的情形下，美国的盟友应主动填补空白，共同维持自由主义世界的秩序。其中最有名的就是2009～2013年的美国驻北约大使伊沃·达尔德（Ivo Daalder）所提出的美国在全世界的盟国与美国组成九国集团（G9）的方案。这个集团包括欧洲的法国、德国、意大利、英国，以及亚太区域的澳大利亚、日本、韩国和加拿大等。在达尔德的九国集团方案中，德国和日本是其中的主要国家。[②]

综上所述，主要是2010年之后，在中美外交政策调整及亚洲和国际形势迅速发生改变的情况下，德国国际关系学界对亚洲问题的研究出现了新变化。一方面，德国国际关系学界更加专注于探讨德国在亚洲事务中的政治及安全作用；另一方面，其也开始关注对德国与中国之外其他亚洲国家关系发展的考察。这种趋势，与上文所述的德国政府和经济界的相关变化，明显是一致的。

与德国相比，目前国内学界对于德国近年来在东南亚和中亚经贸外交活动的研究显得更加稀少。德国对华政策和中德关系是中国学者关注的重点。而德国在亚洲其他国家的活动则为国内学界长期忽视。近年来，由于国际形势和德国外交的发展变化，这一情况也开始发生变化，突出体现就是对德国和欧盟与越南和日本关系发展的愈发关注。对于日本，国内学界的关注点主

① 这12个国家包括：德国、日本、韩国、英国、法国、印度、意大利、巴西、加拿大、澳大利亚、西班牙和墨西哥。Ulrich Speck, Die Stunde des B-Teams: Nach der Wahl Donald Trumps stehen andere in der Verantwortung, *Internationale Politik*, 3/4. 2017.

② Ivo Daalder and James Lindsay, The Committee to Save the World Order: America's Allies must Step up as America Steps Down, *Foreign Affairs*, 11/12. 2018.

要是欧洲与日本的安全合作，以及欧日以自贸协定谈判和签订为中心的经贸合作等。[①] 而对于越南，则主要是欧越自贸协定签署后出现了一波研究热潮。2019 年 6 月，《越南与欧盟自由贸易协定》正式签署后，国内开始有学者集中关注欧盟与越南的经贸关系，并且试图解释这一经贸关系及自贸协定的签署对欧越双边关系、全球价值链和贸易体系，尤其是对中国的影响。有关研究将日益紧密的欧越经贸关系视作自贸协定缔结的前提条件，并将越南签约的原因归结于经济、政治和大国平衡等三个方面。[②]

与德国学界比较类似的一点是，这类研究都比较注意德国和欧盟与日越等国接近对中国的影响。[③] 中国国内舆论已开始思考越南与欧盟经济关系增长会否导致越南与中国“脱钩”并影响到中越关系。[④] 尽管如此，目前我国国内的相关研究仍存在明显不足，如研究对象（在欧洲聚焦于欧盟而非欧盟的单一成员国，在亚洲主要集中在日本和越南）和材料来源单一（大多集中在对英文材料的阅读和分析上），研究视野狭隘（主要集中在经贸和安全合作领域，对社会交往、发展援助及历史脉络等都缺乏考察和梳理）等。目前，还看不到专门对德国与中国的亚洲邻国关系发展进行研究的论著。

四　本书的研究内容、方法及结构

前已述及，“亚洲”的概念是不断演变的。“亚洲”所涵盖的地域从来都不是一成不变的。目前德国政府视野里的“亚洲”主要是基于 2012 年的德国亚洲政策文件。按照这份文件，“亚洲”主要包括了东北亚、东南亚、南亚和大洋洲的国家等四个区域，即地理范围西至阿富汗，北至中国（北方）和蒙古国，东至日本和菲律宾，南至澳大利亚和新西兰。这也构成了本

① 宋黎磊、蔡亮：《冷战后欧日合作模式特征刍议》，《欧洲研究》2017 年第 6 期；忻华：《欧盟对日战略性双轨谈判的机理分析》，《现代国际关系》2015 年第 9 期；忻华：《从“欧日经济伙伴关系”的确立看欧盟对外战略布局》，《当代世界》2019 年第 6 期。

② 杨耀源、翟崑：《越南与欧盟缔结自贸协议的考量和影响》，《东南亚研究》2020 年第 1 期；张晓朋：《越南—欧盟 FTA 及其原产地规则对部分产业的影响》，《国际经济合作》2019 年第 4 期；刘明礼：《欧越自贸协定对欧盟的战略意义》，《世界知识》2019 年第 14 期；Nguyen Thi Hai Phuong：《欧盟—越南自由贸易协定（EVFTA）对越南纺织品出口影响效应研究》，上海大学硕士学位论文，2019；阮氏秋红：《越南咖啡出口欧盟市场的竞争力研究》，广西大学硕士学位论文，2019。

③ 忻华：《欧盟：靠拢日本、疏离中国》，《世界知识》2018 年第 23 期。

④ 许利平：《莫把越欧自贸协定想歪了》，《环球时报》2019 年 7 月 3 日。

书“亚洲”所指的主要范围。而本书研究的主要范围，是与中国相邻的东亚（如日本、朝鲜半岛），南亚和中亚（如印度和阿富汗），以及东南亚（如越南等国）。[①] 有关本书的内容选取，这里有两点需要指出。首先，本书并未将德国的对华政策直接纳入考察。其中很重要的考量因素即本书的主要关注点属于被学术界忽视的德国对中国周边国家的政策，同时本书的每个章节都涵盖了中国因素，这也体现了中国在德国与亚洲国家发展关系中的重要性。其次，在德国的外交政策规划里，俄罗斯并不属于“亚洲”国家，与上述国家有着完全不同的角色和定位。因此，本书并不把俄罗斯这一中国的重要邻国视作考察对象。

本书所研究的这些国家，在德国的亚洲政策中扮演着重要的角色。日本、韩国和印度是德国在亚洲乃至全球最重要的“价值观盟友”；印度、阿富汗长期以来是德国对外发展援助在全世界最为关注的两个国家；而越南及东南亚诸国与印度和日韩一起，又是德国和欧盟在全球推动自贸协定网络的重要合作伙伴。可以说，德国与这几个国家的关系甚至超出了亚洲而具有全球意义。这些国家也成为德国国内政治的重要论题和影响因素。

如上文所述，近几年来，随着大国竞争愈演愈烈，以及难民问题和数字化等非传统安全问题的逐渐呈现，德国与亚洲地区的政治经济和安全局势开始发生明显变化，各种问题层出不穷。这些变化连同亚洲地区经济的迅速发展一道成为国际局势的热点，世界各大国纷纷加强了对该地区的关注。德国明显加强了在这个地区的政治经济存在。经济上，德国投资和贸易往来大幅增长，自贸协定成为双边经贸关系中的重要主题。目前，在中国周边国家和地区，德国和欧盟已经分别同韩国、新加坡、日本及越南等国签署了自由贸易协定，而与印度和印度尼西亚等国的谈判也正在进行中。在这个过程中，德国政府不但积极推动协定达成，还高度强调已达成的协定对欧盟和这些国家的双边关系及全球政治经济的战略意义。政治上，高层互访更加频繁，这个区域中的很多国家是德国在全球构建“价值观同盟”的重

---

① 在 2020 年 8 月出版的德国政府《印太战略指导方针》文件中，德国政府尽管将整个印度洋和太平洋所覆盖的区域称作印太区域，但报告所实际涉及的地区其实只有西至巴基斯坦、印度，北至蒙古国，东至日本，南至澳大利亚及新西兰的这片区域。可以看出，这片区域基本上与 2012 年的德国亚洲政策文件所描述的“亚洲”区域是一致的。Auwärtiges Amt, *Leitlinien zum Indo-Pazifik: Deutschland-Europa-Asien*, *Das 21 Jahrhundert gemeinsam gestalten*, Berlin, 8. 2020.

要伙伴。这些变化都凸显了亚洲在德国外交应对全球布局中所具有的愈发重要的地位。

然而，目前国内外对于德国亚洲政策的研究仍然存在两个比较明显的特征：①集中于德国对华政策和中德关系的考察而忽视了德国与亚洲其他国家的关系。这种以中国为中心来观察整个亚洲局势和德国亚洲政策的视角，一方面使德国学者能够很好地把握主要矛盾，从而能比较有重点地针对德国采取何种亚洲政策提供建议；而另一方面，这一视角却忽视了该地区其他国家在国际局势和德国外交发展中的作用。这非但不利于对德国亚洲政策得出整体认识，实际上也使我们不能真正理解和把握德国的对华政策。②忽视了对德国在亚洲地区政治安全及社会建构等问题上所起作用的考察。

如同德国政经学三界对亚洲事务进行关注时始终存在中国中心，本书尽管并非直接研究德国对华政策及中德关系，而是对中国周边问题进行研究，但正如葛兆光教授所说，从周边看中国，就像从“多面镜中认识自我”，可能会使我们重新认识中国。[①] 自从科尔执政以来，中国实际上一直是统一后的德国亚洲政策的重点，德国是将中国放在其整个亚洲政策中来看待的。本书主要的研究对象是中国周边的亚洲邻国，通过考察德国与这些国家关系的发展，也可以从不同的角度深化与发展我们对德国对华政策与中德关系的认识。

本书通过对当前德国对亚洲的政治、经济和文化政策及其中的主要行为体进行考察，同时进一步分析德国在该地区政治和经济影响的加强会对中国的“一带一路”倡议以及中德关系带来哪些机遇和挑战。通过研究德国在中国之外的东亚地区所开展的活动，把亚洲作为一个整体，除了可以对德国在该区域内活动进行比较考察，也能使我们更全面地认识到德国对华政策在整个德国东亚乃至亚太政策中的角色和地位，还可以看到东亚其他国家和地区对德国政策的影响，从而为中国采取何种应对策略提供建议。这也是本研究一个重要的学术和现实意义。

本书所考察的主要时段为2013～2019年。2013年对德国和世界都是重要的一年。这是默克尔赢得大选并开启第三任总理任期的一年。同时，影响德国对亚洲政策最重要的两大外部因素——中国和美国也进行了类似的调整。先是1月底奥巴马正式开始其第二届总统任期，后在3月中旬习近平当

---

① 葛兆光：《宅兹中国——重建有关［中国］的历史论述》，中华书局，2011，第280页。

选中国国家主席。这一时段里相继出现了东海、南海局势动荡，难民危机，欧债危机及中美贸易摩擦，大国竞争加剧等重要事件对欧洲和亚太地区产生了极其深远的影响，也使德国对亚洲地区政策面临空前的挑战，从而被迫进行调整。主要鉴于2020年新冠肺炎疫情在全球大暴发后对国际局势和世界格局的深远影响，本书大部分内容均截止到2019年。此后的德国亚洲政策是今后学者们仍需要关注的主题。

本书依据德国亚洲政策文件，通过将亚洲划分为东亚、东南亚、中亚和南亚来展开论述。第一部分探讨德国对东亚的日本和韩国的政策。2013年之后，德国愈发看重日本和韩国作为“价值观合作伙伴”的重要性，并积极与其开展各层次的政治磋商。第一章探讨了德国与日本在政治领域的磋商与合作，以及德国对欧日自贸协定的推动。尤其重点考察了日本在德国“多边主义者联盟”计划中的核心作用。第二章对德国对朝鲜半岛政策进行了考察。德国统一经验对朝鲜和韩国有着巨大的影响。德国实际上是西方国家中少有的与朝鲜和韩国都有渠道进行有关问题对话的国家，并深入参与了半岛和谈。该章还探讨了欧韩自贸协定，即欧洲在亚洲地区签署的第一个自贸协定对德韩贸易的重要影响，以及对德国和欧盟今后在该地区谈判签署自贸协定的样板作用。本书第二部分探讨了德国对东南亚的政策及活动。第三章对德国对东南亚其他国家的政策进行了研究，并比较分析了东南亚区域内部与德国经贸关系发展的变化和趋势。由于越南在德国东南亚和亚洲政策中的重要代表性，第二部分将其单独列为第四章，并对其与德国在政治、经济和社会等各方面的磋商与交往进行考察。同时专门针对德国在中越领海争端以及欧越自贸协定中的态度和作用作了探讨。本书第三部分是德国对印度和阿富汗的政策。印度和阿富汗目前是全世界获得德国发展援助最多、程度最广的国家之一。第五章以“价值观合作伙伴”和“发展援助伙伴”为切入点探讨了德国近年来对印度政策，并考察了德国对印度发展和现代化过程的深度参与。第六章是德国对阿富汗政策。迄今为止，阿富汗已成为世界上获得德国政府援助最多的国家。德国从未向阿富汗之外的世界其他国家提供过如此多的发展援助。自2001年开始的德国在阿富汗所承担的各种任务被称作“德国历史上最大规模的军事—民事行动”。该章探讨了德国在这些领域对阿富汗的政策和援助，以及阿富汗难民问题对德国国内政治的影响。结语部分对全书观点进行了总结，进而探讨了德国未来亚洲政策的发展趋势及可能遇到的问题。

第一部分

德国在东亚

第一章

打造价值观样板盟友：德国与日本的合作探析

默克尔第三个总理任期开始以来，尤其是2017年之后，德国与日本的关系愈发紧密。双方在政治、经济和外交战略等领域进行了一系列密切的协商。至今为止，德国总理默克尔、外交部部长马斯、经济与能源部部长阿尔特迈尔等政治上层人物和经济精英一起，先后访问了日本。与此同时，日本高层也多次访德，并与德方进行了内部磋商。德日接近已引发了国际媒体的大幅关注。按照德国驻日本大使汉斯·卡尔·冯·韦尔特恩（Hans Carl von Werthern）所说："日本是德国在亚洲拥有的最为紧密的盟友，是德国可以依赖并分享各种目标和构想的国家。"① 而我国国内的观察者更注意从欧盟的层面来看近期欧洲与日本关系的发展，并认为欧盟与日本的接近在战略上可能会使欧盟逐渐疏远中国。② 相比之下，国内还缺乏有关近期德国与日本关系的研究。

由于这一波德日接近的浪潮开始不久，目前双边的合作尚在起步期。本章将主要通过双方已经公开的合作内容和方向，结合双方高层的主要言论及行动，对这段时期以来德国和日本关系发展的新动向、新趋势及可能对德日双边合作造成影响的因素进行探讨。

一　德日接近：从理论到现实

近年，尤其是特朗普政府上台对国际秩序和西方同盟内部带来巨大冲击

① https://japan.diplo.de/ja-de.

② 忻华：《欧盟：靠拢日本、疏离中国》，《世界知识》2018年第23期。

以来，西方世界无论是学界还是政界传统精英都充满了要求民主国家形成共识，齐力合作以应对被他们视作“世界秩序颠覆者”的中国和俄罗斯的呼声。[①] 其中也包括在美国不愿扮演世界和西方领导者的情形下，要求美国的盟友主动填补空白，共同维持自由主义世界秩序的建议。按这一建议的提出者，即美国2009～2013年驻北约大使伊沃·达尔德所说，美国在全世界的盟国应该与美国组成九国集团。这个集团包括欧洲的法国、德国、意大利、英国，以及亚太区域的澳大利亚、日本、韩国和北美洲的加拿大等。这一组织拥有世界上最强的经济实力，以及仅次于美国的军事力量，并应该实现制度化，成为像二十国集团（G20）那样的多边论坛，争取吸引其他拥有同样（自由民主）观念的国家加入。九国集团的主要任务是维持基于规则的世界秩序，包括捍卫多边自由贸易、推动全球民主自由人权和多边军事合作（包括加强欧洲国家在东亚地区的军事存在）以及确保亚太地区的航行自由和势力均衡等，并最终为特朗普的继承者重新肩负起领导世界的责任作政治上的准备。达尔德指出，九国集团主要应对的是来自以中国为代表的不同制度国家的挑战。这样的组织将最终实现很多美国政治精英都曾渴望实现的目标，即美国与其在欧洲和亚洲的盟友建立起更加平衡的伙伴关系。在这一关系中，每个伙伴国都会公平地贡献自己的力量，并拥有决定自由主义世界秩序今后如何发展以应对新挑战的发言权。在达尔德的九国集团方案中，德国和日本明显是他所看重的主要国家。[②]

在九国集团方案之外，德国学者也提出了类似的国际秩序构建方案，即德国要和包括日本在内的12个西方民主国家一起，在美国放弃或部分放弃保卫自由主义国际秩序时，组成B队，来共同维护这个体系。该方案的提出者，德国马歇尔基金会研究员乌尔里希·施贝克认为，这12个国家都是美国的盟友，它们的国内生产总值总和比美国、中国和俄罗斯单独一方都要

---

① Janka Oetel, Andrew Small and Amy Studdart, *The Liberal Order in the Indo-Pacific*, GMF, Asia Program, 2018, No. 13; Thorsten Benner, Jan Gaspers, Mareike Ohlberg, Lucrezia Poggetti and Kristin Shi-Kupfer, *Authoritarian Advance: Responding to China's Growing Political Influence in Europe*, Berlin, 2. 2018; Melanie Hart and Blaine Johnson, *Mapping China's Global Governance Ambitions: Democracies Still Have Leverage to Shape Beijing's Reform Agenda*, Washington DC: Center for American Progress, 2. 2019; Ivo Daalder and James Lindsay, The Committee to Save the World Order: America's Allies must Step up as America Steps Down, *Foreign Affairs*, 11/12. 2018.

② Ivo Daalder and James Lindsay, The Committee to Save the World Order: America's Allies must Step up as America Steps Down, *Foreign Affairs*, 11/12. 2018.

高。他指出，德国和日本是这12个国家中经济实力最强的国家，并且作为出口大国，与其他国家比起来，两国从自由主义国际秩序中得到了更多的好处，因此也应该更加支持这个计划。施贝克还指出，为了维护自由主义国际秩序，12国至少有五件事情要做：摆脱美国束缚以建立双边和多边战略联盟关系、承担区域领导责任、强调巩固和传播自由民主制度的重要性以积极应对中俄两国的挑战，以及从国际秩序接收者转为监管者。

值得指出的是，与九国集团方案一样，在B队方案中，中国和俄罗斯也被视作实际上敌视自由国际秩序的国家。中俄的多边主义世界构想被该方案所批判，并被认为是实际上建立在只有少数超级大国处于秩序顶峰并分割统治全世界的一种秩序。而在这个世界秩序中，12国都将成为超级大国的玩偶，而12国曾经努力编织的全球化网络也将瓦解。[①] 从上面的叙述看起来，12国方案与2018年夏马斯的德国外交部提出的“多边主义者联盟”计划，无论是在表述上还是在具体行动上都有非常多的相似处。

尽管如此，在2018年3月联盟党和社民党组阁时达成的《联合执政协议》里，日本并未获得太多的重视，与日本有关的段落要比中国少很多，甚至与2013年上一届政府上台执政时达成的《联合执政协议》中将日本称作“德国外交政策的重要基石”[②] 相比，这份协议在提到日本时只是指出要巩固和发展数十年来与日本的紧密友谊和价值观合作伙伴关系。《联合执政协议》还指出，德国和欧洲要加强在亚洲的经济、社会及安全政治领域的参与。[③]

在新一届德国政府的世界战略里，日本的地位真正发生改变是在2018年夏。当时，德国外交部部长马斯提出了“多边主义者联盟”计划。在其正式推出该计划前，马斯就已经多次对外透露了该计划的有关内容。8月19日，马斯在接受德国《星期日世界报》专访时明确指出，由于两国不具有共同的价值观，中国不是德国力图构建的多边自由国际体系的合作伙伴，中国一直是西方民主和自由贸易模式的对立者。在采访中，他将“多边主义者联盟”的加入者身份界定为拥有自由民主的价值观，并且支持自由贸易。因此，在他看来，加拿

① Ulrich Speck，Die Stunde des B-Teams：Nach der Wahl Donald Trumps stehen andere in der Verantwortung，*Internationale Politik*，3/4. 2017.

② Deutschlands Zukunft gestalten，Koalitionsvertrag zwischen CDU，CSU und SPD，14. 12. 2013，p. 120.

③ Ein neuer Aufbruch für Europa. Eine neue Dynamik für Deutschland. Ein neuer Zusammenhalt für unser Land，Koalitionsvertrag zwischen CDU，CSU und SPD，7. 2. 2018，p. 153.

大、日本、韩国和南非应该是首批德国建立“多边主义者联盟”的合作伙伴。[①]

然而，到 8 月 27 日他出席德国外交部第 16 届驻外使节会议，并正式对“多边主义者联盟”计划进行仔细阐释时，马斯对观点进行了调整，不再坚持以意识形态划线，因此实际上又给中国和俄罗斯等的加入留下了空间。“多边主义并不是一个善良的人的俱乐部或者自由民主国家的协会，而是向所有对多边主义坚信不疑的国家开放。”他指出，世界秩序的未来是开放和可以塑造的。德国必须尽全力对由强者制定规则的愈发野蛮的世界秩序进行应对。世界秩序恶化不仅仅体现在美国特朗普政府的政策，也涵盖了来自俄罗斯、中国的挑战和欧洲周边的危机。这些事件都以完全不同的方式在对德国进行挑战。

马斯认为，构建“多边主义者联盟”就是德国应对上述危机的做法。在这个“多边主义者联盟”中，德国的伙伴是那些愿意与德国一起共同维护和继续推动以规则为基础的国际秩序的国家，是那些愿意捍卫多边主义的国家，以及那些已经准备好对此投入政治力量的国家。他称赞了欧洲与日本签订的自贸协定，认为这是一次真正的成功，并将以此为样板对其“多边主义者联盟”计划进行推进。[②] 在马斯近来发表的多次公开讲话里，日本、澳大利亚、加拿大等国频繁作为德国构建“多边主义者联盟”的合作伙伴出现。[③] 对于马斯的“多边主义者联盟”计划，默克尔是支持的。她尽管很少在公开场合直接谈及这个计划，却多次在发言中强调维护多边机制和秩序的重要性，并影射中美等大国应该对多边主义有更多的投入，而非强调单边和独自领导世界。[④] 此外，她还通过具体行动，如访日等，展现自己对该计划的支持。分析者指出，“多边主义者联盟”计划实际上是在构建与中等强国

① Außenminister Maas warnt vor wachsendem Einfluss Chinas, 19. 8. 2018, https://www. handelsblatt. com/politik/deutschland/weltpolitik-aussenminister-maas-warnt-vor-wachsendem-einfluss-chinas/22928882. html? ticket = ST – 5269477 – wVWz1dU2ruxbrghvashy-ap5.

② Für eine Allianz der Multilateralisten, 27. 8. 2018, http://www. auswaertiges-amt. de/de/newsroom/maas-allianz-multilateralisten/2129908.

③ Den europäischen Pfleier des transatlantischen Bündnisses stärken, 12. 1. 2019, https://www. auswaertiges-amt. de/de/newsroom/maas-spiegel/2176602; Maas in Irland: Starkes Europa braucht starke Fundamente, 9. 1. 2019, https://www. auswaertiges-amt. de/de/aussenpolitik/laender/irland-node/maas-irland-boko/2175770.

④ 参见其在 2019 年慕尼黑安全会议上的讲话。Rede von Bundeskanzlerin Merkel zur 55. Münchner Sicherheitskonferenz am 16. Februar 2019 in München, 16. 2. 2019, https://www. bundeskanzlerin. de/bkin-de/suche/rede-von-bundeskanzlerin-merkel-zur – 55 – muenchner-sicherheitskonferenz-am – 16 – februar – 2019 – in-muenchen – 1580936.

之间的合作，是对“德国外交第四根支柱的构建”（另外三根支柱是自由主义世界秩序、跨大西洋关系与欧盟）。①

二 德日经济技术合作

在欧盟看来，经济伙伴关系是战略伙伴关系的基石，是欧盟与日本之间的战略联盟架构。② 德国在推动“多边主义者联盟”，并与日本建立合作关系的过程中，对日经济关系也有着十分重要的位置。

德国和日本作为世界出口大国，对于稳定和开放的国际政治经济秩序有着天然的依赖。据最新统计，德国是全球第三大贸易国（出口和进口均为世界第三），在世界贸易份额中占 7.3%，仅次于中国的 11.5% 和美国的 11.1%。而日本则是世界第四大贸易国。按照开放指数（即进出口额占国内生产总值的比例）来看，德国是七国集团（G7）中最为开放的经济体，开放指数达到了 87%。2014 年，德国超过 20% 的国内需求通过进口解决。超过 30% 的德国工作岗位直接或间接地与出口有关。在德国工业界，这一比例甚至超过了 50%。③

与日本的经济合作在德国的对外经济合作中长期居于重要地位。日本在德国全球贸易伙伴中排第 15 位，并且是德国在亚洲的第二大贸易伙伴。2017 年，德日双边贸易额达到了 425 亿欧元，比上一年有所增长。据德国最新公布的统计数据，中国连续三年成为德国在全球最大的贸易伙伴。④ 尽管德日贸易仍远低于同年德国与中国的 1879 亿欧元的贸易额。⑤ 但近年来，德日经贸往来比较平稳。与其他国家一样，德国制造在日本有着极高的声誉。⑥ 应该注意的是，德日贸易额并不能完全反映双方在彼此经济活动中的重要

---

① Ulrich Speck, Allianz der Multilateralisten: Die deutsche Aussenpolitik testet eine vielversprechende Initiative, *Internationale Politik*, 9/10. 2018.

② 忻华：《欧盟建立“欧日经济伙伴关系”的战略机理探析》，《国际展望》2018 年第 6 期。

③ Bundesministerium für Wirtschaft und Energie, *Fakten zum deutschen Aussenhandel*, Berlin, 10. 2018, p. 2.

④ Statistisches Bundesamt, *Pressmitteilung Nr. 057: China erneut Deutschlands wichtigster Handelspartner*, Wiesbaden, 18. 2. 2019.

⑤ Statistisches Bundesamt, *Rangfolge der Handelspartner im Aussenhandel der Bundesrepublik Deutschland*, Wiesbaden, 26. 10. 2018.

⑥ Schüco Eröffnet Standort in Japan, 25. 2. 2019, https://japanmarkt.de/2019/02/25/unternehmen-und-maerkte/schueco-eroeffnet-standort-in-japan.

性。很多德国产品所需的高端零部件均来自科技发达的日本。而且这些零部件由于其精细程度极高，很难在世界上找到其他的生产商取而代之。同时，很多日企是德国企业在东南亚等第三方投资时的战略合作伙伴。①

德日两国在经济社会领域结构调整和发展问题上遇到了类似的挑战。例如，人口减少、环境污染、数字化建设、人工智能发展和维持本国工业的国际竞争力等。同时，德日两国传统上都位于全球产业的顶端，生产高附加值产品，并拥有强大的中小型企业，也都需要应对中国等新兴国家的竞争。此外，日本与德国类似，对于大数据时代的信息安全保护十分注意。很多日本人不愿公开自己的个人信息。由于信息保护做得不够，很多日本人宁愿把个人信息隐藏起来，而不愿对外公开或分享。② 这些都给两国合作提供了重要的机遇。双方都希望通过合作维持自己作为工业强国的地位。2018 年 10 月 31 日，德国经济与能源部部长阿尔特迈尔访日，这也是时隔八年后首位德国经济与能源部部长访日。③ 阿尔特迈尔指出，德日面临着来自新兴国家的巨大竞争压力。他认为，德国和日本的世界工业强国地位并不能保证两国在人工智能和数字化等领域自动处于国际领先地位。他呼吁陪同其访日的四名德国联邦议院议员，在下一财年为德国国内的日语教学提供更多的资金支助，并复苏两国的经贸关系。④

如何应对互联网时代和数字经济、智能社会是双方在技术领域协商的重点。2019 年 2 月 5 日，访问日本的默克尔在主持德日经济对话论坛时指出，德日现在受到了来自中国和美国的挑战。但在她看来，在数字经济和大数据领域，日本、德国两国既不像绝大多数数据由私人掌控的美国，也不像国家控制一切数据的中国。因此，数据伦理和数据保护问题也应是德日两国共同关注的问题。⑤ 在数字经济管理问题上，默克尔将世界分成了两极，一极是美国，一极是中国。而德国与美国更类似，都属于尚未对如何处理个人信息

---

① Deutschland und Japan：bilaterale Beziehungen，28. 1. 2019，https：//www. auswaertiges-amt. de/de/aussenpolitik/laender/japan-node/ – /213038.

② Top-Manager wollen mehr kooperationen，6. 2. 2019，https：//japanmarkt. de/2019/02/06/wirtschaft/top-manager-wollen-mehr-kooperationen.

③ 上次访日的德国经济与能源部部长是赖纳·布吕德勒（Rainer Bruederle），他在 2010 年到日本访问。

④ Wirtschaftsbeziehungen zu Japan revitalisieren，31. 10. 2018，https：//japanmarkt. de/2018/10/31/wirtschaft/wirtschaftsbeziehung-zu-japan-revitalisieren.

⑤ Rede von Bundeskanzlerin Merkel beim Deutsch-Japanischen Wirtschaftsdialogforum am 5. Februar 2019 in Tokyo，https：//www. bundeskanzlerin. de/bkin-de/aktuelles/rede-von-bundeskanzlerin-merkel-beim-deutsch-japanischen-wirtschaftsdialogforum-am – 5 – februar – 2019 – in-tokyo – 1577074.

和数据制定出明确规则的国家。[①] 默克尔非常支持和欣赏安倍将信息数据管理问题作为2019年在日本召开的二十国集团峰会主题的安排。她认为，在中国政府努力掌控包括个人信息在内的所有信息时，作为社会市场经济国家的德国显然应保护个人隐私权。[②]

2月6日，在东京举办的第23届日德科技合作共同委员会会议上，双方一致认为，日本的“社会5.0”计划[③]和德国的“工业4.0”计划应紧密合作，以通过尖端技术构建一个富裕的未来社会。在德日各大与科技发展有关的政府和社会机构参与的此次会议上，双方探讨了在激光技术、存储器技术、自动驾驶及人工智能技术领域加强合作的问题，[④] 并且进一步将探讨重点放在了宇宙飞行、自动驾驶标准化等未来技术合作领域上。参会的一些德国企业负责人强调德日合作与中国甚至美国竞争的必要性，德国著名医疗科技公司博医来（Brainlab）的总裁斯特凡·威尔斯迈尔（Stefan Vilsmeier）指出，德国与日本在保健经济数字化领域存在巨大的机遇，因为这个领域尚未被美国和中国占据。他认为，德日两国可以设立一个能够用于医疗的人工智能版脸书（Facebook），因为两个国家有最好的医生和优秀的药物制造商，并且在诊断术上处于领先地位。[⑤] 两国目前准备联合开发护理机器人。在氢气和电池技术等可再生能源领域，西门子总裁乔·凯撒（Joe Kaeser）也建议德日两国进行合作。他认为，德日合作一加一可等于三。[⑥]

除上述经贸技术合作以外，2019年2月1日正式生效的《欧日经济伙伴

---

① Rede von Bundeskanzlerin Merkel beim Digitising Europe Summit 2019 am 19. Februar 2019 in Berlin, https://www.bundeskanzlerin.de/bkin-de/aktuelles/rede-von-bundeskanzlerin-merkel-beim-digitising-europe-summit-2019-am-19-februar-2019-in-berlin-1581892.

② Rede von Bundeskanzlerin Merkel zur 49. Jahrestagung des Weltwirtschaftsforums am 23. Januar 2019 in Davos, https://www.bundeskanzlerin.de/bkin-de/aktuelles/rede-von-bundeskanzlerin-merkel-zur-49-jahrestagung-des-weltwirtschaftsforums-am-23-januar-2019-in-davos-1572920.

③ 日本的“社会5.0”计划在2016年1月由日本内阁会议提出，旨在最大限度地灵活应用信息与通信技术，建造智能社会。《日本推动实现超智能社会“社会5.0”》，2017年4月5日，http://www.istis.sh.cn/list/list.aspx?id=10535。

④ 23. Sitzung des Gemeinsamen Japanisch-Deutschen Ausschusses für die Zusammenarbeit auf wissenschaftlich-technologischem Gebiet, 7.2.2019, https://www.de.emb-japan.go.jp/presse/pm_190207_2.html.

⑤ Top-Manager wollen mehr kooperationen, 6.2.2019, https://japanmarkt.de/2019/02/06/wirtschaft/top-manager-wollen-mehr-kooperationen.

⑥ Top-Manager wollen mehr kooperationen, 6.2.2019, https://japanmarkt.de/2019/02/06/wirtschaft/top-manager-wollen-mehr-kooperationen.

关系协定》是德日两国经贸和全球治理合作的一件大事，不仅会推动德日双边经贸往来的增长，也被德方视为德国参与全球治理的样板协定。德国经济与能源部曾表示将努力推动欧日自由贸易协定快速生效。① 德国政经两界对此协定都十分认同和支持。默克尔对欧洲与日本协定的达成感到“非常高兴”，也对日本政府在美国退出后，部分构建起《跨太平洋伙伴关系协定》（Trans-Pacific Partnership Agreement，TPP）网络的行动感到“印象深刻”。默克尔认为，德国社会中曾有一部分人对自由贸易协定充满疑虑。而自从特朗普政府开始实行更加强硬的贸易政策，德国社会便开始重新对自贸协定加以重视。② 这个占全世界国内生产总值三分之一、世界贸易总量 40% 的协定一旦生效，将有利于免除关税和其他贸易壁垒，并推动经济和就业增长。对欧洲和德国而言，不仅其大量的农产品能够免税进入日本市场，其铁路、海洋运输、电子商务和邮政等跨境业务也将获得来自日本市场的更多订单。同时，协定也在其条文中加入了环境、气候和工人权利保护等一直受到欧美日等发达国家关注的事项，并对其赋予了较高的标准。③ 德国外交部认为，《欧日经济伙伴关系协定》是对特朗普政府的“美国优先”和贸易保护政策的“正确回应”，是一个“里程碑式”的事件。协定里的各种条款就是日德（欧）作为世界规则构建者的实践，也是传递给东方和西方的信号。④

德日两国政府都将《欧日经济伙伴关系协定》作为其他正在进行的贸易协定的样板。马斯近期指出，欧盟与其他国家和地区也在进行类似的谈判。⑤ 默克尔在 2019 年 1 月底的达沃斯世界经济论坛上指出，与美国、加拿大、

---

① Höflichkeitsbesuch von Bundeswirtschaftsminister Altmaier bei Außenminister Kono, 31. 10. 2018, https://www. de. emb-japan. go. jp/presse/pm_181217. html.

② Rede von Bundeskanzlerin Merkel beim Deutsch-Japanischen Wirtschaftsdialogforum am 5. Februar 2019 in Tokyo, https://www. bundeskanzlerin. de/bkin-de/aktuelles/rede-von-bundeskanzlerin-merkel-beim-deutsch-japanischen-wirtschaftsdialogforum-am – 5 – februar – 2019 – in-tokyo – 1577074.

③ Handelsabkommen EU-Japan: Die größte Freihandelszone der Welt, 1. 2. 2019, https://www. bundeskanzlerin. de/bkin-de/aktuelles/die-groesste-freihandelszone-der-welt – 1560850.

④ Rede von Außenminister Heiko Maas am National Graduate Institute for Policy Studies in Tokyo, Japan, 25. 7. 2018, https://www. auswaertiges-amt. de/de/newsroom/maas-japan/2121670.

⑤ Rede von Außenminister Heiko Maas bei der 55. Münchner Sicherheitskonferenz, 15. 2. 2019, https://www. auswaertiges-amt. de/de/newsroom/aussenminister-maas-muenchner-sicherheitskonferenz/219024.

新加坡和澳大利亚等国的贸易谈判是德国和欧盟接下来需要达成的目标。[①]日本外长河野太郎表示，《日欧经济伙伴关系协定》对21世纪的经济秩序提供了一个“基于自由、开放和公平规则的样板”。[②]

以此协定中的自由贸易精神为基础，强化包括德日美在内的同盟内部的合作，也是德国政府的一个考量。马斯在2018年访日时指出，美国现在以某种方式重新定义自由贸易，而德国在中国的企业则一直遭到市场准入门槛的限制，很多德国企业抱怨中国对知识产权缺乏保护和强制技术转移。因此，日本应该和欧洲一起共同反对中国这样的贸易行为，并制定策略和方案。而且日本和欧洲应该与在这个问题上具有相当多共同利益的美国进行三边合作，以加强国际贸易体系，并使美国继续这样的合作。[③]

2018年10月，阿尔特迈尔在访日时指出，要“恢复”德日（经贸）关系的活力。在驻日德国商人看来，日本经济贸易和工业部部长世耕弘成十分懂得阿尔特迈尔此访的重要意义。因为德国经济界长期以来将重心放在中国而非日本，这已经在日本各界引发了不满。此行中，双方签订了加强两国经济合作的意向声明，并确定世耕弘成将在2019年初访问柏林以加强双方的经贸关系。而《欧日经济伙伴关系协定》可以说为德企开启了扩大与日本经贸往来的机会。同样，日本企业对与德国的合作也抱有巨大兴趣。截止到2019年2月，已有1700家对德国和欧洲市场感兴趣的日本企业在日本贸易振兴机构（JETRO）注册。为此，日本贸易振兴机构已经在柏林成立了一个分支机构，并计划在慕尼黑和杜塞尔多夫投资建立企业。[④]

德国企业界也十分积极看待《欧日经济伙伴关系协定》。德国工业联邦联合会（BDI）曾指出，德国企业应尽量撤出中国。[⑤] 同时，在特朗普政府重商主义的阴影下，越来越多的德国企业也对美国的投资环境感到担忧。德

---

① Rede von Bundeskanzlerin Merkel zur 49. Jahrestagung des Weltwirtschaftsforums am 23. Januar 2019 in Davos, https://www.bundeskanzlerin.de/bkin-de/aktuelles/rede-von-bundeskanzlerin-merkel-zur-49-jahrestagung-des-weltwirtschaftsforums-am-23-januar-2019-in-davos-1572920.

② Japan wirbt für eine engere Kooperation mit Deutschland-aber nicht gegen die USA, Handelsblatt, 6.9.2018.

③ Rede von Außenminister Heiko Maas am National Graduate Institute for Policy Studies in Tokyo, Japan, 25.7.2018, https://www.auswaertiges-amt.de/de/newsroom/maas-japan/2121670.

④ Top-Manager wollen mehr kooperationen, 6.2.2019, https://japanmarkt.de/2019/02/06/wirtschaft/top-manager-wollen-mehr-kooperationen.

⑤ BDI: Deutsche Unternehmen sollen China-Geschäfte reduzieren, 31.10.2018, https://deutsche-wirtschafts-nachrichten.de/2018/10/31/bdi-deutsche-unternehmen-sollen-china-geschaefte-reduzieren.

国工业联邦联合会认为，在德国企业面对美国和中国这两个重要市场前景不甚明朗之时，与价值观合作伙伴日本的合作对德企具有重大意义。欧洲能够塑造国际标准和贸易规则，德国工业联邦联合会认为，欧盟应该以此为基础在全世界达成更多的贸易和投资保护协议，以推动市场开放和基于规则的贸易活动。欧盟与越南和新加坡等东南亚国家的有关协议也应该得到迅速推动，并以此开启经济迅速增长的东南亚地区的经济大门。①

与政府的意见一致，德国企业界目前也有一种声音，即强调与具有同样政治价值观的国家合作。2019年1月10日，德国工业联邦联合会发布报告指出，德国和欧盟需要更加积极地和其他具有共同价值观的自由市场经济国家合作，以使这些国家能够出于共同的利益，采取共同的行动来应对中国。而日本就被视作其中最为重要的国家之一。报告指出，在国际上，德国工业界并非唯一一个面对来自中国挑战的国家。因此，与其他自由市场经济国家的合作已愈发重要。有关协商渠道不仅应在公开外交层面，还应包括非正式的交流。报告称赞了近几年来欧盟、日本与美国三方专家在反倾销问题上所进行的有关协商，并指出，德国和欧盟应推动与包括日本和美国在内的36个属于经合组织的市场经济国家②进行的竞争法律、投资和技术保护问题的谈判，以确保在与国家操控的经济体竞争时能够有一个公平竞争的环境。③在2月随同默克尔访日的众多德国科技和经济界重量人物中，我们也可以看到德国工业联邦联合会主席迪特尔·凯普（Dieter Kempf）和西门子总裁凯撒等人的身影。

三 德日政治与外交战略合作

一致的政治价值观一直是冷战结束以来欧盟和日本推进合作的基础。它们将中国视作价值观上异质性的存在。同时，与前几年欧盟国家在东海和南

---

① Freihandelsabkommen mit Japan: Gute Nachricht für Welthandel, 12. 12. 2018, https://bdi. eu/artikel/news/freihandelsabkommen-mit-japan-gute-nachricht-fuer-den-welthandel; Jefta ist wirtschaftlich und politisch ein Meilenstein, 31. 1. 2019, https://bdi. eu/artikel/news/jefta-ist-wirtschaftlich-und-politisch-ein-meilenstein.

② 截止到2019年，除日本、韩国、美国、墨西哥、新西兰、以色列、澳大利亚和智利外，经济合作与发展组织其他28个成员国都来自欧洲。

③ BDI, *Partner und systemischer Wettbewerber—Wie gehen wir mit Chinas staatlich gelenkt Volkswirtschaft um?*, Berlin, 10. 1. 2019, pp. 21 – 22.

海争端上尽量选择模糊立场和“不站队”不同，[①] 近阶段以来，不仅英法等传统在这个区域拥有巨大影响的前殖民国家公开声称要派军舰前往南海进行自由航行，而且，在此区域影响不如英法等传统殖民国家且军事干预能力明显不足的德国政府的态度也愈发突出。这也体现在目前德日两国高层频繁互访的态势和已公开的德日合作的若干声明等内容中。

2018 年 2 月初，德国总统施泰因迈尔借各国首脑出席韩国平昌冬奥会之机访问了日本和韩国。2 月 6 日晚，施泰因迈尔在出席日本首相安倍晋三为其组织的欢迎晚宴中指出，日本和德国处于一个全球的人类再次提出根本性的制度问题的时代，在这个时代中，人们重新开始为其发展及社会寻找最好的模式。即使民主国家内部也不能从这种潮流中幸免。而德国和日本都将民主、自由及经济和社会权利视作根本，因此应加强彼此在全球和地区事务中的合作。[②]

2 月 7 日，施泰因迈尔在日本东京的外国记者俱乐部发表的谈话中将朝鲜和中国，以及某种程度上的俄罗斯视作在东亚挑战国际局势现状的国家。在朝鲜之外，施泰因迈尔主要谈及了中国问题。他认为，朝鲜半岛问题是中国正在下的大棋局中的一颗小棋子，中国在朝鲜的影响力对中国来说仍是利好而非麻烦。他指出。中国正在试图将其逐渐扩大的影响力扩展到整个东亚，以建立其牢固的地区霸权。但如果没有中国参与，东亚地区的安全和繁荣是不可能实现的。施泰因迈尔最后强调，在中国快速发展而美国孤立主义和贸易保护主义声潮高涨的情况下，日本和德国应该一起捍卫基于规则的国际体系，捍卫现存国际机制，并在气候变化、国际争端处理、自由及公平贸易等问题上展开有意义的合作。他在讲话中表示对恢复与美国的合作抱有很大希望，认为“大多数美国朋友会这么做”，“继续（对美国）敞开大门是明智的，以待华盛顿的风向发生变化”。[③]

施泰因迈尔此次日本之行及其言论无疑为德国政府后续开展的对日合作

---

① 宋黎磊、蔡亮：《冷战后欧日合作模式特征刍议》，《欧洲研究》2017 年第 6 期。

② Dinner on the occasion of his visit to Japan, Tokyo, 6. 2. 2018, https://www.bundespraesident.de/SharedDocs/Reden/EN/Frank-Walter-Steinmeier/Reden/2018/02/180206-Japan-Toast.html; jsessionid = ACEA04EC670803FABE219E2186BC95B0. 1_cid390.

③ Speech by Federal President Frank-Walter Steinmeier on the occasion of a discussion at the Foreign Correspondents' Club of Japan in Tokyo, 7. 2. 2018, file:///C:/Users/TC/Desktop/HP/Desktop/%E6%96%B0%E5%BB%BA%E6%96%87%E4%BB%B6%E5%A4%B9%20（4）/Germany%20and%20China's%20neighbours/180207-Japan-Foreign-Corr-Club-Englisch-2. pdf.

政策作了铺垫。2018 年 7 月底，在联邦议院各大党派议员代表的陪同下，马斯以东亚地区的日韩两国开启了其担任德国外长以来的首次东亚之行。德国国内普遍将此次访问看作对不断恶化的大西洋关系的应对。德国媒体认为，此访是推动“多边主义者联盟”的具体行动，德国与其多边主义盟友一起，今后通过更有力的协商，完成那些被美国特朗普政府的单边主义所放弃的任务。[①] 除了日本之外，马斯随后还访问了“具有同样价值观”的韩国。而同样作为东亚国家的世界第二大经济体中国，却不在马斯的此次行程安排中。德国舆论认为，这是德国新政府“亲日本、远中国”的新政策。对于此次访日，马斯访日期间接受日本大报《读卖新闻》的采访时将日本称作德国“理想的价值观合作伙伴”。[②] 马斯强调，德国和日本要一起为“维护自由世界和自由贸易”努力。[③] 他指出，其第一次亚洲之行就定在日本和韩国并非偶然。这体现了德国与日韩两国之间的特殊价值共同体和友谊关系。在这个外交已变得无比混乱的时代，需要通过多边主义方式解决共同的问题。因此，与日本和韩国的紧密伙伴关系就再一次对德国显得颇为重要。[④] 在同行的自由民主党议员弗兰克·米勒－罗森特力特（Frank Müller-Rosentritt）看来，日本和韩国是东亚地区的民主灯塔，并和德国有着深厚的友谊。在美国退出《跨太平洋伙伴关系协定》后，欧洲需要成为这些亚洲国家值得信赖的伙伴。[⑤]

7 月 28 日，马斯在日本东京的国家政策研究院发表的演讲中指出了目前德国和日本需要共同应对的世界秩序危机，地区危机有朝鲜核危机、乌克兰危机和难民危机等，全球范围的三大危机是：政策不确定的美国特朗普政府，通过破坏国际法对克里米亚进行吞并并在叙利亚危机中大力介入的俄罗斯，以及希望地缘政治均势向对其有利的方向转变，并要求它的很多邻国服

① Maas treibt “Allianz der Multilaterlisten” voran, 25. 7. 2018, https://www. sueddeutsche. de/politik/japan-maas-treibt-allianz-der-multilateralisten-voran－1. 4068995.

② Japan ist für uns ein immer wichtiger Wertepartner, 25. 7. 2018, https://www. auswaertiges-amt. de/de/newsroom/maas-yomiuri-shimbun/2121502.

③ Maas gibt in Japan den Anti-Trump, 25. 7. 2018, https://www. welt. de/politik/deutschland/article179919858/Aussenminister-in-Asien-Maas-gibt-in-Japan-den-Anti-Trump. html.

④ Außenminister Mass reist nach Tokio und Seoul, 24. 7. 2018, https://www. auswaertiges-amt. de/de/newsroom/maas-japan-suedkorea/2121398.

⑤ Heiko Maas auf Asien-Reise: Außenminister besucht Japan und Südkorea, 24. 7. 2018, https://www. deutschlandfunk. de/heiko-maas-auf-asien-reise-aussenminister-besucht-japan-und. 1773. de. html? dram: article_ id＝423646.

从其意愿的中国。他认为，在这种环境下，德国需要与日本肩并肩前行，因为这是一个“拥有共同观价值的合作”。马斯指出，德日两国都太小而无法单独在世界大国的权力斗争中发声。两国中的任何一国都难以在这个多极世界中成为“规则制定者（Rule maker）”，但这不意味着德日满足于只扮演“规则执行者（Rule taker）”的角色。如果日本和德国的力量联合起来，就可以成为“规则构建者（Rule shaper）”。他认为，在共同的价值观和德日合作的友好传统下，双方希望在地区和全球问题上形成共同的立场，并寻找共同的解决方式。①

此次访日过程中，马斯对德国以前的亚洲政策进行了批判式回顾。他认为，德国的亚洲政策不应仅仅局限在经济利益上，“回顾欧盟过去十年里的亚洲政策，我感到自责”，“如果我们允许大国恐吓邻国或者安静地接受国际规则被破坏，那么我们所谓的国际秩序就早已失去。德日两国都重视明确的规则，努力基于国际法解决冲突，但乌克兰冲突以及在南海问题上承认国际法庭的判决等都并不是如此解决的”。同时，他也表示高兴地看到日本作为2019年二十国集团的举办方，并将上述问题都纳入会议日程中。“德日两国在很多问题上都是一致的，并且有着相同且彼此合作的战略发展方向。德国和日本可以成为‘多边主义者联盟’的核心”，马斯指出，“只有在危机之际才能知道谁是真朋友，而德国和日本就是真正的朋友。”②

马斯与日本外长河野太郎会谈后发布了德日联合声明，这是已经公开的此访的重要成果之一。这份联合声明将双边关系定位为“经过多年发展而来的、相互信赖的价值共同体”关系。该声明指出，德日两国要加强双方在双边、地区和国际问题上的相互协商，并强调了德日在基于规则的国际秩序、普世的人权原则和自由贸易、气候变暖及多边主义等问题上的一致立场。声明具体谈到了双方在朝鲜问题和东海及南海问题上的合作，并影射地指责了中国。对于后者，德日双方强调要努力捍卫和加强基于国际法原则的自由和开放的海洋秩序，并通过和平方式解决海洋争端。双方都认为，航行及飞行自由，以及对冲突的自我克制和通过法律或外交手段和平解决争端具有重大

---

① Rede von Außenminister Heiko Maas am National Graduate Institute for Policy Studies in Tokyo, Japan, 25. 7. 2018, https://www. auswaertiges-amt. de/de/newsroom/maas-japan/2121670.

② Rede von Außenminister Heiko Maas am National Graduate Institute for Policy Studies in Tokyo, Japan, 25. 7. 2018, https://www. auswaertiges-amt. de/de/newsroom/maas-japan/2121670.

意义。德日坚决反对在争议地区进行军事化部署等行为。[①]

在外交部门交流合作层面，该联合声明除了提到双方外长应利用互访或多边国际会议的机会每年至少进行一次战略对话之外，还指出德日外交部将继续落实国务秘书和政策规划司层面的定期交流机制，并扩大普通外交官的交流机制。同时继续和加深双方在西巴尔干问题上的由特使进行的协商。两国外交部各下属部门主任今后将定期就地区和具体政治问题进行协商，其中的重点包括亚洲、中东和欧亚大陆上的其他区域。该联合声明指出，两国在维持目前已有的外交和国防部长协商机制的同时，将在更高层次上创造一个新的对话机制，以推动双方在安全领域的合作。在国际合作领域，该联合声明指出，德日将继续相互支持彼此争取成为联合国安理会常任理事国的努力，双方也将继续加深有关联合国主题的交流。此外，双方将推动实现没有核武器的世界，并具体在核不扩散和核裁军领域进行合作。[②]

马斯此次访日，不仅在一定程度上推动了两国关系的继续密切发展，对西方世界追求建立价值观同盟的群体来说，也是一种巨大的精神提振和鼓励。其访日后，德国外交部随即发文强化了“价值观合作伙伴”的重要性。德国外交部指出，德国想和全球内为共同的价值观而努力的伙伴加强盟友关系，日本就是这样的国家。德国会坚决反对那些在上述领域越过了红线的国家。同时，他还强调了总理府和外交部对外发出同一个声音的重要性。[③] 值得注意的是，除了日本外，马斯此行还和东亚地区的韩国就自由贸易和基于规则的世界等问题进行了探讨。正是由于来自政府高层的多次发声，德国国内支持以“价值观”为基础建立多边自由国际体系的学者在马斯访日后显得十分兴奋。德国国内有分析者随即指出，现在世界第三大和第四大经济体团结了起来，当它们获得拥有同样的想法的国家支持时，就会在世界政治中创造出第三大力量体。这个由自由民主国家组成的联盟，会顶住来自专制国家（autokratische Mächte）的进攻和扩大自身的自主权，同时也会对抗变得愈发不可靠的超级大国美国。[④]

---

① Gemeinsame Erklärung der Außenminister Deutschlands und Japans, 25. 7. 2018.

② Gemeinsame Erklärung der Außenminister Deutschlands und Japans, 25. 7. 2018.

③ “Es gibt keine Selbstverständlichkeiten mehr”: Außenminister Heiko Maas im Interview mit dem DuMont Medienhaus, 3. 8. 2018, https://www.auswaertiges-amt.de/de/newsroom/interview-maas-dumont/2124240.

④ Ulrich Speck: Japan und Deutschland—Eine Allianz der Multilateralisten, 2. 8. 2018, https://www.nzz.ch/meinung/japan-und-deutschland-eine-allianz-der-multilateralisten-ld.1407821.

马斯访日后，按照德日联合声明的精神，双方进行了具体的外交领域的协商及合作。2018 年 12 月 18 日在东京举行的双边外交与安全事务协商中，就有德日外交部副部长级别的官员参加。① 日本官方也愈发强调日德合作的重要性。日在外长河野太郎对德国媒体表示，日本和德国是从现在的自由开放国际体系中收益最多的两个国家，因此应该团结为捍卫及加强这一秩序作贡献。② 这之后日本高层政治家的频繁访德也为双方合作增大了助力。其中，2018 年中期以来，日本外务大臣河野太郎两次访德显得尤为突出。他在 9 月 6 日对德国进行的国事访问中，邀请默克尔尽快对日本进行访问，以进一步提升双边关系。此外，河野还参加了执政党联盟党的内部闭门会议，由此可见德国对发展和日本关系的重视。在此次会议中，他强调了日本在东亚面临的包括中国和朝鲜的挑战，以及国际经济体系问题。他认为，在二战结束后的自由开放世界体系里，德日两国都发展成了和平国家，应该为维持和加强以规则为基础的国际秩序进行更紧密的合作。③ 他在会上表示，西方国家（美国、欧盟）和日本应该共同为非洲提供信贷支持，因为很多非洲国家有兴趣在财政上不太过于依赖中国。默克尔也表示了对中国在非洲投入大量信贷援助的忧虑。④

在德日有关亚太地区问题的协商中，除了中国外，朝鲜问题也是两国关注的主题之一。德日双方希望在朝鲜问题上建立更紧密的合作关系，尤其是德国现在是联合国安理会非常任理事国，并且是安理会朝鲜制裁委员会的主席国。对于朝鲜事务，德国近年来投入了非常大的力量，并传授韩国西德统一东德的经验，支持其统一朝鲜。⑤ 2018 年夏的访韩行程中，马斯也再次强调了德国在朝鲜事务中站在韩国一边的坚定立场。并称朝鲜为“北韩政权

① Japanisch-deutsche Konsultationen zur Aussen-und Sicherheitspolitik auf Staatssekretärsebene, 17. 12. 2018, https://www. de. emb-japan. go. jp/presse/pm_181217. html.

② Japan wirbt für eine engere Kooperation mit Deutschland-aber nicht gegen die USA, Handelsblatt, 6. 9. 2018.

③ Außenminister Kono absolviert intensiven Arbeitsbesuch in Berlin, 6. 9. 2018, https://www. de. emb-japan. go. jp/presse/pm_180906. html.

④ Japans Außenminister spricht sich fuer gemeinsame Kredite des Westens für Afrika aus, 7. 9. 2018, https://www. handelsblatt. com/politik/international/taro-kono-japans-aussenminister-spricht-sich-fu-er-gemeinsame-kredite-des-westens-fuer-afrika-aus/23007410. html? ticket = ST - 2137274 - tvX4sxJ91RS35FtrE2to - ap4.

⑤ 陈弢：《他山之石与前车之鉴：韩国寻求半岛和解与统一背后的德国经验》，澎湃新闻，2018 年 4 月 24 日。

（das nordkoreanische Regime）”。[①] 德日双方都表示希望各有关国家完全执行联合国安理会对朝决议。[②] 2019 年 2 月，马斯与河野的对话中，要求朝鲜完全放弃所有大规模杀伤性武器及所有射程的弹道导弹，并认真执行联合国安理会的决议。同时，默克尔还答应在要求朝鲜释放日本人人质问题上与日本进行合作。[③] 德日两国都认为，国际社会应该支持 2 月底在越南举办的第二次美朝领导人峰会。[④]

2019 年 2 月，德日两国高层互访达到了一个小高峰。首先是 2 月 4～5 日，默克尔在时隔两年半后再次访问日本，也是她第五次[⑤]访日。在其访日前，默克尔就已经公开表示，日本是德国在包括世界银行、国际货币基金组织和二十国集团在内的各种国际组织和平台改革过程中可以借助的合作伙伴。[⑥] 此访过程中，默克尔进一步拔高了德日双边关系的意义，称赞两国是基于规则的国际秩序的“旗手”。在具体的合作事项上，德日双方进一步明确了合作的领域。默克尔与安倍商定，德日两国将在实现自由和开放的印太地区，在缅甸建立民主的国家制度，支持非洲，尤其是撒哈拉沙漠以南非洲的和平与稳定，西巴尔干地区融入欧盟以及在增进联合国维和能力等方面深化合作。此外，双方商定将数据管理和电子商务作为 2019 年大阪二十国集团峰会的主题之一。安倍则希望日本和德国应该借助大阪二十国集团峰会召开之际，努力在推动自由贸易和以创新驱动经济增长等方面获得领导地位。[⑦] 默克尔则表示，德国将思考如何更加明确地支持安倍政府大力推动的亚太开

① 马斯表态支持韩国对朝鲜的双轨政策，即在与朝鲜对话的同时，继续维持对朝制裁，直到朝鲜完全实现无核化为止。Korea：Maas reist in demilitarisierte Zone，26.7.2018，https://www.auswaertiges-amt.de/de/aussenpolitik/laender/korearepublik-node/maas-korea/2121682.

② Außenminister Kono absolviert intensiven Arbeitsbesuch in Berlin，6.9.2018，https://www.de.emb-japan.go.jp/presse/pm_180906.html.

③ Japanisch-Deutsches Gipfeltreffen，4.2.2019，https://www.de.emb-japan.go.jp/presse/pm_190204.html.

④ Treffen der Außenminister Japans und Deutschlands in Muenchen，16.2.2019，https://www.de.emb-japan.go.jp/presse/pm_190216.html.

⑤ 2007 年 8 月和 2015 年 3 月，默克尔分别对日本进行了两次正式工作访问。而 2008 年 7 月和 2016 年 5 月，她又分别参加了在日本北海道举行的八国峰会和在伊势志摩举行的七国峰会。

⑥ Rede von Bundeskanzlerin Merkel zur 49. Jahrestagung des Weltwirtschaftsforums am 23. Januar 2019 in Davos，https://www.bundeskanzlerin.de/bkin-de/aktuelles/rede-von-bundeskanzlerin-merkel-zur-49-jahrestagung-des-weltwirtschaftsforums-am-23-januar-2019-in-davos-1572920.

⑦ Japanisch-Deutsches Gipfeltreffen，4.2.2019，https://www.de.emb-japan.go.jp/presse/pm_190204.html.

放战略。这一战略与中国的强烈领土需求存在矛盾。德国与中国既需要合作，也需要把存在的矛盾说清楚。①

2月的第二次德日高层会谈发生在慕尼黑安全会议期间。借助此次安全会议之机，河野再次访问了德国，并与马斯进行了内部会谈。会谈的具体内容目前难以知晓。但从日本驻德使馆公布的有关简报中，我们可以知道，河野在此次会议上着重提及了日本的自由开放印太构想，并指出日本之外，美国、加拿大、澳大利亚、新西兰、东盟、法国、英国和德国都加入了该计划。他表示希望欧洲国家加大在印太区域防务问题上与日本的合作。会议期间，日本、德国、法国和加拿大等四国外长还私下共进了工作晚餐。② 德方也再次明确了默克尔月初访日时许诺的德国对自由开放印太战略所提供的具体支持，以及德日两国在西巴尔干地区和朝鲜问题上进行合作等。③

四 影响德日合作关系走向的主要因素

自2018年以来，德国与日本在经济和政治外交领域进行了十分紧密的合作。日本已成为德国外交部所推动的“多边主义者联盟”计划在全球的主要合作伙伴和参照对象。然而，德国与日本的合作却存在巨大的困难与来自双边和国际因素的限制。近年来，亚洲在德国对外经贸中的比重不断上升。2017年，亚洲已超越北美（美国、加拿大和墨西哥），成为德国在欧洲之外最大的出口对象区域。但这一上升主要是来自与中国的经贸交往的推动。在与中国的经贸活动大幅增长的同时，日本等传统贸易伙伴在德国的经贸关系中的地位则逐渐下降。④

双方在一些领域还存有竞争关系。对德国这个市场经济国家来说，单纯的战略和政治外交上的考虑很难迫使本国企业更加考虑与日本的合作。日本

---

① Pressekonferenz von Bundeskanzlerin Merkel und dem japanischen Ministerpräsidenten Shinzō Abe, 4. 2. 2019, https://www. bundeskanzlerin. de/bkin-de/aktuelles/pressekonferenz-von- bundes-kanzlerin-merkel-und-dem-japanischen-ministerpraesidenten-shinz% C5% 8D-abe – 1576840.

② Teilnahme von Außenminister Kono an der Münchner Sicherheitskonferenz (Ergebnisse), 17. 2. 2019, https://www. de. emb-japan. go. jp/presse/pm_190217. html.

③ Treffen der Außenminister Japans und Deutschlands in München, 16. 2. 2019, https://www. de. emb-japan. go. jp/presse/pm_190216. html.

④ Bundesministerium für Wirtschaft und Energie, *Fakten zum deutschen Aussenhandel*, Berlin, 10. 2018, S. 8.

的汽车企业一直是其在国际市场上的主要竞争者之一。在联邦德国时期，对来自日本的竞争感到威胁者早已有之。尽管双方政府都有意推动德日经济关系的发展，但实际上这样的目标很难单独凭借政府的推动而实现。近年来，由于中国等发展中国家市场的快速发展，也由于欧洲和日本经济一直不景气以及最近的英国“脱欧”等事件，日德双方企业对彼此国内市场的兴趣正逐渐下滑。例如，作为世界十大汽车厂家之一的日本本田汽车在德国和欧洲的市场就处于颇为危险的状态。① 而在政治上，尽管都拥有自由民主价值观，但德日双方在一系列政治法律问题上仍存在矛盾。例如，对死刑问题的看法上，在德国，死刑已被废除。而在日本，2017 年还执行了四次死刑。双方也曾为此产生过争论。②

除了德日双边层面外，两国的合作也受到国际因素的影响。主要是美国和中国因素的影响。这尤其体现了德日与美中两国合作及竞争、需求与对抗的复杂关系。

首先，德日关系的进一步发展也会受到美国因素的影响。这一方面体现为美国传统政治精英（尤其是民主党）一直在支持德国与日本等盟国加强合作的行动上。前已介绍了美国前驻北约大使达尔德提出的九国集团方案。而美国前副总统，已在 2020 年总统大选中战胜特朗普的民主党总统候选人乔·拜登（Joe Byden）在 2019 年慕尼黑安全会议的讲话中同样指出，北约需要和亚太地区的盟友加强联系来应对新的挑战。现在的困难局面终将过去，美国会重新回来。③

正是因为对美国传统政治精英重新执政存在期待，德国政治高层的一系列外交举动体现了他们反对特朗普政府却不反对美国的基本考量。马斯的“多边主义者联盟”计划和德日合作时刻都为美国留下了参与的空间。马斯指出，他的计划是为了加强欧洲在同盟中的力量，并使得美欧今后能够继续相互信赖。对于德国来说，美国不是一个普通盟友，它是德国在欧洲之外最

① Niedergangs von Honda in Europa beschleunigt sich，19. 8. 2014，https://japanmarkt. de/2014/08/19/unternehmen-und-maerkte/automobil/niedergang-von-honda-europa-beschleunigt-sich.

② Maas gibt in Japan den Anti-Trump，25. 7. 2018，https://www. welt. de/politik/deutschland/article179919858/Aussenminister-in-Asien-Maas-gibt-in-Japan-den-Anti-Trump. html.

③ Joe Biden speech at the Munich Security Conference 2019，19. 2. 2019，https://www. youtube. com/watch? v = w6faT3VOHgs.

紧密的盟友。德国必须用尽全力使这样的关系继续下去。[①] 在2019年慕尼黑安全会议上的讲话中，他特意强调了西方国家在美国领导下所取得的一些进展（例如打击“伊斯兰国”，以及在委内瑞拉推动自由总统选举和民主制度等），他指出这些例子显示“多边主义尤其是跨大西洋联盟的产物”。跨大西洋联盟在贸易上的合作是应对中国这样的雄心勃勃的国家资本主义的核心所在。[②]

德日以及美国之间的合作尤其体现三方在有关中国的某些问题上的一致性。德日两国的接近本身就体现了西方世界传统政治精英联合一致，对抗中国快速发展的意图。从2018年以来的事态发展来看，至少在贸易问题上，只要美国政府采取更多的合作姿态，德日或欧日都倾向于与美协商、合作和共同处理中国问题。目前，三方在这个问题上已经进行了多次协商，并发表了直接针对中国的联合声明。2018年9月25日，欧日美三方签署了有关反对国企补贴、强制技术转让、第三国非市场化政策及改革世界贸易组织等问题的贸易联合声明。这份联合声明还影射并指责了中国的“数字保护主义”，表示三方将在促进数字贸易和数字经济增长方面进行合作。联合声明还认为世界贸易组织有关发展地位的分类过于宽泛，甚至直接要求经济发达却被视作发展中国家的世界贸易组织成员对目前和今后的谈判作出充分的承诺。[③] 这些要求有的与德日两国在双边框架下的合作主题相类似。

另一方面，美国因素又对德日进一步合作造成制约。由于德日彼此对美国都存在较大的依赖，因此难以摆脱美国的束缚而将合作关系提升到单独的双边战略同盟的高度。[④] 例如，日本外务大臣河野太郎在2018年访德时曾明确表示，德日两国合作很重要，但希望避免和美国的对抗，因为“没有美国的参与，世界上就不可能有和平与繁荣。孤立了美国就不能解决全球问题”。尽管与美国在一系列问题上存在不同看法，但是仍然应该和其进行建设性的观点

① Für eine Allianz der Multilateralisten，27. 8. 2018，http://www. auswaertiges-amt. de/de/newsroom/maas-allianz-multilateralisten/2129908.

② Rede von Außenminister Heiko Maas bei der 55. Münchner Sicherheitskonferenz，15. 2. 2019，https://www. auswaertiges-amt. de/de/newsroom/aussenminister-maas-muenchner-sicherheitskonferenz/2190246.

③ Joint Statement on Trilateral meetings of the trade Ministers of the United States，Japan and the European Union，9. 2018.

④ 忻华：《欧盟建立“欧日经济伙伴关系”的战略机理探析》，《国际展望》2018年第6期，第116页。

磋商。例如，在伊朗核问题上，尽管日本支持继续与伊朗的核协定，但还是会继续与美国协商，以使美国的政策不会对日本企业的活动造成消极影响。① 在2018年9月末的纽约联合国大会上，马斯主动邀请前来出席的日本和加拿大外长前往曼哈顿的德国驻美代表处共用早餐，以此表示日本和加拿大在德国“多边主义者联盟”计划中的重要性。然而，日本外务大臣却因故未能前往。德国著名媒体《明镜》周刊认为，马斯的计划说起来容易，做起来却很难。②

对德日合作影响较大的另一个外部因素来自中国。这首先体现在经贸问题上。中国是德国的“多边主义者联盟”及德日合作所针对的国家之一。但中国经济的不断增长，恰好是导致日本在德国和欧盟对外经贸关系中重要性不断下降的重要因素。③

在政治外交上，德日两国作为需要伙伴和世界市场的中等强国，都不愿与中国的外交关系由于太过强调对抗而僵化甚至倒退。2018年下半年以来，中日关系出现了逐渐改善的迹象。日本因此将其“印太战略”改为更具中性意义的“印太构想”，其在与澳大利亚等价值观合作伙伴的合作中也显得更加谨慎，以避免过度刺激中国。④ 而对德国来说，与连续三年成为其全球最大贸易伙伴的中国的关系也至关重要。德国著名智库墨卡托中国研究所的分析人士指出，在可能出现的中美新冷战中，作为非霸权国家，德国和欧盟对华政策应该有多面性，与中国保持合作和竞争的关系。⑤ 正如默克尔在本届慕尼黑安全会议上所说，如果拥有13亿人口的中国决定不再保持与德国的友好关系，那么只有8000万人口的德国不管如何也难以承受。⑥ 她清醒地看到，德国与中国一方面有合作关系，另一方面又是竞争者。这一竞争不仅限

---

① Japan wirbt für eine engere Kooperation mit Deutschland-aber nicht gegen die USA, Handelsblatt, 6. 9. 2018.

② Außenminister Maas versucht, eine Anti-Trump-Allianz zu schmieden, 29. 9. 2018, http://www.spiegel.de/politik/ausland/heiko-maas-schafft-bei-der-uno-in-new-york-neue-allianz-a-1230767.html.

③ 忻华：《欧盟建立“欧日经济伙伴关系”的战略机理探析》，《国际展望》2018年第6期，第115页。

④ 许少民、陆苋樵：《特朗普冲击下日澳关系的新发展》，《当代世界》2019年第2期，第21页。

⑤ Munich Security Conference: Does Europe get caught up in US-China rivalry?, 13. 2. 2019, https://www.merics.org/en/china-flash/munich-security-conference-does-europe-get-caught-us-china-rivalry.

⑥ Rede von Bundeskanzlerin Merkel zur 55. Münchner Sicherheitskonferenz am 16. Februar 2019 in München, 16. 2. 2019, https://www.bundeskanzlerin.de/bkin-de/suche/rede-von-bundeskanzlerin-merkel-zur-55-muenchner-sicherheitskonferenz-am-16-februar-2019-in-muenchen-1580936.

于经济领域，还有非常不同的政治制度的竞争。[①]

在这种情况下，即使在意识形态上对华更为强硬的德国外交部，也不得不在实际的外交活动中强调与中国合作，共同维持多边世界体系。在2018年9月底的联合国会议期间，马斯和中国外长王毅会谈，并指出德方对德中关系的高度重视。德中都坚定支持多边主义，在自由贸易、气候变化、伊朗核问题等重大国际问题上立场相似。他还表示，德国主张加强欧盟同中国在重大国际问题上的沟通合作。[②]在2019年的慕尼黑安全会议上，马斯实际上将“多边主义者联盟”的范围从原先的价值观合作伙伴扩大到了包括中国在内的“遵守国际规则和以多边主义解决国际问题的所有伙伴”。这意味着，德国要和中国等一起“共同继续推动国际秩序的改革”。[③]

以上的国内国际种种制约，使德国与日本和其他“价值观合作伙伴”合作的进展显得很缓慢。同时，德国却又在这个过程中将不同价值观的中国纳入“多边主义者联盟”。这使得原先对德国政府构建以“自由民主”国家为中心的多边自由世界有所期待的人大失所望。施贝克认为默克尔的观点是“1990年代”的过时的世界观，不能反映中国快速发展后的大国竞争以及多边自由世界秩序受到威胁的新时代。[④] 达尔德最近则指出，如果欧洲人想要美国回心转意，最好的办法就是承担更多的、多年来由美国所担负的世界责任。但他认为，到目前为止，默克尔和其他欧洲领导人都没有主动站出来这么做，“尽管言辞强硬，默克尔并没有解决美欧关系紧张和她已经意识到的国际问题的办法”。[⑤]

五 结语

国内有学者通过定量分析得出的结果是，与中国有较多共同利益的欧洲

---

① Vor Treffen in Paris：Merkel fordert von China fairen Marktzugang，22. 3. 2019，https://www.n-tv.de/politik/Merkel-fordert-von-China-fairen-Marktzugang-article20924202.html.

② 《王毅会见德国外长马斯》，中国外交部官网，2018年9月27日，https://www.fmprc.gov.cn/web/wjbzhd/t1599367.shtml。

③ Rede von Außenminister Heiko Maas bei der 55. Münchner Sicherheitskonferenz，15. 2. 2019，https://www.auswaertiges-amt.de/de/newsroom/aussenminister-maas-muenchner-sicherheitskonferenz/2190246.

④ Ulrich Speck：Merkel's Defense of the Liberal Order，19. 2. 2019，https://www.gmfus.org/blog/2019/02/19/merkels-defense-liberal-order.

⑤ Ivo Daalder，Deep Divisions across the Atlantic，21. 2. 2019，Global Insight.

国家，将会在对华政策上与美国保持一定距离，与中国的合作将更加密切。[①] 实际上，尤其对于德国来说，与美国的矛盾上升，并不意味着与中国更加接近。德国和欧洲国家的另一个选择是通过发展与日本等拥有同样政治价值观的国家的关系，来维持多边主义世界秩序。

自2018年夏以来，主要在德国外交部的推动下，德国政府将先前由大西洋两岸学者和传统政治精英提出的由美国之外的自由民主国家联合起来维护世界秩序的想法付诸实践，提出了“多边主义者联盟”计划，并将与日本的合作作为这个计划的核心和样板。迄今为止，德国努力发展与日本的价值观合作伙伴关系，以维护西方价值观和西方主导的国际秩序。双方在诸如亚太地区航行自由及开放国际秩序、应对人工智能和大数据时代、对华贸易问题、朝鲜问题、非洲投资问题、世贸组织和联合国改革、西尔巴尔干问题等主要领域进行了连续几轮的紧密磋商。在针对这些问题进行协商的背景下，德日两国高层政治领导人和经济精英在短短数月之内就完成了频繁互访，使得双边关系迅速提升。这一接近也得到两国经济界的支持和参与。

就德国外交政策来说，马斯的德国外交部推动的“多边主义者联盟”计划和对日合作，其实也是默克尔政府前几年提出的“来自中间的领导”理念的自然延伸，即旨在从中等实力地位出发，通过合作方式发挥全球影响力。[②] 德方先前有关将日本作为德国外交“基石”等空白的表述，多年来第一次得到了具体落实。德国将同样作为中等强国的东亚国家日本作为其主要合作对象，使得至少在政治上，中国在德国东亚政策里的地位已经呈现了下降趋势。在未来一段时间，德日在政治经贸领域的合作仍有继续加强的可能。而就德美关系来看，德日接近体现了德国反特朗普而不反美国的外交政策。尽管美国因素也限制了德日关系的进一步发展，但德日双方都为美国今后加入这一合作关系敞开着大门。

尽管双方关系日益紧密，但受制于德日国内因素，以及美国和中国等国际因素，德国与日本的合作尚显缓慢，尚未取得双方高层在一系列谈话中所期望的国际影响和目标。马斯曾指出，与日本等国所构建的“多边主义者联盟”会成为一个经得住考验的有力的外交合作机制。它将处理有关保护人

① 曾绍毓：《美国与盟国的对华政策分歧趋于扩大》，《国际政治科学》2017年第3期。

② 熊炜：《2016年版德国国防白皮书评析——“来自中间的领导”困境》，《国际论坛》2017年第3期。

权、气候变化、自由贸易和应对虚假信息和网络攻击等重要事务。[①] 但就目前德日两国的合作来看，除了在贸易问题上于《欧日经济伙伴关系协定》的形势有所突破之外，德日合作在其他部分的影响都没有体现出来。至少目前，德日合作看起来难以起到维持西方主导的国际秩序的目的，这也凸显了两国作为中等强国在塑造国际规则问题上的困境。

① Rede von Außenminister Heiko Maas bei der 55. Münchner Sicherheitskonferenz, 15. 2. 2019, https://www.auswaertiges-amt.de/de/newsroom/aussenminister-maas-muenchner-sicherheitskonferenz/2190246.

第二章

经验输出与经贸合作：近年来德国在朝鲜半岛的政治经济活动

2018 年 4 月 27 日，朝韩首脑会晤在板门店分界线的韩国一侧举行。在近年来的朝鲜半岛局势发展中，作为欧盟和西方世界最具影响力之一的德国也发挥了巨大的作用。与朝鲜领导人举行首脑会谈的想法，正是 2017 年 7 月初文在寅总统在访德期间从所做的讲演中提出的。对朝鲜半岛出现的缓和局面，德国政府总理默克尔觉得“很美妙”。有关统一问题的合作是今天德国与韩国双边关系的重点所在。与此同时，韩国是亚洲地区第一个与欧盟签署自贸协定的国家。自贸协定签署后，德国与韩国经贸的走向成了很多尚未与欧盟签署该协定国家的考察样板。本章将对德国与朝鲜半岛统一及德韩双边经贸合作这两个问题进行分析和探讨。

一　经验输出？德韩两国在统一问题上的对话

长期以来，德国和韩国就在统一问题上进行了密切的合作。冷战期间，分别位于欧亚大陆东西两方的联邦德国与韩国都属于美国领导的西方阵营，各自与民主德国及朝鲜有所对抗和缓和。同时，这一对抗和缓和的过程相互影响，使得德国人和朝鲜民族对统一和分裂问题形成了很多类似的看法和政策。通过梳理近年来德韩两国关系的发展动向，可以发现联邦德国和韩国这两个曾位于东西方冷战前线的国家在统一问题上进行了非常密切的合作，从而给今天的德韩合作提供了深刻的历史渊源。20 世纪的冷战期间，由于社会制度和东西方冷战对垒，东西德分别与朝鲜和韩国建立了紧密的合作关系。

而在统一问题上，也出现过民主德国与朝鲜、联邦德国与韩国相互支持的局面。随着柏林墙的倒塌，两德统一，德国与韩国在统一问题上的合作得到继续甚至有所强化。与此同时，统一后德国内部的前东德因素也继续发挥了德国与朝鲜接触的桥梁作用。

1. 韩国对德国统一经验的热衷

1990 年 10 月东西德实现统一，韩国政界和社会对德国统一的成功经验出现了一种热潮。在这些年的德韩首脑会谈中，有关统一经验的协商也都占据了重要的地位。韩国前总统金泳三、金大中、卢武铉、李明博和朴槿惠等人都会借访德之际发表有关德国统一经验和朝鲜半岛统一问题的讲话。德韩之间还成立了有关统一问题的各种组织和协会。在这种背景下，韩国学界也对研究德国统一问题投入了极大兴趣，各种论著相继问世，并以此带动了德国学界对有关两国统一比较等问题的研究。

近年来，这一热潮继续升温。上一任韩国总统朴槿惠对德国统一经验高度赞赏。指出，“共同的分裂经历使得德韩两国间紧密地联系在一起，而德国统一是朝鲜实现和平统一的榜样”，“韩国对德国有着一种特别的情感”。她认为，“通过与德国合作，我们能够为朝鲜半岛统一学到很多有用的经验”，[①]“德国统一给亚欧大陆的西部带来了巨大的进步，而位于亚欧大陆东部的朝鲜半岛也将会如此。德国统一和朝鲜统一都是历史的必然”。[②]

朴槿惠在 2014 年 3 月访德并与默克尔进行的会谈中，与德方探讨了如何实现统一，并在这个问题上增强双方的合作等问题。双方决定共同加强德韩有关统一问题的协商委员会的工作。统一过程中的经济和社会问题，以及国际合作等也是两国首脑的关注焦点。为此，德韩两国的财政部和研究机构计划共同构建一个合作网络，以系统探讨朝鲜半岛统一的经济问题。两国外交部也将就统一的外交问题展开协商和对话，并组建一个顾问委员会。此外，韩国政府还将与德国的非政府组织（NGO）和政经两界进一步加强在对朝鲜人进行人道主义援助等问题上的合作。朴槿惠还表示，韩国准备学习联邦德国在冷战期间管理东西德边境的经验，以此对韩朝非军事区包括环境保

① Pressestatements von Kanzlerin Merkel und Präsidentin Park, Berlin, 26. 3. 2014, https://www.bundesregierung.de/Content/DE/Mitschrift/Pressekonferenzen/2014/03/2014 - 03 - 26 - regpk-merkel-park.html; Merkel vows support for Korean reunification bid, http://www.thelocal.de/20140327/merkel-our-duty-to-support-korean-reunification-bid.

② Grundsatzrede der Präsidentin der Republik Korea Park Geun.

护在内的事务进行更好的管理。

朴槿惠此次访德的另一个成果就是发表了其有关实现半岛和平统一的“德累斯顿构想”。她之所以选择在这个位于东德地区的城市发表如此重要的构想，主要原因在于德累斯顿不仅在两德统一过程中发挥了重要的作用。同时，这个城市在两德统一后的经济发展速度也较快。正如朴槿惠自己所说，“（统一后）德累斯顿已成为世界领先的科技城市，是克服德国分裂及东西德融合的象征”。①

2017 年 7 月，德国成了文在寅总统上任后访问的第二个国家（第一个是美国），由此可以看出德韩关系对韩国的重要性。文在寅在科尔伯基金会的演讲中大力赞扬了德国统一及其经验对韩国的重要性，称赞了联邦德国的新东方政策。他认为，“德国的经验给朝鲜半岛实现统一带来了希望，同时也展示了韩国需要走的路”，“我们将在首尔和平壤完成从柏林开始的终结冷战的任务”。文在寅在讲演中表示，如果条件允许，他准备在任何时间、任何地点与金正恩会面。②

从文在寅的演讲中，我们可以看出，文在寅的统一政策构架和德国新东方政策的特征极其相似。他提及了包括建设通向欧洲的跨朝鲜半岛铁路的雄心，以及连接朝鲜半岛与俄罗斯的天然气管道的“新经济地图”计划。同时，文在寅表示，实现半岛统一的方式只有和平。他不希望朝鲜崩溃，朝韩半岛的统一是双方都可以共处、共同富裕和恢复民族共同体的过程。而一旦和平得以建立，南北方自然会在某一天通过协定实现统一。③

2. 德国政界高层对韩国统一朝鲜半岛的支持

长期以来，对于朝鲜半岛统一问题，德国政界高层普遍非常热情，积极支持。而目前德国政坛的高层人物，包括总理和总统在内，都曾在东德生活。因此，他们都将自己今日的成就视作统一的结果。在半岛统一问题上，德国政界高层支持韩国以和平方式实现统一。

出生在东德，并亲历了德国统一等重大历史事件的默克尔总理，对于朝鲜半岛统一非常支持。她认为朝鲜半岛的分裂终将是可以克服的，“德国曾

① Grundsatzrede der Präsidentin der Republik Korea Park Geun.

② Full Text of Moon's Speech at the Korber Foundation, The Korea Herald, 7.7.2017, http://www.koreaherald.com/view.php? ud=20170707000032.

③ Full Text of Moon's Speech at the Korber Foundation, The Korea Herald, 7.7.2017, http://www.koreaherald.com/view.php? ud=20170707000032.

遭受了40多年的分裂，而朝鲜半岛目前仍是这样的状况”。默克尔将自己称为“德国统一的产儿”。她从德国统一的经验和教训出发，指出“统一过程不仅需要巨额的经济支持，而心理上也需要对那些过着非常不同生活的人开放”。在默克尔的建议下，德韩两国建立起了外长层面的统一问题协商机制。①

2017年文在寅就职韩国总统前后，正是朝鲜半岛核危机的紧张关头。此时，默克尔继续深化与韩国的合作关系，并再次共同呼吁实现半岛统一。对于朝鲜的核试验，默克尔认为这是对全世界和平的“巨大危险”，德国完全反对金正恩的核计划，并支持对朝鲜进行更严厉的制裁。② 甚至美国总统特朗普也感谢了默克尔对朝鲜施加的压力。③

默克尔和德国政府官员曾多次表示，德国非常愿意加入朝鲜核问题的会谈，并且能够帮助调和朝鲜半岛核危机。她认为，尽管朝鲜冲突离德国很远，但它确是能够影响德国的国际事务，“一旦各方欢迎德国参与其中，我就会立即接受”。她反对特朗普曾经对朝鲜的武力威胁，认为外交谈判方式是解决朝鲜问题的唯一办法，欧洲应该团结一致共同找到这样的办法。默克尔指出，核危机也是将朝鲜拉回谈判桌的机会。④

与默克尔相似，德国前总统约阿希姆·高克（Joachim Gauck）同样经历过东德的岁月，他也对朝鲜半岛的统一计划有着巨大的热情。2015年10月，高克在德国统一25周年之际对韩国进行了为期四天的访问。此次访问也是他当选德国总统后的第一次亚洲之行。高克为韩国统一运动鼓气，认为尽管统一的愿望可能会随着时间的推移而减弱，“但共同的语言、文化和传统的力量不容低估”。而“德国会利用其与朝鲜的外交关系，作为增进朝韩对话

---

① Merkel vows support for Korean reunification bid, http://www.thelocal.de/20140327/merkel-our-duty-to-support-korean-reunification-bid.

② Merkel: “Nordkorea provoziert” den Westen, 29.11.2017, https://www.n-tv.de/politik/Merkel-Nordkorea-provoziert-den-Westen-article20157474.html.

③ Möchte Merkel danken, dass sie Druck ausgeübt hat auf das nordkoreanische Regime, 27.4.2018, https://www.welt.de/politik/ausland/video175908575/Trump-zu-Nordkorea-Moechte-Merkel-danken-dass-sie-Druck-ausgeuebt-hat-auf-das-nordkoreanische-Regime.html.

④ Kanzlerin Angela Merkel, Bei Nordkorea gibt es einen klaren Dissens mit Trump, 20.9.2017, https://www.dw.com/de/kanzlerin-angela-merkel-bei-nordkorea-gibt-es-einen-klaren-dissens-mit-trump/a-40595731; Merkel, Deutschland kann im Nordkorea-Konflikt vermitteln, 10.9.2017, https://www.faz.net/aktuell/politik/merkel-deutschland-kann-im-nordkorea-konflikt-vermitteln-15191111.html.

的渠道”。①

高克在韩国国民议会的讲话中强调，朝韩之间“建设性的公开对话”是改变现状和实现统一的“最好方式”。② 双方谈话的内容不应局限在安全政策方面，还应包括经济、技术、文化和环境保护等内容，这会开拓双方交流的渠道。

在具体的经验输出及合作上，德国政府、议会以及公民社团等多层次地参与了半岛统一进程。2014年10月访韩的时任外长施泰因迈尔指出，朝鲜半岛统一只能在确保本地区安全和外交现状的稳定下才能成功实现。因此，他推动德国外交部与韩国有关部门之间专门成立了一个政策建议小组，集中于协助韩国处理统一的外交政策问题。③ 仅2015年，德韩外长就进行了四次会面。而双方这几次会面的主题大都和德国统一问题上的外交经验有关。

此外，德韩之间有关统一问题的协商还体现在双方议会的合作和磋商上。很长时间以来，德韩议会之间就建立起了有关支持韩国实现和平统一的合作机制。两国议会中的部分议员还建立起了“德韩友好小组”，以推动有关合作的进行。“德韩友好小组”的一个重要成果是2002年建立的“韩德论坛机制（Koreanisch-Deutsches Forum）”。该机制充当了德韩两国社会交流的重要桥梁。该论坛每隔一年分别在两国进行一次。通过这个机制，包括统一在内的政治、经济和文化主题在两国进行了广泛而深入的探讨。论坛产生的重要建议也会呈递两国政府参考。④ 德韩两国高官和有关专家都会参与这个论坛，并就朝鲜半岛统一提供德国的经验和建议。

德国联邦议院认为，亚洲之外，没有哪个国家在统一和分裂的经验上比德国更让韩国人感兴趣。⑤ 2014年10月，德国联邦议院时任议长诺伯特·拉默特（Norbert Lammert）在发言中指出，“德国非常乐意向韩国提供德国

① Nationalversammlung der Republik Korea, http://www.bundespraesident.de/SharedDocs/Reden/DE/Joachim-Gauck/Reden/2015/10/151012 – Korea-Nationalversammlung.html.

② Nationalversammlung der Republik Korea, http://www.bundespraesident.de/SharedDocs/Reden/DE/Joachim-Gauck/Reden/2015/10/151012 – Korea-Nationalversammlung.html.

③ Steinmeier kritisiert Nordkoreas Atomprogramm, 31.10.2014, https://www.dw.com/de/steinmeier-kritisiert-nordkoreas-atomprogramm/a – 18031565.

④ http://overseas.mofa.go.kr/de-de/wpge/m_7242/contents.do.

⑤ Bundestagspräsident Prof. Dr. Lammert eröffnet Deutsch-Koreanischen Friedens-und Wiedervereinigungsforum im Deutschen Bundestag, 16.10.2014, https://www.koschyk.de/allgemein/bundestagspraesident-prof-dr-lammert-eroeffnet-deutsch-koreanischen-friedens-und-wiedervereinigungsforum-im-deutschen-bundestag – 19695.html.

在统一过程中收获的经验，但并不认为德国统一已经成为一个可在世界范围内输出的模式”。他认为，统一问题并不存在标准解决方案，而在德国自己的统一过程中也出现了很多没有预计到的问题，没人提前对这些问题作过准备。因此，“统一经验的转移是有界限的”，不同地区和国家会存在不同的情况。① 2015 年 11 月底，韩国国会议长郑义和受德国联邦议院议长之邀访问德国。这也是 2002 年以来，韩国国会议长首次访德。此次访问期间，郑义和与德国国内的统一问题专家进行了谈话。拉默特表示将在朝鲜半岛统一问题上竭尽所能地帮助韩国。②在双方的协商中，在政治和经济利益之外的价值观得到了双方的共同强调。拉默特认为，民主价值观是两国之间的强大桥梁。③ 拉默特从联邦议院议长一职退下来后，仍继续与韩国保持联系，并在朝鲜半岛和统一等问题上进行磋商。④

德国社会也积极帮助宣传朝鲜半岛统一。目前，在柏林和德累斯顿等德国大城市的市区中心地带，都由德韩双方共同合作建起了包含宣扬朝鲜半岛统一及其他朝鲜文化符号的广场。2015 年 3 月 23 日，萨克森州州府德累斯顿市举行了朝鲜广场的揭幕仪式。韩驻德大使和多名德方官员出席。韩大使指出，这“不仅象征着德韩合作，也鼓舞朝鲜人民继续追随自己的梦想，有朝一日实现和平统一”。⑤

2018 年初，朝鲜半岛缓和气氛逐渐增强并最终出现了朝韩首脑会晤的历史性局面。朝韩缓和的突出体现之一就是 2 月韩国平昌冬奥会期间所进行的

---

① Bundestagspräsident Prof. Dr. Lammert eröffnet Deutsch-Koreanischen Friedens-und Wiedervereinigungsforum im Deutschen Bundestag, 16. 10. 2014, https://www. koschyk. de/allgemein/bundestagspraesident-prof-dr-lammert-eroeffnet-deutsch-koreanischen-friedens-und-wiedervereinigungsforum-im-deutschen-bundestag - 19695. html.

② http://deu. mofa. go. kr/webmodule/htsboard/template/read/legengreadboard. jsp? typeID = 16&boardid = 9542&seqno = 728524&c = &t = &pagenum = 1&tableName = TYPE_ENGLEGATIO&pc = &dc = &wc = &lu = &vu = &iu = &du = .

③ Parlamentspräsident aus Südkorea bei Lammert, 24. 11. 2015, https://www. bundestag. de/dokumente/textarchiv/2015/kw48 - lammert-kim-young-sam - 396872.

④ Treffen mit Prof. Dr. Norbert Lammert, Vorsitzender der Konrad-Adenauer-Stiftung, 26. 3. 2019, Botschaft der Republik Korea in der Bundesrepublik Deutschland, http://overseas. mofa. go. kr/de-de/brd/m_7229/view. do? seq = 761080.

⑤ Einweihung des Koreanischen Platzes in Dresden, 15. 4. 2015, http://overseas. mofa. go. kr/de-de/brd/m_7229/view. do? seq = 720163&srchFr = & srchTo = & srchWord = & srchTp = & multi_itm_seq = 0& itm_seq_1 = 0& itm_seq_2 = 0& company_cd = & company_nm = &page = 25.

和谈。“奥运会休战（Olympic truce）”对朝韩两国来说并不陌生。当代史上，朝韩两国也曾以 1988 年汉城（今首尔）奥运会为契机进行过谈判，谈判一度甚至出现过南北共同承办 1988 年奥运会的可能性。①在此次半岛和解的过程中，德国作出了自己的努力。2 月的平昌冬奥会召开期间，德国总统施泰因迈尔先后访问了东亚的日本与韩国。施泰纳因迈尔在讲话中继续了多年来德国政府对朝鲜的谴责态度。2 月 6 日，施泰因迈尔在日本谴责朝鲜的核试验将东亚地区“带入了武装冲突的边缘”。他强调，“一个拥核的朝鲜是对德国的威胁，完全令德国难以接受”。德国认为，与朝鲜的对话只有当国际社会通过制裁对朝鲜保持最大可能的压力上才能实现。②

而 2 月 7 日，施泰因迈尔在日本东京的外国记者俱乐部发表了有关其此次东亚两国行目的的讲话。在讲话中，他悲观地认为，尽管即将开始的平昌冬奥会上朝鲜与韩国代表团会举着联合的旗子走进体育场，但过去几年半岛形势的发展使他认为外界不要因奥运会而陷入不切实际的幻想中。同时，他对朝鲜领导人大力发展核试验的“危险政策及其潜在目标”感到不解。③

而到韩国后，施泰因迈尔更强调鼓励韩国民众不要放弃统一朝鲜半岛的努力，呼吁要一步一步地来减少隔阂，尤其是要通过增加家庭会晤和双边互访来提升与朝鲜在人道主义层面的交流。2 月 8 日，施泰因迈尔在韩国政府为其举行的欢迎午餐中向韩方保证，无论韩国追求对朝和解还是施压的政策，德国都会“诚实和无私地站在韩国一方”。他也赞扬了韩国政府利用“奥运会休战”这个古老的传统来缓和半岛局势并和朝鲜方面举行和谈的做法，认为这会给半岛形势带来新的希望。④

---

① 茹亚伟、郭振、刘波：《东北亚变局与 20 世纪 80 年代朝韩对话——以朝韩奥委会洛桑谈判为视角的解读》，《冷战国际史研究》2019 年第 2 期。

② Dinner on the occasion of his visit to Japan, Tokyo, 6.2.2018, https://www.bundespraesident.de/SharedDocs/Reden/EN/Frank-Walter-Steinmeier/Reden/2018/02/180206-Japan-Toast.html; jsessionid=ACEA04EC670803FABE219E2186BC95B0.1_cid390.

③ Speech by Federal President Frank-Walter Steinmeier on the occasion of a discussion at the Foreign Correspondents' Club of Japan in Tokyo, 7.2.2018, file:///C:/Users/TC/Desktop/HP/Desktop/%E6%96%B0%E5%BB%BA%E6%96%87%E4%BB%B6%E5%A4%B9%20（4）/Germany%20and%20China's%20neighbours/180207-Japan-Foreign-Corr-Club-Englisch-2.pdf.

④ Speech by Federal President Frank-Walter Steinmeier at a luncheon hosted by the President of the Republic of Korea, Moon Jae-in, in Seoul, Korea, 7.2.2018, https://www.bundespraesident.de/SharedDocs/Reden/EN/Frank-Walter-Steinmeier/Reden/2018/02/180208-Korea-Toast.html; jsessionid=FDAE6E78448FDD2E9ED247F7D9777A74.2_cid371.

2月9日，文在寅在与施泰因迈尔的私人会谈中表示，朝鲜参加冬奥会是改善朝韩关系的重要机会，在这方面，德国分裂和统一的经验起到了指导和鼓舞作用。①此次会面正值朝鲜领导人的妹妹金永正抵达韩国的前一天。施泰因迈尔特意向文在寅赠送了勃兰特的画像，并指出勃兰特通过化解与苏联和东德的紧张局势奠定了德国统一的基础。据在场人员指出，文在寅任总统后从未在官方会谈中显得如此感动。推动朝韩缓和，让文在寅在国内和国际盟友那里都受到了巨大的压力。文在寅表示，自己也很想尝试勃兰特的新东方政策，但这“十分困难”。②

与文在寅会谈之外，施泰因迈尔还在首尔与韩国国民议会的代表和韩国前外长进行了谈话，并在首尔的政策研究所发表了讲话。③在其2月9日所进行的这次讲话中，施泰因迈尔盛赞韩国目前作为世界领先的工业国家，其政治转型的成功经验是民主可以茁壮成长的教科书般的案例。他以两德统一的经验为例指出了继续怀有统一希望的重要性，“没有什么是一成不变的，因此值得继续对统一抱有希望”。施泰因迈尔认为，统一的希望并非幼稚或不现实的，它可以给人提供改变现状的意愿。韩国应该有意愿为更好的未来制定蓝图，“如果这样的意愿在韩国都找不到，那么在世界上其他地方就更不可能存在”，而朝鲜半岛和平统一的任何蓝图，都只有在确保本地区的外交稳定情况下才能成功实现。他认为，朝鲜半岛的局势与冷战期间的东西德有极大的不同。一方面，半岛已经分裂了70多年。另一方面，来自朝鲜的核威胁十分紧迫，朝鲜的核武器使任何半岛统一的想法以及朝韩两国持续对话均显得不现实。施泰因迈尔指出，在统一问题上，韩国需兼具希望和勇气。继续维持对朝鲜的政治和经济压力至关重要，因为这些压力会迫使朝鲜真正坐下来参与对话。但在维持压力的同时，也要经常地提出对话方案，以打破现在的僵局。④

---

① http://overseas. mofa. go. kr/de-de/wpge/m_7242/contents. do.

② In Seoul, Germany's Steinmeier Warns Koreas that Reunification Needed Luck, and Hard Work, 9. 2. 2018, https://www. dw. com/en/in-seoul-germanys-steinmeier-warns-koreas-that-reunification-needed-luck-and-hard-work/a – 42515708.

③ Official Visit to the Republic of Korea, 7. 2. 2018, https://www. bundespraesident. de/SharedDocs/Berichte/EN/Frank-Walter-Steinmeier/2018/180207 – 11 – Visit-Korea. html.

④ Speech by Federal President Frank-Walter Steinmeier at a Discussion at the ASAN Institute for Policy Studies in Seoul, Republic of Korea, 9. 2. 2018, https://www. bundespraesident. de/SharedDocs/Reden/EN/Frank-Walter-Steinmeier/Reden/2018/02/180209 – Korea-Asan-Institute. html; jsessionid = FDAE6E78448FDD2E9ED247F7D9777A74. 2_cid371.

在谈话中，施泰因迈尔还谈到了亚太地区的国际形势问题。他认为，亚洲的局势目前显得比以往更加复杂。一方面，过去曾是确定性的东西现在出现了问题，例如德韩与美国有关自由贸易的谈判。另一方面，施泰因迈尔指出，中国和俄罗斯在本区域许诺提供繁荣与安全，但其中却不包括自由和民主自决。他认为，中国尤其以愈发自信的姿态挑战国际社会，尤其是在区域安全结构等根本问题上挑战韩国。同时，日韩两个根本上拥有共同价值观的邻国近年来也出现了不和与矛盾。他希望日韩两国继续努力强化发展两国的共同价值观。①

一个有趣的巧合是，此次施泰因迈尔访韩进程中，时任美国副总统彭斯也正好访问了韩国。韩国普通民众将德美两国政治高层视作两个极端。彭斯代表西方和美国在朝鲜半岛的军事存在及对朝鲜施压，而德国和施泰因迈尔则被视作，尽管十分艰难，但分裂国家的人民也可以再次统一，并主张接触朝鲜的例子。②

不过，对于美国总统特朗普与朝鲜领导人的见面会谈，默克尔政府显得十分谨慎。2019 年 2 月，她在特朗普与金正恩会面前曾提出警告称不能幼稚地对待朝鲜核计划，在核军备问题上不能只相信空洞的承诺。③

3. 德国经验的复杂性

在东亚地区，德国统一经验受到了异乎寻常的重视。在这个地区，韩国并非唯一赞赏和学习德国统一经验的国家。中国台湾前领导人马英九也曾多次公开称赞德国的统一经验，认为其可以用来指导两岸关系。而在中国大陆学界，有关借鉴德国统一经验的论述也为数众多。甚至在东西德仍在进行着激烈对抗的冷战时期，“德国模式”就已经出现在了国内的有关探讨中。④然而需要指出的是，在统一问题上，完全照搬别国的既有经验既不可能也不

① Speech by Federal President Frank-Walter Steinmeier at a Discussion at the ASAN Institute for Policy Studies in Seoul, Republic of Korea, 9. 2. 2018, https://www. bundespraesident. de/SharedDocs/Reden/EN/Frank-Walter-Steinmeier/Reden/2018/02/180209-Korea-Asan-Institute. html; jsessionid = FDAE6E78448FDD2E9ED247F7D9777A74. 2_ cid371.

② In Seoul, Germany's Steinmeier Warns Koreas that Reunification Needed Luck, and Hard Work, 9. 2. 2018, https://www. dw. com/en/in-seoul-germanys-steinmeier-warns-koreas-that-reunification-needed-luck-and-hard-work/a－42515708.

③ Denuklearisierung: Merkel warnt vor naivem Umgang mit Nordkorea, 5. 2. 2019, https://www. sueddeutsche. de/politik/merkel-japan-besuch-nordkorea-china－1. 4317019.

④ 力文：《“香港模式”与台湾前途》，《政治学研究》1986 年第 2 期。

现实。德韩两国面对的周边及国际政治经济环境，以及两国分裂的成因及过程有着非常大的不同。就连勃兰特那广受赞誉的新东方政策本身，其实也并未对柏林墙的倒塌制定一个具体的时间表。1970 年代中期以后，社民党的新东方政策甚至被视作德国分裂和战后欧洲格局得以继续维持的重要因素。[①]

在今天的韩国社会，1990 年的德国统一经验并非完全拥有积极意义。长期的分裂使得韩国国内的统一热情逐年减弱。德国统一后西部地区民众所承担的巨额费用至今让韩国人印象深刻，而时至今日德国东部地区的经济和社会发展也落后于西部。相当一部分韩国人担心统一所带来的巨额开支。这种情绪在韩国年青一代中更为明显。据一项研究估计，如果朝鲜半岛统一，最初十年韩国 7% 的国内生产总值，即约 830 亿美元将用于统一事务。而统一后的二十年内，韩国需要付出约 5000 亿美元来发展朝鲜的经济。因此，据韩国政府在 2014 年的一项调查显示，尽管接受调查的 70% 的韩国人支持半岛统一，但约有一半的人表示没有兴趣承担统一将会带来的巨额财政负担。[②]此外，经济社会和教育体制相差巨大的朝鲜和韩国，统一后如何使社会民众进行教育也是一个巨大的问题。[③]

此外，正是有了民主德国这个前车之鉴，今天的朝鲜对于韩国方面任何模仿联邦德国的“通过接近促进演变”或“通过贸易促进演变”等政策的警觉性非常高。对于韩国方面多年来试图通过经贸或人文交流来深入双边交往，以及实现半岛局势正常化的努力，朝鲜都显得非常谨慎，并严加管控。例如，朝鲜曾对朴槿惠的统一计划反应十分保守，尽管朴槿惠并未像李明博时期那样在人道主义援助上附加诸如放弃发展核计划等前提条件。同时，韩国近年来以帮助朝鲜获得国际投资和加入国际经济组织为条件，来换取朝鲜放弃核计划的建议，也没有获得朝鲜方面的太大妥协。[④]

而德国政界对朝鲜半岛统一问题的过度热情，也可能引起韩国国内不同政治派别和社会团体的反感。很多人直截了当地提出，德国的统一经验并不

---

① 严益州：《“促统”还是“纵独”：两德基础条约的缔结及其影响》，《德国研究》2016 年第 1 期。

② South Korea Says Economic Cost of Unification Would be ＄500 bn，19. 11. 2014，https://www.theguardian. com/world/2014/nov/19/south-korea-cost-unification－500bn.

③ What Would Korean Reunification Look Like? Five Glaring Problems to Overcome，26. 4. 2018，https://time. com/5255381/north-south-korea-kim-jong-un-reunification.

④ Unification Plans Meet Tough Response from North Korea，8. 5. 2014，http://country. eiu. com/article. aspx? articleid = 341793018&Country = North%20Korea&topic = Politics.

适用于韩国。[1] 高克2015年在首尔的讲话也受到了当地很多政治家的怀疑。[2] 同时，在德国国际问题专家看来，由于东亚和欧洲国际关系的不同，文在寅屡次提及的作为德国经验之一的区域合作也不完全能够适用于朝鲜半岛。[3]

从德国外交来看，这一背后具有强烈意识形态推动的有关统一问题的相互合作，其实是其东亚外交政策中意识形态因素的重要体现。而德国2012～2016年驻韩国大使罗尔夫·马法伊尔（Rolf Mafael）在2015年接受韩国媒体采访时曾将朝鲜半岛称作“东亚最后一个分裂的地区”。[4] 这也是颇为值得引起我们注意的。

二　另一种声音：德国左翼党在德国朝鲜半岛政策中的影响及德朝接触

德国国内对于朝鲜问题的探讨并非只有一种声音。在主流舆论支持与韩国就半岛统一问题进行协商以外，以左翼党为代表的势力强调与朝鲜建立对话渠道，理解朝鲜诉求的重要性。这给德国的朝鲜半岛政策提供了多元的声音和另一种可能性。

2018年9月中旬，德国主流媒体报道了左翼党元老委员会主席、前东德统一社会党最后一任总理汉斯·莫德罗（Hans Modrow）对朝鲜的访问。作为在德国政界和社会仍拥有巨大影响的政治人物，莫德罗的对朝访问实际上也是德国政界人士多年来第一次与朝鲜官方进行对话。由于此时正值朝鲜半岛局势走向缓和之际，朝鲜如何发展与德国和欧洲的关系令人关注。莫得罗的朝鲜之行也引起了德国国内舆论的注意和讨论。

左翼党与朝鲜拥有深厚的传统联系。左翼党的前身德国统一社会党早在1949年11月就与朝鲜建立了官方外交关系。在随后的朝鲜战争中，统一社会党执政的东德政府在政治和经济上对朝鲜提供了巨大支持。1950年代中

---

① Why Korea Can't Follow Germany's Unification Model, 18.7.2014, http://thediplomat.com/2014/07/why-korea-cant-follow-germanys-reunification-model.

② Kämpfer für die Einheit in Korea: Gauck in Südkorea, http://www.heute.de/gauck-auf-staatsbesuch-in-korea-40495394.htm.

③ Ruediger Frank, Navigating Difficult Waters: President Moon Jae-in's Berlin Speech, 10.7.2017, https://www.38north.org/2017/07/rfrank071017/Facebook.

④ G-Lounge_ German Ambassador to Korea, Rolf MAFAEL_ Ep.01, 10.11.2015, https://www.youtube.com/watch? v=3WNhbN0jQCQ.

期，来自东德的457名专家还帮助朝鲜第二大城市咸兴进行了重建工作。到1990年两德统一为止，东德在很长时间内都是苏联东欧阵营里对朝鲜援助排名第二（仅次于苏联）的国家。在这种背景下，双方建立了密切的党际和国家间关系。双方领导人也频繁互访。例如1984年，朝鲜最高领导人金正日就访问了东德，并专门前往当时系统一社会党内政治新星的莫德罗治下的德累斯顿参观。莫德罗因此也与朝鲜方面建立了联系，并在1985年回访了朝鲜。①

1990年东德消亡，两德统一之后，朝鲜和越南等国继续维持了与左翼党的党际联系，双方的来往仍在继续。在其2007年出版的《执行历史使命》一书中，莫德罗曾提出，德国政府应该加强对东德外交关系的利用，尤其在东亚地区，朝鲜和越南等都是东德的重要外交与合作伙伴，应该继续成为德国外交关注的重点。② 在对朝关系上，今天德国是少数在朝鲜建有大使馆的西方国家之一。而这一大使馆的前身就是民主德国驻朝使馆。

莫得罗在9月的朝鲜之行前已在朝鲜问题上主动做出了一些行动。2018年初，他主动邀请朝韩两国驻德大使前往其90岁的生日宴会，以此使双方能有机会进行相互对话。他认为，由于韩国总统文在寅2017年正是在柏林宣布了其半岛和平方案，因此德国对朝鲜有着特殊的意义。他在出发前往朝鲜的旅途中对德国记者指出，朝鲜人重视与左翼党的传统联系以及他在德国统一问题上的经验，"我希望帮助朝鲜避免德国统一过程中出现的错误"，"第一要务是发展朝鲜的经济，而中国则可以成为这方面的榜样"。访问结束后莫德罗再次批评了德国政府，认为其对朝鲜重视不够。与之相应，左翼党还在10月的德国联邦议院中要求联邦政府阐明德国的朝鲜政策，同时反对德国继续制裁朝鲜。③

对于朝鲜和统一问题来说，莫德罗有着特殊的象征意义。1989年柏林墙开放时，莫德罗正担任民主德国总理，并深入地参与了与苏联和西德等所进行的有关两德统一问题的协商。因此，朝鲜十分重视他在德国统一中的经验和教训。

---

① Hans Modrow, *In Historischer Mission: Als deutscher Politiker unterwegs*, Berlin: edition Ost, 2007, S. 217 – 220.

② Hans Modrow, *In Historischer Mission: Als deutscher Politiker unterwegs*, Berlin: edition Ost, 2007, S. 229.

③ In diplomatischer Mission, https://www.jungewelt.de/artikel/341015.ferner-osten-in-diplomatischer-mission.html; Was wollte Modrow in Nordkorea? 11.10.2018, https://www.sz-online.de/nachrichten/was-wollte-modrow-in-nordkorea-4030448.html.

目前，莫德罗此次访朝的具体内容仍未公布，但从已披露的材料来看，莫德罗此行并未见到朝鲜最高领导人金正恩，而是主要与朝鲜劳动党中央副委员长和国际部部长李洙墉进行了谈话，并参观了朝鲜的几个城市。同时，我们现在知道，此次访问是在朝鲜方面的积极邀请下成行的。在谈话中李洙墉直言不讳地指出朝鲜对德国主流媒体将金正恩称为“当权者”表示十分不满，而且现在朝鲜与德国的关系也不那么友好。他表示，朝鲜政府想要半岛和平和安全，对战争不感兴趣。朝鲜发展核武器并不是想威胁其他国家，而是为了平衡美国拥有强大军事存在的朝鲜半岛。同时，他还提出希望借助莫德罗的影响将这个信号传达给德国政界。①

朝鲜方面还就朝鲜与东德的社会主义体制作了比较，并表示出了对德国统一经验的兴趣。李洙墉表示，朝鲜不像民主德国那样大幅度地沿用苏联经验，而是走了自己的路。此外，他还希望发展与德国的科技和经济文化交流，以此推动朝鲜的经济和科技发展。李洙墉建议左翼党的罗莎卢森堡基金会与朝鲜金日成大学合作举办学术会议。而朝鲜大学出版社也准备出版有关民主德国和社会主义在欧洲崩溃及其影响的著作。②

正如莫德罗所说，在德国联邦政府里没有席位，并对德国外交的影响很有限的左翼党，其实是德国与朝鲜对话的少数渠道之一。目前来看，德国的朝鲜半岛政策多集中在对韩国的支持上，有关统一问题的合作也多与韩国政府来进行。德国也成了欧洲对朝鲜半岛问题最为关注的国家。而朝鲜则缺乏在半岛问题上与德国政府对话的渠道。他们迫切希望德国能听到自己在这个问题上的观点和诉求，并与德方发展关系，使其不要完全站在韩国一方。

莫德罗等人对朝鲜发展对德关系的建议非常支持。罗莎卢森堡基金会承诺今后将通过图片展等形式，在德国加强对朝鲜发展的介绍。莫德罗还提出建议，希望朝鲜重启开城特别经济区，加强朝韩之间的家庭团聚，并与韩国政府达成具体的协定。莫德罗认为，在瑞士接受过教育的朝鲜领导人金正恩是个理性的谈判对象，其有关实现半岛无核化的建议是“认真的”。③

---

① Was Wollte Modrow in Nordkorea?, 11. 10. 2018, https://www. sz-online. de/nachrichten/was-wollte-modrow-in-nordkorea－4030448. html.

② In diplomatischer Mission, 4. 10. 2018, https://www. jungewelt. de/artikel/341015. ferner-osten-in-diplomatischer-mission. html.

③ Was Wollte Modrow in Nordkorea?, 11. 10. 2018, https://www. sz-online. de/nachrichten/was-wollte-modrow-in-nordkorea－4030448. html.

左翼党长期对外交事务与德国政府和主流舆论有着非常不同的观点和看法。这突出体现在该党的亲俄和反美政策上。尽管这似乎并未给该党带来更多的选票。2017 年的德国大选以后，左翼党失去了联邦议院里最大反对党的地位。在最近的国内民意测试中，左翼党在全国的支持率也呈下跌趋势。

德国主流舆论和社会对莫德罗此次访朝所发表的有关言论持批评态度，尤其反感其将政治协商置于民主人权问题之上的观点。与德国国内主流政界意见不同，莫德罗甚至公开对《法兰克福汇报》表示，只有希望破坏半岛和平进程的人才会触碰朝鲜国内问题，因为这会导致与朝鲜对话的中断。[①] 这之后，有德国人认为莫德罗的行为体现了外交世界不顾道德、只顾利益的原则。甚至有人认为莫德罗的有关讲话是对每个注重人权和民主的左翼党人的侮辱，“要一个老统社党高层去朝鲜谈人权简直是个笑话”。但值得注意的是，德国国内也有民众认为，从历史来看，东西方的缓和是通过对话和谈判而非威胁来实现的。要改善朝鲜的人权状况，必须先与朝鲜进行对话，“莫德罗和左翼党的行动体现了通过接近促进演变的精神”。[②]

莫德罗访朝后，朝鲜半岛问题实际上也成了左翼党在国内政治中可以大做文章的领域之一。对于正在德国国内重塑自身形象，并且以获得执政地位为目标的左翼党来说，它在这个领域其实是与德国政界和社会里亲韩国的立场完全不一致的。但这样的活动却为德国政界吹来了一股新风，并且提供了朝鲜与德国接触和发展关系的可能渠道。其中一个之前很难预想到的影响，是德国社会民主党前主席（2009～2017）、外交部前部长（2017～2018）、现任联邦议院议员（2005～2019）加布里尔在 2019 年 3 月受朝鲜政府邀请，以私人名义对朝鲜进行了访问，并与朝鲜劳动党中央国际部部长李洙墉进行了谈话。此访改变了德国联邦议员或前政府部长从未访问过朝鲜的历史。

加布里尔访朝背后是韩国政府的积极推动。韩国驻德大使在与加布里尔的联系中表示建议其前往朝鲜，从而继续在国际上巩固朝鲜半岛缓和的趋势。加布里尔返德后，公开表达了对德国政府目前对朝政策的质疑，指出拒

---

① Modrow in Pjöngjang：Kim Jong-un ist nicht verblödet，11. 10. 2018，https://www. faz. net/aktuell/politik/ausland/darum-wurde-ex-ddr-chef-modrow-nach-nordkorea-eingeladen - 15829009. html?printPagedArticle = true#pageIndex_2.

② Modrow in Pjöngjang：Kim Jong-un ist nicht verblödet，11. 10. 2018，https://www. faz. net/aktuell/politik/ausland/darum-wurde-ex-ddr-chef-modrow-nach-nordkorea-eingeladen - 15829009. html?printPagedArticle = true#pageIndex_2.

绝与朝鲜发展官方往来其实使德国政府什么也不能实现。与德国政府的谨慎态度不同，加布里尔称赞了特朗普与金正恩的会谈，并指出尤其在朝鲜半岛局势缓和，美国总统特朗普与朝鲜领导人进行了历史性会谈的情况下，德国和欧洲对朝政策应该显得更加积极。他建议德国对朝提供农业援助，并将农业援助与人权等问题挂钩。①

加布里尔访朝在德国政界产生了巨大的影响，因为这直接挑战到了德国政府目前对朝鲜所坚持的强硬制裁态度。德国外交部随即发布公告指出加布里尔此行完全是个人行为，德国外交部与此无关，并对其计划毫不知情且曾劝阻其不要赴朝。现任外交部部长马斯表示，对朝谈判仍未取得成果，不能减轻对朝鲜的制裁，“必须继续保持对朝鲜的压力”。② 但同时，执政党内的很多人却开始为加布里尔叫好。基社盟政治家、德韩论坛主席哈特穆特·科赛克（Hartmut Koschyk）指出，德国政府应与朝鲜进行对话，以提升自己在朝鲜问题上的发言权。基民盟党员、联邦议院德韩友好议员小组主席卡塔琳娜·兰德格拉夫（Katharina Landgraf）也表示，加布里尔的行动很好，应该和朝鲜进行对话，并抓住对话中出现的所有机会。

莫德罗和加布里尔访问朝鲜，为德国发展对朝关系打开了崭新的局面。尽管目前德国政府的对朝态度依旧强硬，但双方在一系列领域已开始了初步接触及合作。例如，在教育领域，柏林自由大学在2019年底与朝鲜金日成大学签署了第一份学生互访协定后，金日成大学德语系的12名学生成功获得德国政府颁发的签证在柏林进行了为期三周的语言学习。③

三　德韩经贸及技术合作的发展

韩国是和欧盟签署自贸协定的第一个亚洲国家，同时也是全球唯一的与中美欧三方都签署了自贸协定的工业国。因此其与德国和欧盟的贸易对其他亚洲国家具有重要的示范意义。2011年7月1日，欧盟与韩国的自贸协定正

① Sigmar Gabriel nach Nordkorea-Besuch: “Donald Trump handelt richtig”, 4. 4. 2019, https://www. tagesspiegel. de/politik/sigmar-gabriel-nach-nordkorea-besuch-donald-trump-handelt-richtig/24176300. html.

② https://www. stern. de/politik/ausland/sigmar-gabriel-und-seine—private-reise—nach-nordkorea-8639190. html.

③ Deutschland erlaubt erstmals Studentenaustausch für Sprachkurs mit nordkoreanischer Universität, 6. 1. 2020, http://world. kbs. co. kr/service/news_ view. htm? lang = g&Seq_ Code = 78956.

式生效后，欧盟国家与韩国的贸易迅速增长。其中输往韩国的产品增长高于从韩国进口产品的增幅。据欧盟委员会在2016年，即协定生效五年后的统计，五年间，欧洲输往韩国的产品增长了55%。通过关税减免，欧洲企业节约了28亿欧元的经费。同时许多欧洲中小企业也发现了新的出口领域。[①] 其中，德国长期以来就是韩国在欧盟内部的最大贸易伙伴，自贸协定生效后，双边贸易继续提升。

同时，双边投资也大幅增长。尤其是韩国对德投资从2011年的6000万美元提升到了2016年的2.4亿美元。[②] 而多年来，德国对韩投资显得比较平稳。自1962年韩国开始统计外国投资数据至2018年为止，欧盟以971亿美元成为韩国的最大境外投资来源地，远高于紧随其后的日本（316亿美元）和美国（303亿美元）。据德国外交部统计，2019年底，有500多家德国企业在韩国进行投资，并以此为韩国人提供了超过10万的就业岗位。[③]

德国企业在韩投资既包括独资企业，也包括合资企业。很多德国大厂在韩国设有独资企业。如，2016年德国化工巨头巴斯夫在韩国建了7个生产基地、4个技术发展中心和1个研究中心，雇用了1105名员工。[④] 而与在其他国家一样，和韩方建立合资企业并在当地设厂生产有利于德国商品进入韩国市场，同时也可以为德方获得韩国的技术和人才。2019年6月，德国电信与韩国最大的电信运营商SK电信在首尔共同成立了合资企业以研发5G技术。[⑤] 类似的合作体现了德国重视与韩国在科技领域的合作。德国联邦教育与研究部在2007～2019年总共资助了280个德韩合作项目。[⑥]

---

① C. Isken/Redaktion：Freihandelsabkommen mit Südkorea：Was hat es gebracht?，26.4.2019，https://www.reguvis.de/aw-portal/aktuelles/nachrichten/detail/artikel/freihandelsabkommen-mit-suedkorea-was-hat-es-gebracht－30581.html.

② http://overseas.mofa.go.kr/de-bonn-de/wpge/m_7751/contents.do.

③ Deutschland und Südkorea：Bilaterale Beziehungen Korea（Republik Korea，Südkorea），2.6.2020， https://www.auswaertiges-amt.de/de/aussenpolitik/laender/korearepublik-node/bilateral/216124.

④ Investitionsklima und-risiken-Südkorea：Investitionen aus der EU steigen deutlich an，7.5.2018，https://www.gtai.de/gtai-de/trade/wirtschaftsumfeld/investitionsklima/suedkorea/investitionsklima-und-risiken-suedkorea－10624；BASF in Korea，https://www.basf.com/kr/en/who-we-are.html.

⑤ SKT to set up 5G joint venture with Deutsche Teleko，25.6.2019，https://www.koreatimes.co.kr/www/tech/2019/06/133_271223.html.

⑥ Südkorea：Ein exzellenter Partner für die Zukunft，https://www.bmbf.de/de/suedkorea-ein-exzellenter-partner-fuer-die-zukunft－475.html.

欧韩自贸协定签署后，欧盟和德国都认为韩国仍然存在相当多的针对外国资本的投资障碍。据欧洲驻韩商会 2018 年初发布的一份企业信息调查数据显示，过去几年里，韩国对外国公司所设置的投资障碍反倒增加了。很多德国和欧盟企业抱怨韩国存在很多不明确的政府规定，以及背离国际规则的经商原则。这些企业认为，上述问题使企业办事程序变得更加困难，并带来了高昂的费用。欧企尤其不满韩国当地政府对其本土企业与国际顶尖企业竞争国内市场时的应对。此外，在公共领域招标时，韩国对于外国企业也有很多歧视性的做法。[1] 德国企业认为，韩国市场的障碍在 2017 年明显增加了很多。韩国只遵守了国际规则的 98%。剩下的 2% 则是艰难的市场进入许可程序，并使德国产品被迫提价，从而减小了其竞争力。[2]

在双边贸易领域，“德国制造”长期以来在韩国享有极高的声誉。德国商品被视作质量的代表而被韩国民众喜爱。很多韩国民众认为德国产品能够使用一生，并且免费保修。数字化和工业 4.0 进一步提升了德国产品在韩国的地位。例如德国的机械设备在韩国被视作标杆，而在医疗及工程建筑等领域，德国也深受韩国人推崇。尽管如此，德国产品的价格过于昂贵，甚至到了不能支付的地步。这实际上阻碍了德国产品在韩国市场上的销售。[3]

近年来的一系列丑闻使德国车企在全球和韩国的形象大受打击。自 2016 年开始，韩国检方对宝马、大众、梅赛德斯－奔驰、保时捷等德企伪造汽车尾气排放测试数据问题进行了调查。2019 年初，宝马韩国分公司由于伪造汽车尾气排放测试数据，被当地法庭判处 1300 万美元的罚款。梅赛德斯－奔驰韩国分公司也因为同样的原因被判处了 250 万美元的罚款。韩国当地法庭对这些德国企业为了使利润最大化而没有遵守韩国法律和规则的做法进行了谴责。此外，宝马汽车在韩国还面临另一项调查。据韩国媒体报道，2018 年

---

① Investitionsklima und -risiken-Südkorea：Investitionen aus der EU steigen deutlich an，7. 5. 2018，https：//www. gtai. de/gtai-de/trade/wirtschaftsumfeld/investitionsklima/suedkorea/investitionsklima-und-risiken-suedkorea-10624.

② Image von “Made in Germany” in Südkorea äußert positiv：Deutsche Produkte sind gefragt，13. 8. 2018，https：//www. gtai. de/gtai-de/trade/specials/special/suedkorea/image-von-made-in-germany-in-suedkorea-aeussert-positiv－20028.

③ Image von “Made in Germany” in Südkorea äußert positiv：Deutsche Produkte sind gefragt，13. 8. 2018，https：//www. gtai. de/gtai-de/trade/specials/special/suedkorea/image-von-made-in-germany-in-suedkorea-aeussert-positiv－20028.

就有多达40多起宝马汽车发动机突然起火自燃事件发生。因此很多当地停车场甚至开始拒绝接受宝马汽车停靠。这之后，宝马在韩国的销售额急剧下滑了80%。①

韩国汽车从1990年代初开始进入德国市场，并成功在德国站稳脚跟，取得了不错的业绩。现代、起亚等代表性韩国车企还在东欧投资设厂并建立了研发中心，以更好地面向德国和欧洲市场。② 尽管目前韩国车在德国的销量远远比不上大众等德国本土车，但韩国车以良好的售后维修和价格等仍然吸引了很多德国人购买。③ 经过多年发展，韩国汽车在质量上已逐渐赶上或超越了德国车。④ 但目前来看，韩系车目前在欧洲的市场占有率并不高，现代、起亚等韩国车企总共只占了欧洲轿车市场份额的6%，还不如占了9%份额的日系车。而相比之下，大众汽车一家德企就占了24%的份额。⑤ 而韩国则是德国汽车出口的重要目的地。韩国每10辆进口车中有6辆来自德国。⑥ 据统计，2018年，现代和起亚等韩系车占据了韩国本土市场的约60%。而进口车则占了15.8%，其中销量最高的就是梅赛德斯－奔驰和宝马。⑦

尽管如此，德国经济界比较重视观察韩国汽车产业的发展，并认为韩国

---

① 黄云杰：《宝马是如何失去韩国的?》，2018年12月26日，https://www.sohu.com/a/284552678_616701。

② Die Koreanischen Automarken in Deutschland: Der Erfolg der Japaner ist das Vorbild, 18.7.2003, https://www.faz.net/aktuell/technik-motor/motor/die-koreanischen-automarken-in-deutschland-der-erfolg-der-japaner-ist-das-vorbild-1114670.html#: ~: text = In%20Deutschland%20verkaufte%20die%20koreanische, Und%20es%20soll%20weiter%20aufw%C3%A4rtsgehen; Autoproduktion: Millionen asiatische Autos sind eigentlich made in Europe, 31.8.2018, https://www.morgenpost.de/ratgeber/auto/article215239405/Millionen-asiatische-Autos-sind-eigentlich-made-in-Europe.html.

③ Deutschland gegen Südkorea, Sturm und Abwehr: Die elf besten Autos aus Korea, 27.6.2018, https://www.focus.de/auto/neuheiten/deutschland-gegen-suedkorea-sturm-und-abwehr-die-elf-besten-autos-aus-suedkorea_id_9167827.html.

④ Korean Auto Brands Surpass Japanese And Germans In Quality Ranking, 20.6.2018, https://www.forbes.com/sites/davidkiley5/2018/06/20/man-bites-dog-korean-brands-genesis-kia-and-hyundai-top-quality-rankings/#3829b0f23e54.

⑤ 这是基于2017年的统计数据。Automobile Wertschöpfung 2030/2050: Studie im Auftrag des Bundesministeriums für Wirtschaft und Energie, Endbericht, 12.2019, S.179.

⑥ BMW Korea hit with US 13 Million in fines and three officials jailed over emmissions fraud, 10.1.2019, https://www.scmp.com/news/asia/east-asia/article/2181595/bmw-korea-hit-us13-million-fines-and-three-officials-jailed-over.

⑦ New Vehicle Sales in South Korea Grow 8.7% y/y in January, 6.2.2018, https://ihsmarkit.com/research-analysis/New-vehicle-sales-in-South-Korea-grow.html.

汽车产业在很多领域超过了德国。[①] 在电动汽车电池生产领域，韩国和中国一起占据了世界上生产商的主要份额。到2025年，欧盟只能提供欧洲汽车产业所需电动汽车电池的12%，而剩下的88%将从韩国和中国进口。这也因此引起了德国政经两界对德国和欧盟内部产业政策的反思。[②] 德国政治高层对于来自韩国的竞争也感到紧张。2013年9月，默克尔曾在法兰克福国际车展上指出，德国汽车产业面临严峻的国际竞争。她自己每次见到韩国政界朋友时都会想起，韩国向研发和创新领域投入了约4%的国内生产总值。因此，她认为"德国没有时间和理由懈怠"。[③] 对于德韩之间在汽车产业的竞争，默克尔指出，应该以一种开放的自由贸易精神来对待，"德国现在进口韩国车多了起来，而同时也有更多的德国汽车出口到韩国"。[④] 双方政界高层也在推动两国顶尖企业进一步加强合作。[⑤]

表2-1 2014～2019年德国对韩国贸易发展

单位：亿欧元

	2014年	2015年	2016年	2017年	2018年	2019年
出口	156.24	179.23	172.41	174.73	172.18	172.31
进口	80.04	76.67	77.16	113.15	121.64	123.89
总值	236.29	255.90	249.50	287.89	293.83	296.21

资料来源：Statisches Bundesamt，*Rangfolge der Handelspartner im Außenhandel der Bundesrepublik Deutschland*，Wiesbaden，2014-2020。

---

① 参见2019年德国研究机构对德国和全球汽车产业作的一份研究报告：Automobile Wertschöpfung 2030/2050：Studie im Auftrag des Bundesministeriums für Wirtschaft und Energie，Endbericht，12.2019。

② Industry Waits in Anticipation of a Green Deal for Europe，8.11.2019，https://www.pv-magazine.com/2019/11/08/industry-waits-in-anticipation-of-a-green-deal-for-europe.

③ 默克尔在讲话中提及德国国内生产总值中投入研发领域的资金只有约3%。Rede von Bundeskanzlerin Merkel beim Besuch der Internationalen Automobil-Ausstellung，12.9.2013，https://archiv.bundesregierung.de/archiv-de/dokumente/rede-von-bundeskanzlerin-merkel-beim-besuch-der-internationalen-automobil-ausstellung-418822.

④ Rede von Bundeskanzlerin Merkel beim Besuch der Internationalen Automobil-Ausstellung，12.9.2013，https://archiv.bundesregierung.de/archiv-de/dokumente/rede-von-bundeskanzlerin-merkel-beim-besuch-der-internationalen-automobil-ausstellung-418822.

⑤ Antrittsbesuch des Botschafters bei Prof. Dr. Norbert Lammert，Präsident des Bundestages，29.9.2015，Botschaft der Republik Korea in der Bundesrepublik Deutschland，http://overseas.mofa.go.kr/de-de/brd/m_7229/view.do? seq=726506&srchFr=&srchTo=&srchWord=&srchTp=&multi_itm_seq=0&itm_seq_1=0&itm_seq_2=0&company_cd=&company_nm=&page=20.

从上述德国对韩国的贸易发展数据可以看出，近年来两国的贸易往来在稳步增加，而德国对韩国的出口要大于进口，2016 年差距最大，出口是进口的两倍多。从自贸协定签署前的 2010～2017 年，德国对韩国出口在这段时期增加了 38.1%，而韩国对德出口则下降了 20.7%。德国方面，汽车、机械设备和化工产品是从自贸协定中获益最大的几个产业。其中德国汽车对韩出口从 2010 年的 23.98 亿美元增长到了 2017 年的 53.37 亿美元，占德国对韩出口产品的 30.5%。相比之下，韩国出口到德国的产品则发生了很大变化。原先占韩国对德出口货物中第一位的轮船在 2010～2017 年下降了 92.9%，从原先的 43.38 亿美元下降到了 3.1 亿美元。而汽车出口则迅速增长，如今已经成为韩国对德出口第一大门类，占其出口总额的 24.5%。① 从 2017 年开始，主要出于韩国对德出口的大幅攀升，双边贸易额迅速增长。②

对于欧韩自贸协定，德国国内的看法并不一致。德国联邦经济与能源部认为，自欧盟与韩国自贸协定签署以来，德国与韩国的贸易在总体上显得非常积极。而德国工商总会（DIHK）则认为，自贸协定尽管推动了与韩国的贸易，但德国中小企业从中却收益甚小。很多德国企业并不能理解烦琐的自贸协定条款，因此并未利用协定中的种种优惠措施。据统计，申请获得协定中种种优待的德企仅占所有对韩出口企业的三分之二。③

韩国也是德国在应对全球气候变暖和可再生能源问题上的重要合作伙伴。2019 年 12 月 10 日，德韩两国经济部部长在柏林签署了两国构建能源伙伴关系的共同意向声明。正如德国联邦经济与能源部部长阿尔特迈尔在声明签署后所指出的，德韩伙伴关系的构建有助于两国在能源问题上彼此学习。有了这一伙伴关系，其中一方就不必再另寻新路，可从伙伴国的经验中获益。韩国对德国在可再生能源建设、提高能源利用效率和淘汰核能等领域的

---

① Deutsche Lieferungen profitieren vom Freihandelsabkommen der EU mit Südkorea, 8. 6. 2018, https://www.gtai.de/gtai-de/trade/wirtschaftsumfeld/bericht-wirtschaftsumfeld/suedkorea/deutsche-lieferungen.

② C. Isken/Redaktion: Freihandelsabkommen mit Südkorea: Was hat es gebracht?, 26. 4. 2019, https://www.reguvis.de/aw-portal/aktuelles/nachrichten/detail/artikel/freihandelsabkommen-mit-suedkorea-was-hat-es-gebracht-30581.html.

③ Freihandel mit Südkorea: Regierung zufrieden, Mittelstand nicht, 22. 12. 2017, https://www.handelsblatt.com/politik/deutschland/freihandel-mit-suedkorea-regierung-zufrieden-mittelstand-nicht/20785750.html? ticket=ST-3720847-Xbkr9S9ocVeIhmccRimJ-ap5.

经验极其感兴趣。而德国则可以从韩国在智能电网及储存技术与氢气流动领域的经验中受益匪浅。[①]目前，德国已经与包括韩国和日本在内的20多个国家建立起了能源伙伴和能源对话机制。这种通过政府间合作的伙伴关系主要面向的是那些与德国一样，也面对能源体系大转型的国家。德国经济与能源部认为，与包括韩国和日本在内的伙伴国家及其有关专家合作，对政治和经济双领域都会产生益处。在经济上，建立这种合作关系可以在全球推动可持续地应对能源转型问题的挑战，并提供有针对性的解决方案。同时，也可以推动全球可再生能源的建设，并普及有功效的能源技术。在政治上，德国和伙伴国家可以建立起有关能源转型问题的政治对话机制，并支持国内外有关领域企业的发展。[②]

在一系列的国际多边领域，韩国是德国外交部部长马斯所组建的“多边主义者联盟”的重要成员，与德国有着密切的合作。例如，在世贸组织改革中，由于美国阻挠任命新法官，世贸组织的上述机构自2019年12月开始便处于停滞状态。而德韩两国，以及欧盟、澳大利亚、加拿大、新西兰等位于德国政府“多边主义者联盟”计划核心层的伙伴国家一起努力维护世贸组织的正常运行，并共同筹划了争端调解过渡机制以应对各种问题。[③]

近年来，中韩两国也因一系列事件产生了争端。而德国政府的一系列表态显得更加倾向于韩国。2013年11月，中国政府在东海划定了防空识别区。对此，德国政府明显持批判态度，并表示对中方的行为“感到极为不安”。德方认为，这加剧了中国分别与日本和韩国所可能爆发的武装冲突的危险。德国对维持东亚的政治稳定和自由、安全的海洋及航空通道有着巨大兴趣，并要求冲突各方通过和平谈判解决海洋争端，无论如何也要避免争端升级。[④]德国主流舆论也认为，中国经济的强劲增长所导致的中国军事实力的迅速提

① Deutsch-koreanische Energiepartnerschaft, 13. 12. 2019, https://seoul. diplo. de/kr-de/aktuelles/ - /2288844.

② Internationale Energiepolitik, https://www. bmwi. de/Redaktion/DE/Textsammlungen/Energie/internationale-energiepolitik. html.

③ EU und Partner schaffen Übergangsregelung zur Streitbeilegung, 11. 2. 2020, https://www. bundesregierung. de/breg-de/suche/wto-regeln-streitbeilegung-1720684.

④ Regierungspressekonferenz vom 25. November, https://archiv. bundesregierung. de/archiv-de/dokumente/regierungspressekonferenz-vom - 25 - november - 842610.

升，使很多邻国对中国感到疑虑，并以扩充军力来应对，由此导致了区域内军备竞赛的展开和冲突可能性的加大。①

四 结语

统一问题和经贸合作是德国对朝鲜半岛问题政策的两个主要领域。在半岛统一问题上，德国与朝鲜及韩国之间的联系与交流始于冷战期间，当时曾出现过民主德国与朝鲜、联邦德国与韩国相互支持的局面。随着柏林墙的倒塌，两德统一，德国与韩国在统一问题上的合作得到了维持和强化。与此同时，统一后德国内部的东德因素也继续起到了德国与朝鲜接触的桥梁作用。1990 年德国统一后，其统一的历史经验在朝鲜和韩国均获得了极大的重视，并由此在现实层面于朝鲜半岛统一问题上赋予了德国政府及其国内各大政治势力在欧盟乃至世界上独一无二的作用和角色。

目前，德国政府的半岛政策是以支持韩国统一半岛为中心，并拒绝在朝鲜作出具体变革的承诺前减轻对朝制裁，也不考虑与朝鲜政府建立任何官方联系。一方面，德国与韩国在统一问题上的合作呈现了多层次、多行为体且有具体行动力等特征，双方交往极为密切。德国在近年来朝韩关系及半岛问题缓和上都发挥了重要的作用。而另一方面，德国国内还存在以左翼党为代表的另一种声音，即要求政府加强与朝鲜的官方和民间接触，并在文化教育及经济援助方面打开对朝接触大门。在朝鲜半岛局势缓和的情况下，这种声音已获得越来越多的支持，突出体现就是德国前外长加布里尔访朝的行动。

在经贸及技术合作领域，由于韩国是和欧盟签署自贸协定的第一个亚洲国家，同时也是全球唯一的与中美欧三方都签署了自贸协定的工业国。因此韩国与德国和欧盟的贸易对其他亚洲国家具有重要的示范意义，在欧盟看来也具有重大的战略意义。欧韩自贸协定的签署，的确提升了韩国与德国的贸易总量。目前来看，两国从协定中获利最大的都是汽车行业。德韩汽车分别成为彼此出口的第一大商品门类，出口值仍在继续攀升。尤其是韩国对德汽车出口的持续增长，甚至在一定程度上缓解了前几年德韩贸易中韩国出现大

---

① NachbarläNder in Sorge：China rüstet gewaltig auf，FAZ，4. 3. 2015，https://www. faz. net/aktuell/politik/ausland/asien/nachbarlaender-ueber-chinas-waffenaufruestung-in-sorge－13462553. html.

量赤字的情况。这也为双边政府一直提倡的自贸协定会带来彼此共赢的前景作出了最好的诠释。但德韩在经贸及投资领域的一些问题却并未因自贸协定的签署而解决。突出体现就是韩国国内尚存的针对德资和欧资的投资壁垒和待遇歧视。

第二部分

德国在东南亚

第三章

聚焦经贸发展：近年来德国在东南亚的政治经济活动

近年来，国际资本开始大量涌入越南、印度尼西亚等东南亚新兴国家。德国也不甘其后，对东南亚的投资和贸易额逐年上升。与此同时，德国与东南亚地区各国的政治交往也愈发密切。传统观点认为，21 世纪后，欧洲国家在东南亚地区的影响主要体现在经贸领域，而在外交和安全领域则十分微弱。[①] 这些观点很少对单个欧洲国家在东南亚地区的政治经济影响进行考察。本章旨在阐述德国对东南亚政治经贸活动的基本政策，介绍德国目前在东南亚政治经贸活动的现状及特点，并在此基础上分析德国政府开展与东南亚国家政治经济合作背后的考虑。

一　德国与东南亚各国的政治关系

德国与英法等传统在东南亚地区拥有殖民历史的欧洲国家不同，它在该地区的政治影响尽管不可忽视，却并不突出，其所采取的方式也是兼用经济、文化和社会交往等手段来增强自身在东南亚的政治影响。

1. 双方交往的历史和相互认识

德国与东南亚各国的经贸关系拥有很久的历史。早在 16 世纪，就有很多德国商人、医生、科学家和传教士在东南亚的印度尼西亚生活和居住。而西门

① Hans Günther Hilpert, Gerhard Will, China und Südostasien Auf dem Weg zu regionale Partnerschaft, *SWP Studie*, 8. 2005, Berlin, S. 13.

子和克虏伯等著名德国企业在19世纪中叶就在印尼设立了办事处。在联邦德国成立后的东西方冷战时期，东南亚地区一度成为东西德较量和争夺的主要战场之一，并对联邦德国的外交政策变革产生了巨大影响。印度尼西亚是第一个在外交上承认联邦德国，并与其建立正式外交关系的亚洲国家。[①] 而1969年，柬埔寨成为被著名的“哈尔斯坦主义”[②] 突破的第一个国家。[③] 1990年两德统一后，德国政经两界继续与东南亚国家保持着密切的政治和经济往来。

长期以来，德国精神和“德国制造”在东南亚国家普遍享有盛誉，也成为创新、质量和技术进步的象征。[④] 德国企业职工的职业技能和德国人的性格特征也长期为东南亚各国所称赞。例如，马来西亚总理纳吉布曾邀请德国中小企业赴马投资，他认为“马来西亚中小企业可以从德国中小企业的企业家精神、竞争战略和追求发展技术创新的能力上学到很多东西”。[⑤] 访德期间，纳吉布还在马来西亚驻德使馆内举行的活动中公开赞扬了“德意志民族所具有的纪律性、不轻易放弃、专注及团队精神”等品性使“德国成了世界上最成功的国家之一”，并希望在德学习的马来西亚学生将这些带回国，“德国人的这些品性应该被吸收到马来西亚的文化中。马来西亚通过学习德国能够成为一个更加强大的国家”。[⑥]

德国将东南亚视作极具政治和经济潜力的亚太地区的重要组成部分。德国认为，东南亚不仅是正在发生的世界政治权势转移中的一极。同时，它还是极具经济发展潜力的地区，仍将是世界经济的“火车头”。[⑦] 而德国经济

---

① Till Florian Tömmel, *Bonn, Jarkarta und der Kalte Krieg: Die Außenpolitik der Bundesrepublik Deutschland gegenüber Indonesien von 1952 bis 1973*, Berlin: De Gruyter, 2018, S. 53.

② 1955年，联邦德国为了围堵民主德国而提出的“哈尔斯坦主义”是其最著名的外交政策之一。该主义认为，凡是与民主德国（东德）建立正式外交关系的行为，都将被视作对联邦德国的“不友好”。这些国家往往会受到联邦德国的经济制裁或断交威胁。

③ “哈尔斯坦主义”将苏联等社会主义国家排除在制裁范围之外，同时1968年与民主德国建交的伊拉克由于事先没有与联邦德国建交，因此也不算正式突破该主义的国家。Hallstein-Doktrin. Bißchen mitverwalten, *Der Spiegel*, 19. 5. 1969, S. 29.

④ Deutsch-thailändische Wirtschaftsbeziehungen, http://www.bangkok.diplo.de/Vertretung/bangkok/de/05/0 – Wirtschaft.html.

⑤ PM Najib's Visit to Germany a Major Boost with RM 1.5 Bln Potential Investment, http://www.bernama.com/bernama/v8/newsindex.php? id = 1286995.

⑥ 2016年有634名马来西亚学生在德国学校学习。纳吉布表示，将派遣更多的学生来德学习。Najib: M'sia May Consider Sending More Students to Germany, 28. 9. 2016, http://www.malaysiakini.com/news/357153.

⑦ APA zur Wirtschaftslage: Asien bleibt 2016 Lokomotive der Weltwirtschaft, Pressemitteilung des APA, Berlin, 28. 1. 2016.

界亚太委员会主席胡伯特·林哈德（Hubert Lienhard）指出，亚太委员会需要理解亚洲的发展趋势。“德国企业界必须适应亚洲政治和经济权力的转移”，“德国不能失去亚洲的商机。亚洲的经济增长潜力和大量年轻人口使得这个地区有着富足和可持续的未来”。因此，“德国企业需要关注亚太地区的紧张局势。东亚和东南亚地区是世界上最重要的市场之一，对世界经济有着巨大影响。所以亚洲特别需要稳定与和平”。同时需要使德国成为更具吸引力的投资对象国，“德国是亚洲投资者的安全港湾”。他认为，鉴于2012年亚洲国家在德投资额仅为260亿欧元，比德国在亚洲的投资额（1000亿欧元）要少很多，双边的对等投资显然仍很不平衡。①

2. 德国当前与东南亚各国的政治关系

（1）德国对东南亚外交政策的重要文件

德国外交部2002年5月制定的《21世纪初德国外交在东南亚、澳大利亚、新西兰和太平洋诸岛的任务》，至今仍是德国在东南亚地区外交政策的重要指导性文件。文件指出，捍卫民主、人权，建立法治国家、维持和平稳定和保障德国的经济利益，以及推动环境保护和发展合作等，是德国外交在东南亚地区的重要任务。该文件将德国发展援助的伙伴进行了分类。在那些尚不发达的国家（2002年德国将越南、老挝和柬埔寨归入此类），德国应更加重视基础设施建设和消除贫困；而在那些经济发展已有明显成效的国家，德国可以减少对其的经济援助，并将重心放在提供进一步的发展建议和技术援助上。②

在具体论述中，经贸问题占了该文件的很大篇幅。文件认为，确保德国在东南亚的经济利益，主要依赖于该地区的经济形势稳定。对于泰国、马来西亚、印度尼西亚和菲律宾等经济发展水平在本地区处于领先的国家，德国需要帮助其进一步进行经济结构调整（包括市场开放、投资促进、竞争法案制定、银行监管、宏观经济管控等在内）。与此同时，为了进一步改善本国的投资和促进技术进步，东南亚工业快速发展的国家对于德国的教育和培训体系的经验有着极其强烈的兴趣。

当时，越南等东南亚社会主义国家经济发展水平仍处于较低阶段，同时国有经济却很发达。文件认为，应该向其推荐和解释采取开放政策和引入市

---

① Start der 14. Asien-Pazifik-Konferenz der Deutschen Wirtschaft（APK）in Ho Chi Minh City，Vietnam，Pressemitteilung des APA，Ho Chi Minh City/Berlin，20. 11. 2014.

② Auswärtiges Amt，*Aufgabe der deutschen Außenpolitik: Südostasien sowie Australien, Neuseeland und Pazifischer Inseln am Beginn des 21. Jahrhunderts*，Berlin，5. 2002，S. 7 – 14.

场经济手段的重要性，并向其提供具体的实施建议。德国国内就业市场也应为来自东南亚国家的愿意在德国获取工作经验的合格劳动者敞开大门。

文件指出，德国在东南亚的活动对德国经济也会产生积极影响。“为了保证我们在东南亚的经济利益（如参与基础设施建设和私有化过程时），需要高层的政治支持。而德国政府将在这个问题上继续提供支持。”①

自该文件公布至今的15年以来，东南亚地区重新恢复了经济的高速增长。原先比较落后的越南等国已一跃成为东南亚甚至全球经济的重要增长动力和未来市场。近几年来，德国政府已公开的有关其东南亚政策的文件中，比较重要的是2013年的德国大联合政府《联合执政协议》中的有关内容。

协议认为，“灵活运用外交手段来构建信任，将签订条约与对外经济和发展政策作为工具，而人权原则等也可以帮助减少外交上的冲突”。而争取构建全球自由贸易，提高世界贸易组织的地位，构建一套对所有成员方都一视同仁的贸易规则，并使发展中国家能够进一步融入全球贸易体系等也是这份《联合执政协议》的要点之一。②

对于德国在东南亚的经贸活动，该协议并未专门提及，但我们还是可以从中看出有关的要点。协议将美国外交加强对亚太地区的重视视作机会，并将在东南亚地区倡导合作和利益共享、反对政治军事对抗作为德国在该地区外交活动的重点。③

（2）目前德国在东南亚进行的主要政治活动

首先，德国政府利用东南亚各国急于吸收德国投资和技术的机会，在该地区增大德国的政治外交影响力，并解决有关问题。为了维护自由贸易和德国在东南亚的经济利益，德国政府尽力维持该地区安全局势的稳定和航行自由。联邦总统高克在2014年初的慕尼黑安全会议上指出：“德国和欧洲在该地区不仅有经济政治利益，而且还有外交和安全政策利益，因而应支持这个世界上最具经济活力地区的和平发展。”④ 他认为，更加积极地维护国际秩序符合德国自身的利益，“德国的全球化程度高于世界平均水平，它也从一个

---

① Auswärtiges Amt, *Aufgabe der deutschen Außenpolitik: Südostasien sowie Australien, Neuseeland und Pazifischer Inseln am Beginn des 21. Jahrhunderts*, Berlin, 5. 2002, S. 10－11.

② Deutschlands Zukunft gestalten, Koalitionsvertrag zwischen CDU, CSU und SPD, Berlin, 14. 11. 2013, S. 12－13.

③ Ibid., S. 120.

④ 〔德〕米夏埃尔·施塔克：《欧债危机后德国的外交政策：更积极，更有为，更全球化?》，吴静娴译，《德国研究》2014年第3期。

开放的世界秩序，一个允许德国将利益和基本价值相结合的世界秩序中获得了比世界平均水平更多的利益”。因此，“德国在 21 世纪最重要的外交利益就是维护这种秩序，并使其也适用于未来”。①

然而，近年来东南亚地区的安全局势却明显恶化。中国南海争端一度使周边各国濒临战火。德国政经两界担忧包括南海争端在内的中国和周边国家的争端对该地区经济增长的消极影响。② 正如加布里尔 2014 年访越时所指出的，“南海局势使德国感到担忧，因为这是全球 50% 的海上商品运输经过的重要国际航线，该地区的稳定对德国乃至欧洲具有生死攸关的利益”。③

2014 年 9 月，菲律宾总统阿基诺在访德期间与默克尔的对话中，将为菲律宾吸引德国投资和南海问题作为谈话的重点。默克尔认为，国际海洋法庭等争端仲裁机制是解决南海问题的重要手段。④ 而 2016 年 9 月底马来西亚总理纳吉布访德时，与默克尔的谈话中直接提及了与中国的关系问题。⑤ 默克尔对南海问题的最新发展非常感兴趣。⑥

除南海问题外，东盟国家近年来愈发成为中美大国较量的主要区域。在这场 21 世纪的大国竞争中，东盟国家普遍不希望在中美之间“选边站队”。它们表示了与世界上仍然强调多边主义的国家加强合作的意愿，以应对中美之间的冲突以及被迫“选边站队”的局面出现。⑦ 东南亚国家普遍欢迎欧洲

---

① Joachim Gauck, Deutschlands Rolle in der Welt: Anmerkungen zu Verantwortung, Normen und Bündnissen, Rede des Bundespräsidenten anlässlich der Eroffnung der 50. Münchener Sicherheitskonferenz, 31. 1. 2014, http://www. bundespraesident. de/SharedDocs/Reden/De/Joachim-Gauck/Reden/2014/01/140131 – Muenchner-Sicherheitskonferenz. html.

② Vietnam: Das Zentrum der Zukunft, 22. 11. 2014, http://www. wiwo. de/politik/ausland/vietnam-das-zentrum-der-zukunft/11018112. html.

③ 《政府总理阮晋勇会见德国副总理加布里尔》，《越南共产党电子报》2014 年 11 月 22 日，http://www. cpv. org. vn/cpv/Modules/News_China/News_Detail_C. aspx? CN_ID = 686945&CO_ID = 7338716。

④ Presskonferenz von Bundeskanzlerin Merkel und dem philippinischen Staatspräsidenten Aquino im Bundesamt, 19. 9. 2014, https://www. bundesregierung. de/Content/DE/Mitschrift/Pressekonferenzen/2014/09/2014 – 09 – 19 – merkel-aquino. html.

⑤ Presskonferenz von Bundeskanzlerin Merkel und dem Premierminister von Malaysia, Najib, Berlin, 27. 9. 2016, https://www. bundesregierung. de/Content/DE/Mitschrift/Pressekonferenzen/2016/09/2016 – 09 – 27 – pk-bkin-malaysia. html.

⑥ Working Lunch Hosted by German Chancellor Dr. Angela Merkel, 27. 9. 2016, https://www. najibrazak. com/bm/blog/working-lunch-hosted-by-german-chancellor-dr-angela-merkel.

⑦ Wir wollen, dass China als gütige Macht aufsteigt, 6. 12. 2019, https://www. ipg-journal. de/interviews/artikel/wir-wollen-dass-china-als-guetige-macht-aufsteigt – 3923.

国家和欧盟来平衡中国、美国乃至日本在该地区的影响。[①] 因此，德国外交部2018年提出的“多边主义者联盟”计划相当符合东盟国家在国际上的合作需要。马来西亚国防部副部长刘镇东在2019年底指出，欧洲与亚洲的中等强国有着很多共同利益，例如都不希望世界愈发彼此分割，都希望全球贸易体系正常运行，都希望建立共同的规则以维持和平，等等。[②]

尽管如此，德国在该区域政治和安全领域所发挥的作用仍被很多当地人所诟病。例如，刘镇东认为，与经济影响在东南亚比德国要小得多的英法等欧洲国家比起来，德国到目前为止对亚太地区的事务并未太多参与。因此，他呼吁德国和欧盟应该更多地参与亚太地区的事务，以免给人留下这个地区只有中国和美国的印象。[③]

另外，难民危机和恐怖主义是德国国内政治的热点和重点问题。而与东南亚各国合作打击国际恐怖主义、应对难民危机，也是德国在东南亚各国寻求加强与德国经济关系时的主要政治思考。马来西亚和印度尼西亚都是伊斯兰合作组织（OIC）的成员国，同时也都非常希望发展与德国和欧盟的经贸关系，引进资本和技术。而在发展与这两国经济关系的背后，德国政府有着非常明显的合作反恐和解决难民问题的考虑。

印度尼西亚这个拥有2.52亿人口的全球第四大人口国，同时也是最大的伊斯兰国家。在2008年的全球金融危机中，其曾遭遇了较大的打击，之后很多国际投资者从该国撤资。印度尼西亚经济不仅对出口原材料有着很大依赖，目前在其国内所大力兴建的交通基础设施也需要外资及技术援助。对印度尼西亚来说，在其庞大的基建计划（截止到2020年为5000亿美元）中依靠来自德国和欧洲的帮助，也可以平衡对中国的依赖。

而对德国来说，印度尼西亚自1970年代末期开始，就被视作东盟内部的“领导国家”和德国外交可以利用的“伙伴”。[④] 与印度尼西亚在打击伊斯兰极端恐怖主义问题上的合作具有特别重要的意义。默克尔指出，德国与

---

① Hans Günther Hilpert, Gerhard Will, China und Südostasien Auf dem Weg zu regionale Partnerschaft, *SWP Studie*, 8. 2005, Berlin, S. 13.

② Wir wollen, dass China als gütige Macht aufsteigt, 6. 12. 2019, https://www.ipg-journal.de/interviews/artikel/wir-wollen-dass-china-als-guetige-macht-aufsteigt－3923.

③ 刘镇东认为，法国目前非常积极地参与了亚太事务，而英国在脱欧的背景下对亚洲的关注也加强了。Wir wollen, dass China als gütige Macht aufsteigt, 6. 12. 2019, https://www.ipg-journal.de/interviews/artikel/wir-wollen-dass-china-als-guetige-macht-aufsteigt－3923.

④ Till Florian Tömmel, *Bonn, Jarkarta und der Kalte Krieg*, S. 325.

印度尼西亚在对抗伊斯兰极端主义上可以合作，并且有着共同的利益。“德印尼伙伴关系的潜力仍未充分挖掘。”① 德国外交部认为，马来西亚是德国在伊斯兰世界的重要伙伴。② 因此，与马来西亚在有关问题上的协商显得非常重要。国际反恐、难民问题和中国南海问题是纳吉布此次和默克尔协商的政治事务重点。默克尔希望其能够帮助解决叙利亚难民问题。③ 纳吉布在谈话中也承诺马来西亚将在伊斯兰合作组织有关难民问题的探讨中发挥更大的作用。④

二　德国在东南亚地区的经贸活动现状

1. 德国与主要东南亚国家的经贸关系

东南亚地区人口众多，且大都处在经济迅猛增长、社会中产阶层逐渐形成、城市化水平不断拓展的发展阶段。新加坡多年来就是国际金融中心，越南和印尼等国也是国际资本争相前往的热门发展中国家。德国外交部认为，以往由于德国产品的价格大都较高，从而出现销量受阻的状况。而当这些拥有大量人口的国家随着经济腾飞，在国内产生广大中产阶层后，德国产品的销路也会拓宽。⑤ 目前德国企业的经贸活动遍布东南亚各国，且德国是大部分东南亚国家在欧盟内部的第一大贸易伙伴。

(1) 德国与东南亚各国的经贸关系

新加坡是当前德国在东南亚最大的经贸合作伙伴。作为国际金融中心的新加坡是德国企业在亚太地区投资的重点国家，也是德国资本在东南亚最为看重的国家。⑥ 对于德国企业来说，投资新加坡更在于以此为基向整个东南

① Partnerschaft mit Indonesien hat Potenzial, 18.4.2016, http://www.dw.com/de/partnerschaft-mit-indonesien-hat-potenzial/a-19195230.

② Außen-und EU-Politik, Deutschland und Malaysia, http://www.kuala-lumpur.diplo.de/Vertretung/kualalumpur/de/03/Politik.html.

③ Najib, Merkel Talks to Focus on Trade, 26.9.2016, http://www.justreadonline.com/2016/09/26/najib-merkel-talks-focus-trade.

④ Najib Begins Three-Day Visit to Germany, 26.9.2016, http://www.thestar.com.my/news/nation/2016/09/26/najib-razak-touches-down-in-berlin-for-three-day-visit.

⑤ http://www.auswaertiges-amt.de/sid_FAF2BD6B875B9418FD3B23D4425B6EEF/DE/Aussenpolitik/Laender/Laenderinfos/Philippinen/Bilateral_node.html.

⑥ Visit by German Chancellor Angela Merkel, http://www.singapur.diplo.de/Vertretung/singapur/en/03/4__Germany__Singapore/Bildergalerie__Merkelbesuch__2011.html.

亚地区扩张。[①] 目前有1500多家德国企业在新加坡注册投资，[②] 这一数量为东南亚各国最高。

马来西亚是德国在东南亚的第二大贸易伙伴。由于近年来马来西亚国内劳动力成本上涨较快，以及缺乏熟练技术工人，在东南亚地区经济处于领先地位的马来西亚也开始重视实现产业自动化，并追求更加节能。在这方面，马来西亚表示了同德国合作，学习德国在自动化等方面经验的意愿。[③] 然而，德国在马来西亚的经贸投资与中国等相比明显较弱。隶属于德国经济与能源部的德国贸易与投资协会（GTAI）[④] 的分析不认为中国在马来西亚开展的大工程建设能赚到钱，因为马来西亚的建筑市场利润空间很小。德国贸易与投资协会还认为，在中国大幅投资的背景下，德国只有在具体的专业领域才能获得机会。[⑤]

2016年9月底，马来西亚总理纳吉布应默克尔之邀访德。马来西亚非常看重与德国的经贸合作，并希望通过本国强劲增长的经济来吸引更多来自德国的投资。纳吉布也回应了有关对马来西亚棕榈油工业的指责，认为马来西亚不存在刀耕火种的传统方法。[⑥] 在此行中，纳吉布与宝马、戴姆勒、大众、欧司朗、英飞凌等德国大企业高层会面。德国企业对于修建马来西亚至新加坡的高速铁路非常感兴趣。[⑦]

柬埔寨、缅甸、老挝等国的经济发展程度仍较为落后，但随着近年来中国劳动力成本的提升，这些国家也逐渐成为劳动力密集型的纺织工业企业等的集中地。它们与德国的贸易主要在于纺织品领域。例如在德柬经济关系中，德国主要从柬埔寨进口衣服和鞋子。德国著名纺织品和鞋类零售商阿迪

---

① Merkel, lee und der Mantel der Geschichte, 1. 6. 2011, http://www. focus. de/politik/ausland/tid-22536/kanzlerin-in-singapur-merkel-lee-und-der-mantel-der-geschichte_aid_633248. html.

② Beziehungen zwischen Singapur und Deutschland, http://www. auswaertiges-amt. de/DE/Aussenpolitik/Laender/Laenderinfos/Singapur/Bilateral_node. html.

③ SWOT-Analyse-Malaysia, 9. 12. 2016, https://www. gtai. de/GTAI/Navigation/DE/Trade/Maerkte/suche, t = swotanalyse—malaysia, did = 1594466. html.

④ 该机构在2009年由德国联邦对外经济署（BfAI）等机构合并而成。

⑤ Bei Projekten arbeitet Malaysia immer stärker mit der VR China zusammen, 14. 12. 2016, http://www. gtai. de/GTAI/Navigation/DE/Trade/Maerkte/suche, t = bei-projekten-arbeitet-malaysia-immer-staerker-mit-der-vr-china-zusammen, did = 1596182. html.

⑥ Msia's Economy on Firm Footing, Najib Tells Germans, 27. 9. 2016, http://www. freemalaysiatoday. com/category/nation/2016/09/27/msias-economy-on-firm-footing-najib-tells-germans.

⑦ Najib, Merkel Talks to Focus on Trade, 26. 9. 2016, http://www. justreadonline. com/2016/09/26/najib-merkel-talks-focus-trade.

达斯、彪马、Deichmann，还有 C&A、Aldi、Lidl 和 Tchibo 等都从柬埔寨进口此类货物。2014 年这类商品的贸易额达 9.559 亿欧元，比上年增长了 14.3%。德国也成为美国、中国、新加坡和英国之后柬埔寨产品的第五大销售市场。①

尤其引人注目的是近年来大幅跃进的德越经贸关系。在东南亚国家中，越南目前是德国投资和经济合作的重点国家，也是德国与东南亚贸易增长最快的国家。2000 年代，越南在德国的东南亚贸易伙伴中排名仍非常靠后。②而计划在 2020 年建设成为工业国家的越南，在东南亚国家内较早（2015 年）与欧盟签署了自由贸易协定。这之后，德越贸易比 2011 年增长了 78%，增速大大高于该地区其他国家。按照此种增速，越南不仅将在未来数年内超越新加坡成为德国在东南亚地区最大的贸易伙伴，也将成为德国对外贸易中增长最快的国家之一。据德国外交部估算，2020 年德越贸易额将超过 200 亿美元。③

德越贸易的飞速增长与国际政治经济局势调整变化紧密相关。尽管中国目前仍是德国经济界人士在亚太地区投资和贸易的重点对象，但越来越多的声音开始指出："越南和东盟地区应该受到更多的重视"，"在未来几年中国经济增长减缓之时，中国南部众多小一些的国家则将迎来繁荣。"④

然而，相比日本、韩国等亚太国家，作为目前欧盟内部在东南亚开展经贸活动最为积极，贸易量也最大的德国在该地区的经贸存在仍相对弱小。如，德国在越南的直接投资"没有进入过在越南外国直接投资排行榜的前十名"。⑤ 因此，德国与越南等东南亚国家的经贸关系还有很大的发展空间。正如时任德国联邦经济与能源部部长的加布里尔所说，"作为经济普遍增长的地区，整个亚太地区对德国企业的意义已愈发重要。在东亚的主要国家之

---

① Wirtschaftsbeziehungen zwischen Deutschland und Kambodscha，http://www.phnom-penh.diplo.de/Vertretung/phnompenh/de/05/Dt-khm_20Wirtschaftsbeziehungen/Wirtschaftsbeziehungen.html.

② 邢来顺、韦红：《新世纪德国对东南亚政策解读》，《世界经济与政治论坛》2005 年第 5 期。

③ Beziehungen zwischen Vietnam und Deutschland，http://www.auswaertiges-amt.de/DE/Aussenpolitik/Laender/Laenderinfos/Vietnam/Bilateral_node.html.

④ Vietnam：Das Zentrum der Zukunft，22.11.2014，http://www.wiwo.de/politik/ausland/vietnam-das-zentrum-der-zukunft/11018112.html.

⑤ 在菲律宾、泰国和柬埔寨，德国投资也面临类似的状况。德国经济界有人认为，除了巨大的中国市场的诱惑力之外，这是因为东南亚地区市场的多样性吓退了德国企业，"我们需要搞清楚，在哪些国家生产哪些东西"。Vietnam：Das Zentrum der Zukunft，22.11.2014，http://www.wiwo.de/politik/ausland/vietnam-das-zentrum-der-zukunft/11018112.html.

外，东盟十国在政治上和经济上的重要意义与日俱增”，“尤其是越南，它是德国在亚太地区最重要的合作伙伴之一”。①

近年来，很多大型国际企业将生产地从中国迁往越南。这就给德国的零部件供应商提供了重要机会。例如，德国企业就给设于越南南部的三星工厂提供零部件和设备。德国贸易与投资协会认为，鉴于越南稳定的政治和经济局势，其相较于中国更低的工资成本，以及国内基础设施投资的增加，扩大了对机械设备和装置的需求。越南对于纺纱机和织布机以及生产纺织品所需要的其他机械装备的需求大幅增长，以提升其国内的纺织品生产能力。这就为德国向越南出口有关设备提供了极大机遇。此外，越南的大规模城市化和包括机场、港口、道路和交通等公共设施的修建也将在未来几年中给德国企业带来巨大的机会。②

据统计，2015年，德国出口到越南的纺织设备和附件价值达3500万欧元，比2014年增长了13%。越南政府对于引进德国在纺织领域的先进技术非常积极，其认为：“越南需要借助德国高质量和高产量的设备来进一步投资纺织业，尤其是在面料和染整方面。”德国机械设备制造商协会（VDMA）纺织分会的托马斯·瓦德曼（Thomas Waldmann）指出，“全球很多企业视越南为一块生产宝地”。为此，德国机械设备制造商协会在越南各地举办会议，传播和讲授德国纺织企业的最新技术，并探讨纺织业的“工业4.0”等问题。③

德国在越投资的过程也伴随着德国技术和生产组织方式向越南的转移。很多德国企业在越南投资建厂的过程中，发现很难找到合适的越南技术工人。因此以德国驻外商会（AHK）为代表的在越德国企业协会组织与德国联邦教研部合作，开始在越南提供以德国为模板的双轨制职业培训。德国驻外商会认为，这可以“为德国企业节约生产成本”。④ 从2012年4月1日开始，凡是在越南接受这种双轨制培训的越南人，皆可以在通过鉴定后得到德国方

① Bundesminister Gabriel reist nach Vietnam zur Asien-Pazifik-Konferenz 2014，Hanoi，18.11.2014，Pressemitteilung，Botschaft der Bundesrepublik Deutschland，Hanoi.

② Deutsch-Vietnamesischer Außenhandel bleibt ausbaufähig，8.12.2016，http://www.gtai.de/GTAI/Navigation/DE/Trade/Maerkte/suche，t = deutschvietnamesischer-aussenhandel-bleibt-ausbaufaehig，did = 1593130.html.

③ 《德国技术生产商在越南开讲》，梁昕诺译，《纺织机械》2016年第9期，第69页。

④ Duale Berufsausbildung & Prorecognition，http://www.vietnam.ahk.de/berufsausbildung.

面的承认，从而可以凭借在越南获得的职业培训证书到德国就业。[①]

在德越经贸合作迅速增加的背景下，德国还和越南合作在其他发展中国家进行投资。双方在乌兹别克斯坦合资设立的造纸企业计划年产 40000 吨书写纸和胶印纸，产值为 7000 万美元，产品的 30% 用于出口。其生产能力在乌兹别克斯坦和中亚地区都是唯一的，从而大大改善了该国纸制品生产不足的状况。[②]

就德越贸易的具体组成来看，德国对越出口产品以重工业产品为主。近年来，机器、化学产品、药品、汽车、光学测绘技术、纺织品和电子产品等出口量都大幅增长。其中机械设备所占的比重最大。而越南出口到德国的货物主要是消费品，除了传统的服装和食品等之外，智能手机近年来出口量猛增，一跃成为越南对德出口的最大宗商品，2015 年达到了 24.58 亿欧元。2010～2015 年，越南对德出口额增长了近三倍。德国不仅是越南在欧盟内最大的贸易伙伴，也是越南产品的第六大出口国。[③]

从表 3－1 可以看出，2011 年后德国在东南亚地区的经贸活动呈大幅增长之势。其中，新加坡和马来西亚维持了作为德国在东南亚最大贸易伙伴的地位，而越南则是德国在该地区增速最快的贸易伙伴。

表 3－1　2011～2019 年德国与东南亚国家的进出口总额

单位：亿欧元

国家	2011 年	2012 年	2013 年	2014 年	2015 年	2016 年	2017 年	2018 年	2019 年
新加坡	112.67	116.21	111.31	112.94	124.85	120.86	132.17	145.56	130.59
马来西亚	104.15	103.76	104.58	109.35	118.25	123.33	138.43	141.28	142.58
越南	57.81	70.60	74.21	80.2	103.28	113.78	130.65	138.67	140.30
泰国	72.76	83.42	82.05	85.88	90.98	97.68	106.44	111.87	110.26
印尼	63.36	70.63	66.96	65.53	66.01	62.69	66.21	66.63	63.17
菲律宾	32.54	38.10	40.82	47.68	51.60	48.99	56.37	62.48	64.89

① Beratung zur Annerkennung in Vietnam erworbener Berufsqualifikation, http://www.vietnam.ahk.de/? id = 112687.

② 成华：《德国和越南投资乌兹别克斯坦造纸业》，《造纸信息》2013 年第 12 期，第 48 页。

③ Deutsch-Vietnamesischer Außenhandel bleibt ausbaufähig, 8.12.2016, http://www.gtai.de/GTAI/Navigation/DE/Trade/Maerkte/suche, t = deutschvietnamesischer-aussenhandel-bleibt-ausbaufaehig, did = 1593130.html.

续表

国家	2011年	2012年	2013年	2014年	2015年	2016年	2017年	2018年	2019年
柬埔寨	5.48	7.10	8.92	10.3	13.55	15.06	17.94	18.14	18.56
缅甸	1.03	1.43	1.82	2.29	3.45	4.57	6.65	9.80	11.95
老挝	0.89	1.79	1.08	1.54	1.15	1.06	1.09	1.21	1.28

资料来源：系笔者据德国联邦统计局（Statistisches Bundesamt）每年的统计数据制作而成。

具体来看，除了与新加坡的贸易外，德国在该地区的贸易普遍为进口多于出口。例如，德国2019年从越南的进口额为97.32亿欧元（2015年为80.28亿），而出口额则仅为42.97亿欧元（2015年为22.99亿）。因此，德国与越南的贸易存在较大的逆差，但这一数据比2015年有所缩小，显示越南国内的消费能力呈增长趋势。

另一个比较引人瞩目的发展是欧盟与东盟各成员国的自贸协定谈判有了深入进展。前已指出，德国政经两界已经将与包括东盟在内的除中国外的亚洲国家签署自贸协定视作针对该区域的重点政策之一，并强调其双边、多边和全球意义。目前，欧盟已经分别与新加坡和越南签署了自贸协定，而与马来西亚、泰国等东南亚国家的谈判也正在进行中。同时，欧盟已与印尼和菲律宾签署了伙伴关系协定，并具备进一步发展为自贸区的潜力（与越南的自贸协定即由此发展而来）。而柬埔寨和老挝的产品则享受欧盟的免关税待遇，缅甸也正在争取获取该项优惠。①

（2）德国与东南亚国家经贸关系的主要问题

在与东南亚国家开展贸易的过程中，德国企业往往对当地的投资和经商状况感到不满，认为这大幅阻碍了进一步发展德国与这些国家的贸易。例如，近年来，印尼政府投入巨资在国内进行基础设施建设，有关投资从2011年的140亿美元增长到了2015年的244亿美元。德国企业界认为，拥有巨量人口的印尼经济的增长、城市化和民众消费方式的转变会给德国服务业、机械制造业、加工工业和双轨制培训体制等带来巨大的机会。2010～2015年，德国企业在印尼投资的项目增长了231.4%，其中89.7%的德国企业对在印尼经商的现状感到满意。与此同时，由于印尼国内尚缺乏企业能与德国企业竞争，很多德国跨国企业在印尼赚取的利润在其全球份额中最高。在某些领

① 任琳、程然然：《欧盟东南亚政策论析》，《欧洲研究》2015年第3期，第41页。

域，印尼90%的产品均从国外进口。[①] 德国贸易与投资协会在2017年1月底的另一份报告中指出，中国和日本等亚洲投资者大力兴建交通工程以推动印尼基础设施的改善，这给德国供应商提供了难得的机遇，因为“德国制造”在印尼声望很高。铁路和交通技术领域的德国企业可以为这些工程供应所需的零部件。[②]

在这种背景下，德方也愈发将印尼视作充满希望的市场。例如，近年来，除了在基础设施建设等领域外，德企也投资了印尼的能源和炼油产业。2015年，德国富乐斯多公司（Ferrostaal）投资20亿美元在巴布亚省修建了石化企业。[③] 该公司与印尼政府签订协议，合作投资发展棕油工业。[④] 而2012年，该公司与印尼第三国营农园合作修建的棕油加工厂每年能加工140万吨棕油。[⑤]

而印尼则将德国视作“印尼经济在欧洲的一个窗口”。[⑥] 印尼政府期待通过德国打开通往欧洲经贸的大门。2016年，印尼商务部部长托马斯·林邦（Thomas Lembong）在雅加达出席第一届德国在印尼企业界大会时多次强调，尽快与欧盟签署自由贸易协定是其工作的重点。而德国企业在印尼现代化进程中，尤其在基础设施建设和机械制造领域拥有巨大的机会。[⑦]

然而，在印尼扩大基础设施建设，并希望发展与德国经贸关系的背景下，德国企业仍然对加大投资显得非常谨慎。德国贸易与投资协会的分析报告认为，外资企业在印尼立足仍非易事。[⑧] 很长时间以来，德国认为印尼在道路等

---

① Indonesien: profitabler Markt mit großem Potenzial, https://www.ahk.de/standorte/ahk-im-fokus/5-fragen-an-ahk-indonesien.

② Indonesiens Hauptstadtregion erhält modernes Straßen-und Schienennetz, 31.1.2017, http://www.gtai.de/GTAI/Navigation/DE/Trade/Maerkte/suche, t = indonesiens-hauptstadtregion-erhaelt-modernes-strassen-und-schienennetz, did = 1634442.html.

③ Indonesien treibt den Ausbau der Infrastruktur voran, 20.1.2015, http://www.gtai.de/GTAI/Navigation/DE/Trade/Maerkte/suche, t = indonesien-treibt-den-ausbau-der-infrastruktur-voran, did = 1155844.html.

④ 《印尼德国协议合作发展棕油工业》，《世界热带农业信息》2010年第9期，第19页。

⑤ 《印尼第三国营农园与德国企业合作建棕油厂》，王忠田译，《世界热带农业信息》2012年第1期，第16页。

⑥ 《德国政府鼓励企业投资印尼》，《东南亚南亚信息》2001年第4期，第7页。

⑦ Handelsminister Thomas Lembong Ehrengast beim ersten deutschen Wirtschaftstag, http://www.jakarta.diplo.de/Vertretung/jakarta/de/06_20Wirtschaft/seite-german-business-day-2016.html.

⑧ Indonesien: profitabler Markt mit großem Potenzial, https://www.ahk.de/standorte/ahk-im-fokus/5-fragen-an-ahk-indonesien.

基础设施领域的投资过低，“印尼受困于老旧和低水平的基础设施”。① 由于交通等基础设施的老旧，拥有丰富资源的印尼在出口物资时遇到了极大的阻碍。为此，德国物流运输巨头辛克物流（DB Schenker）在印尼设立分部，通过现代数字技术帮助印尼的运输和物流体系更加完善，并优化当地的农产品生产。②

德国企业认为，由于印尼低效而腐败丛生的官僚主义和缓慢的征地程序，一个工程从计划到完工常常需要数十年时间，有时甚至要等到印尼总统亲自出马才能解决问题。这大大打消了外国私营企业对印尼投资的念头。③

因此，德国企业倾向于承担风险较小的零部件供应项目。随着中日等亚洲投资者加大在印尼投资的规模，德企的这种思想更为成熟。德国贸易与投资协会在2017年1月3日的一份分析报告中指出，印尼政府计划到2019年投入3000亿美元使其基础设施现代化，而政府只能承担其中的60%。剩余的投资需要依赖私人资本。德国建筑企业尽管拥有先进的技术和能力，却必须与印尼的国家部门密切合作，以避免以上问题。与具有雄厚财力的中日投资者相比，德国企业多为私人企业，只能更多作为零部件供应商。尽管在这些领域的商机相对比较少，但风险也相对小些。因为“在印尼作为主要工程负责者，会遇到相当多的矛盾。这会导致工程推迟数年之久”。而即使是中国公司贷款、修建和运行一项工程，印尼方面也会坚持要求有德国企业作为合作伙伴参与其中，并作为供货者，在交通和安全技术、计划和资格认证等方面提供帮助。印尼方面已经有很多人认为，中国的技术不是非常值得信赖。除此之外，德国企业的建筑技术还可以用在印尼的火车站和机场航站楼的建设上。④

---

① Branche Kompakt-Bauwirtschaft（Tiefbau/Infrastrukturbau）-Indonesien 2014，12. 12. 2014，https://www. gtai. de/GTAI/Navigation/DE/Trade/Maerkte/Branchen/Branche-kompakt/branche-kompakt-bauwirtschaft，t = branche-kompakt—bauwirtschafttiefbauinfrastrukturbau—indonesien - 2014，did = 1133872. html.

② Australisch-deutsches Symposium im Landwirtschafts-und Lebensmittelsektor，http://www. jakarta. diplo. de/Vertretung/jakarta/de/06_20Wirtschaft/seite-aus-deu-symposium-2016. html.

③ 例如，在印尼，一个工程往往同时由多个地方和中央部门负责，为了使工厂开工，企业往往需要通过多达200种不同的审批程序。而企业经常遇到在拿到最后一个审批文件时，前面的审批已经过期的情况。Kraftwerke zu bauen ist in Indonesien ein Kraftakt，31. 1. 2017，http://www. gtai. de/GTAI/Navigation/DE/Trade/Maerkte/suche，t = kraftwerke-zu-bauen-ist-in-indonesien-ein-kraftakt，did = 1634440. html.

④ Indonesien beschleunigt den Ausbau der Infrastruktur，3. 1. 2017，http://www. gtai. de/GTAI/Navigation/DE/Trade/Maerkte/suche，t = indonesien-beschleunigt-den-ausbau-der-infrastruktur，did = 1618564. html.

（3）德国在东南亚的经贸新领域和投资优惠

除传统领域外，近年来在德国与东南亚国家的经贸合作中，环保及可持续发展技术和产品愈发占据重要位置。德国在以创新技术降低能源消耗以及可再生能源技术问题上位于世界领先地位，德国政府对这方面技术的出口的投入也愈发加大。

德国在越南的可再生能源与创新技术领域进行了许多投资。对德国的产品出口而言，越南市场被视作具有战略意义。① 2016 年 9 月，由德国提供 3500 万欧元贷款所援建的风力发电站在越南南部正式入网。该电站可以为 15 万越南人提供电力，从而为越南日益增长的用电需求提供可持续和无排放的能源。这也是越南第一座由国家运营的风力电站。②

德国尽管对印尼丰富的自然和矿产资源依赖度很高，但德国政府强调要在减少对环境破坏的情况下构建起德国工业所需的原材料输送链条。为此，德国政府在印尼很多领域进行了具体尝试。例如，在曾经由于开采锡矿而被砍伐的地区重新植树造林，从而为该地区的渔民提供新的经济机会。③ 目前，德国在印尼的可再生能源和森林领域的投资额为 200 万欧元。④ 自 2012 年起，德国科学基金会（DFG）开始资助由德国哥廷根大学和印尼有关高校参加的，有关印尼热带雨林经济利用和生态保护的研究课题，以争取做到在保护环境的同时，满足当地人民日益增长的消费需求。⑤

在菲律宾，德国与菲律宾农业部在 2016 年 4 月签订了可持续可可生产计划合作协议，通过德国的技术和管理方式以帮助菲律宾推动可可的有机生

① Exportinitiative Energieeffizient, http://www. vietnam. ahk. de/projekte/exportinitiative-energieeffizienz; Exportinitiative Erneuerbare Energien, http://www. vietnam. ahk. de/projekte/exportinitiative-erneuerbare-energien.

② Vietnam: erster Windpark an das Stromnetz angeschlossen-mit deutscher Finanzierung, http://www. hanoi. diplo. de/Vertretung/hanoi/de/10_ _ EZ/10 - 00 _ 20EZ _ 20Artikel _ 20Aktuell/160916 _ 20Windpark. html.

③ 锡是德国电子工业所需要的一种重要材料，而印尼是世界上最大的锡供应国之一。Bundesregierung fördert Nachhaltigkeit von Zinnabbau, http://www. jakarta. diplo. de/Vertretung/jakarta/de/06_20Wirtschaft/seite-zinnabbau - 2016. html.

④ Indonesische Regierung feiert die Ratifizierung des Paris Agreements, http://www. jakarta. diplo. de/Vertretung/jakarta/de/06_20Wirtschaft/Entwicklungszusammenarbeit/seite-paris-agreement. html.

⑤ Deutsch-Indonesische Kooperation zu Forst-und Landwirtschaft in Jambi, http://www. jakarta. diplo. de/Vertretung/jakarta/de/06 _ 20Wirtschaft/Wissenschaft/seite-forst-und-landwirtschaft-jambi - 2017. html.

产和销售。[①]

在泰国，德泰企业在可再生能源利用和能效节约等问题上存在紧密的合作。德国外交部认为，泰国拥有包括生物能、太阳能在内的丰富的自然资源。同时，泰国政府已经颁布的一些可再生能源计划为更好地利用这些能源提供了重要的条件。这使得德国在这方面的技术有着充分的用武之地。[②] 德国驻泰使馆每年召集德国企业和有关专家进行2～3次有关环境和可持续发展问题的探讨。其中的主题包括节能建筑、城市化政策、能源政策和可持续能源的使用等。[③]

在这类经济合作中，德国与东南亚各国的合作开始从双边走向多边。比较有代表性的工程范例是由德国提供技术、马来西亚提供资金和印尼提供农业垃圾的生物能电站，其已于2017年1月在苏门答腊岛北部开工。印尼政府计划全国四分之一的电能来自可再生能源。[④]

东南亚国家对德国企业的吸引力各不相同。总体来说，宽松的投资管控措施、刺激投资的优惠政策、良好的外语水平，以及相对较少的罢工现象是该地区国家对外资具有吸引力的重要原因。对外国资本的投资管控较宽松是东南亚国家能够吸引外资的重要因素。宝马集团等德国企业在东南亚各国设立了子公司，这也使这些地方可以有机会引进更多的车型，并在本地建立起更好的销售和服务网络。同时，在德国宝马集团在菲律宾成立的子公司宝马（菲律宾）汽车公司里，德方占有70%的股份，而菲方仅占30%的股份。[⑤] 而在马来西亚，德国企业在其所设立的合资公司中也可以获得超过50%以上的绝对控股权。[⑥] 与此相比，德国企业在中国的合资企业中显然很难拿到绝对控股权。

此外，菲律宾等国也通过建设“工业园”和“经济专区”等简化外资

---

① 《德国帮助菲律宾发展可可产业》，《世界热带农业信息》2016年第5期，第22页。

② Umwelt, Klima, Energie, http://www.bangkok.diplo.de/Vertretung/bangkok/de/05/3-Themen-im-Fokus/320 – Umwelt-Klima-Energie.html.

③ Arbeitsgruppe Umwelt-Umwelt AG, http://www.bangkok.diplo.de/Vertretung/bangkok/de/05/1 – Wirtschaftsabteilung/120 – Regelmaessige-Veranstaltungen.html.

④ Deutsch-malaysisch-indonesisches Biogasprojek auf Sumatra, http://www.gtai.de/GTAI/Navigation/DE/Trade/Maerkte/suche, t = deutschmalaysischindonesisches-biogasprojekt-auf-sumatra, did = 1633704.html.

⑤ 《德国宝马汽车集团在菲律宾设子公司》，《东南亚南亚信息》2001年第4期，第7页。

⑥ 谢立：《德国大陆公司在马来西亚建合资轮胎厂》，《橡胶科技市场》2003年第16期，第32页。

建厂的程序，以及为出口企业提供税收上的优惠等来吸引外国资本。德国企业认为，在菲律宾投资建厂可以提升其在全球的竞争力。[①]菲律宾为数众多且年轻的人口，英语的广泛使用和较高的受教育水平，加上较少的罢工和优良的基础设施及经济专区所提供的各种优惠，使得德国企业愈发重视菲律宾。[②]

2. 德国经济界亚太委员会的作用

在德国与东南亚地区的经贸活动中，除了作为政策制定和执行机构的德国联邦政府各部和各州有关部门外，德国经济界亚太委员会（APA）等半官方机构同样是非常值得注意的考察对象。

1993 年，德国经济界亚太委员会成立。1990 年代中后期，由于亚太地区对于德国经济的重要性日益增长，传统负责沟通德国与该地区国家经济联系的半官方机构德国经济界东方委员会（OA）逐步将权利转移给这个成立不久的机构。[③]。此后，东方委员会主要负责推动德国与东欧、高加索和中亚地区的经贸往来，而亚太委员会则负责中国及其他亚太国家的事务，具体包括推动欧亚经济增长，改善德国企业在亚太和亚太企业在德国的市场准入并推动商业投资，以及通过在德国和东南亚组织产品和技术博览会、提供两国最新的经贸信息和分析数据等来发展德国与这些国家的贸易。而在亚太地区各国的政府领导人访德和德国领导人访问亚太时，亚太委员会也会派代表随行，并参与高层有关经济问题的谈判。[④]

亚太委员会在亚太地区最具代表性的活动就是从 1986 年起，每隔两年在亚太城市中选址举办的德国经济亚太会议（APK）。该会议的主要目的是推动德国企业在该地区的发展，以及在这些国家开展的职业培训活动。目前该会已经成为“德国在这个区域最大的政商交往活动，吸引了政治经济界的重要人物参加”，并“成为德国与亚洲国家进行伙伴对话的催化剂和不可或缺的论坛”。[⑤]

---

① German Stihl Group Opens New Zama Production Plant in the Philippines, 2. 2. 2016, http://philippine-embassy. de/2016/02/02/stihl-group-opens-new-zama-production-plant-in-the-philippines－2.

② Seminar Spotlights Ph Bioenergy Opportunities for German Companies, 9. 2. 2017, http://philippine-embassy. de/2016/02/09/seminar-spotlights-ph-bioenergy-opportunities-for-german-companies.

③ Sven Jüngerkes, *Diplomaten der Wirtschaft, Die Geschichte des Ost-Ausschusses der Deutschen Wirtschaft*, Osnabrück: fibre Verlag, 2012, S. 176.

④ https://www. asien-pazifik-ausschuss. de/de.

⑤ http://www. asiapacificconference. com/de.

三 德国对东南亚政策中的全球治理考量

近年来德国在东南亚政治经贸活动的增加，其背后有着多重的政治和外交考虑，符合德国全球治理的原则。

第一，通过发展与东南亚各国的政治经贸关系，推动东南亚地区自由贸易和多边主义的发展，并以此推动该地区的经济增长和世界和平。

东南亚地区是全球经济的重要增长极，而德国的发展依赖于全球自由贸易的推进。同时，德国政府历来对以东盟为代表的全球多边主义非常支持，“因为德国认为多边主义能够对和平和稳定作出贡献”。[①]

德国政府是全球自由贸易的坚定支持者和重要推动力量之一。默克尔曾多次公开表示推动东南亚国家与欧盟签署自由贸易协定。默克尔这几年在访问东南亚国家时一直强调：“除了自由贸易外，工业国家和发展中国家找不到另一条没有歧视并从中获利的道路。”德国致力于运用二十国集团机制进一步消除贸易壁垒。[②] 在与印尼总统的会谈结束后，默克尔也公开表示，欧盟若想加强与印尼的贸易，就需要与印尼签订自由贸易协定。德国将推动欧盟尽快就此与印尼展开谈判。[③] 默克尔还曾建议菲律宾尽快与欧盟达成自由贸易协定，以推动双边贸易的增长。她还表示，良好的法治环境及政府的透明性对德国企业增加在菲投资非常重要。[④]

第二，通过大规模发展援助，减少东南亚的贫困。德国近年来在东南亚国家开展了大量的发展援助工程。这样的工程既推动了德国全球治理理念的实施，也有利于德国可持续发展技术和资本向东南亚出口。

欧盟历来强调规范传播的溢出作用，比较重视通过推行各种援助项目

---

① ASEAN, Germany to Further Enhance Relationship, 31. 10. 2016, http://asean. org/asean-germany-to-further-enhance-relationship.

② Angela Merkel wirbt in Fernost für den Euro, 2. 6. 2011, http://www. handelsblatt. com/politik/international/singapur-visite-angela-merkel-wirbt-in-fernost-fuer-den-euro/4245758. html.

③ Merkel wirbt für Freihandelsabkommen mit Indonesien, 18. 4. 2016, http://www. t-online. de/wirtschaft/id_77588130/wirtschaft-politik-merkel-wirbt-fuer-freihandelsabkommen-mit-indonesien. html.

④ Presskonferenz von Bundeskanzlerin Merkel und dem philippinischen Staatspräsidenten Aquino im Bundekanzlersamt, 19. 9. 2014, https://www. bundesregierung. de/Content/DE/Mitschrift/Pressekonferenzen/2014/09/2014 - 09 - 19 - merkel-aquino. html.

等，推广附带理念的输出，以增强其影响力。① 多年来，东南亚国家普遍是德国发展援助政策的接收者和受惠者。在菲律宾，德国驻菲大使馆动用德国外交部提供的经费，为菲律宾民用的小型工程提供资助，以此帮助提升当地贫困家庭，尤其是农业地区的生活条件。②

在柬埔寨这个经济比较落后的发展中国家，德国政府所提供的发展援助也占有重要的地位。在过去的 25 年里，德国联邦经济合作与发展部总共为柬埔寨投入了 3.5877 亿欧元的政府发展援助，而德国复兴信贷银行（KfW）还为柬提供了 1.2 亿美元的发展贷款。③ 德国政府认为，基础设施的缺乏和由此而来的高昂的运输和能源费用是作为农业国家的柬埔寨发展的巨大障碍。为此，德国联邦经济合作与发展部援助柬埔寨修建了 2100 公里的公路、72 座桥梁、10 个地方市场和 48 所学校。此外，德国还帮助柬埔寨政府实施有利于贫困农民的农业改革，使最贫困的家庭也能获得土地。④

在合作生产之外，德国还与东南亚国家努力达成共同的质量认证体系。通过认可和延长认可东南亚国家的产品质量认证体系，不仅使这些国家的产品得以进入和继续在德国销售，也加强了德国与这些国家的经济联系。联邦经济合作与发展部、德国技术合作公司（GTZ）和各专业协会在这个过程中起到了很大的作用。⑤

四 结语

在东南亚各国大力引进外资发展经济和进行现代化建设的背景下，2000 年代结束以来，德国在东南亚的经贸活动呈明显增加之势。同时，出于反恐、难民以及维持亚太区域安全稳定的需要，德国政府在这些领域中与东南

---

① 任琳、程然然：《欧盟东南亚政策论析》，《欧洲研究》2015 年第 3 期。

② 除了菲律宾，德驻菲大使馆还负责为太平洋上的帕劳、马绍尔群岛和密克罗西亚等岛屿提供这样的资助。Von der Botschaft durchgeführte Kleinstmaßnahmen，http://www.manila.diplo.de/Vertretung/manila/de/07/Seite__Kleinstprojekte.html.

③ Deutsche Entwicklungszusammenarbeit，http://www.phnom-penh.diplo.de/Vertretung/phnom-penh/de/07/__Entwicklungszusammenarbeit.html.

④ Schwerpunkt：Ländliche Entwicklung-Wirtschaftliche Potentiale erschließen und inklusives und nachhaltiges Wachstum fördern，http://www.phnom-penh.diplo.de/Vertretung/phnompenh/de/07/Schwerpunkte/Schwerpunkt_20L_C3_A4ndliche_20Entwicklung.html.

⑤《德国汉堡延长马来西亚国家木材认证体系认可期》，《中国绿色时报》2007 年 12 月 23 日。

亚各国展开了愈发紧密的对话及合作。

由于德国在东南亚地区并无传统的政治影响，在德国政府制定的有关对东南亚的政策中，发展经贸并以此推动政治合作成为重点。德国政府也会对进行对外贸易或投资的企业提供帮助。① 而东南亚各国也为吸引德国投资作出了很多改革，提供了各种优惠措施。这与德国制造和德国文化在东南亚地区所享有的崇高声誉一起，共同促进了德国与该地区经贸合作的迅速增长及政治合作。

目前德国是大多数东南亚国家在欧盟的第一大贸易国。而从国别来看，越南是德国在东南亚成长最快的经贸伙伴，并将在今后1～2年超越新加坡，成为德国在该地区最大的贸易对象国。从投资的领域来看，德国企业既从事传统的基础设施建设、机械设备和炼油等行业，也大力在东南亚落实可持续发展理念，将德国先进的可再生能源和节能环保等技术通过各种方式输往东南亚国家。

与中国和日本等地区强国在本地区的经贸活动相比，德国还存在不小的差距。在这种情况下，德国政府和德国企业充分因势利导，避免一切不必要的风险。在有关的经贸活动中，德国企业尽量赚取切实可见的好处和利益，而不进行很宏大或耗资甚巨的工程。为此，德国企业在东南亚多国都提出要与包括中国等在内的国外投资商进行合作，来规避各种风险。目前来看，德国与东南亚的贸易仍有很大发展空间。

正如加布里尔及林哈德等德国政经要员所指出的，随着亚太地区国家政治和经济实力的增长，并在国际格局中起到更重要的作用，德国通过发展与亚太地区国家的经济合作，可以找到办法来掌控这个地区即将出现的挑战，并推动市场的自由化。与这些国家的合作也可以保障欧洲经济的增长和工作机会的增加。德国和欧盟对亚太地区贸易政策的主要目标是在该地区获取更大的市场，并制定双边贸易的规则。② 这突出体现在德国在该地区推动自由贸易和多边主义的发展，以及减少贫困，促进德国可持续发展技术和资本向东南亚出口等方面。总的来说，发展与东南亚的政治和经贸关系符合德国应对全球问题的需要，有利于输出德国的意识形态和全球治理模式。问题在

① Deutschlands Zukunft gestalten, Koalitionsvertrag zwischen CDU, CSU und SPD, Berlin, 14.11.2013.

② Germany Trade and Invest (GTAI), *15th Asia-Pacific Conference of German Business*, Köln, 9.2016, S.4–5.

于，德国需要更多理解东南亚各国不同的文化、经济和政治社会制度，才能避免在与这些国家的经济交流和发展援助中再次出现“知道却不理解”[①] 的交往困境。

① Michael Bohnet, *Geschichte der deutschen Entwicklungspolitik*, München: UVK Verlag, 2019, S. 243.

第四章

历史纽带与未来市场：德国与越南的政治经济互动

近年来，德国和越南的交往愈发密切，两国建立起了战略合作伙伴关系。两国不仅高层互访频繁，且在军事、经贸、文化、教育等各方面的交流也都取得了突破。尤其是2014年下半年以来，德越接近的趋势更加明显。不仅高层互访频繁依旧，在中越领海争端问题上，德国政府也罕见地发出了偏向越南一方的声音。日本观察家甚至认为，“德国着手修正其亚洲外交路线，似乎将与此前明显关系亲密的中国保持一定距离，同时寻求加深与越南等国的关系”。①

本章将分阶段对1949年以来德越关系发展的脉络进行梳理，并考察德国和越南在中越领海争端问题上的互动，以分析哪些因素影响了两国关系的发展，从中也可以看出近期德越关系发展变化的一些趋势。

一　冷战与德越合作纽带的形成

冷战期间，联邦德国的越南政策，连同其对东南亚国家的政策都附属于东西方对抗的政策。尽管联邦德国政府曾在越战期间给予了南部的越南共和国大量援助，② 同时也在1975年9月和当时的越南民主共和国政府建立了正

---

① 《德国亚洲外交不想再偏重中国了吗?》，澎湃新闻，2014年12月11日。

② Alexander Troche, Berlin wird am Mekong verteidigt, *Die Ostasienpolitik der Bundesrepublik in China, Taiwan und Süd-Vietnam, 1954 – 1966*, Düsseldorf: Droste Verlag, 2001.

式的外交关系，但与越南的关系一直不是联邦德国政府的关注重点。而另一个德国，即民主德国却将越南放到了极其重要的位置。

当年，民主德国与越南民主共和国以及 1976 年统一的越南社会主义共和国的交往集中在党际和国家层面上。作为社会主义兄弟国家，两国在 1950 年 2 月正式建立了外交关系。随后，双方的党际和国家层面的关系开始全面发展。到了 1957 年 7 月底，越南劳动党中央委员会主席胡志明访问了民主德国。他在访问中表示："民主德国专家和物资极大地支持了我们的经济建设。在越南民主共和国到处都可以看到民主德国工人、工程师、医生的身影。民主德国的机械、医疗设施和药物也随处可见。"① 进入 1960 年代之后，国际共运发生分裂，中苏两党两国之间的意见分歧逐渐扩大成了笼罩在整个社会主义阵营内部的巨大阴影。

在此期间，民主德国和越南民主共和国的关系也随即受到影响。民主德国驻越使馆 1964 年春的一份分析报告认为，"随着越南民主共和国在意识形态方面越发偏向中国，支持苏联和欧洲共产党观点的同志要么被开除，要么受到打压"，"有些同志一发表自己的看法后，就马上销声匿迹了"。《学习杂志》和《人民报》等党的重要报刊上都刊登了符合中国观点的文章。② 还有越南官员直接对民主德国驻越使馆代表表示，"你们的啤酒很好，但政策却很坏"。一些河内民众同德国使馆官员谈话后，马上就被警察拘捕，并受到盘问。有民众表示，今后不能再和德国使馆官员对话，因为政府规定越南人不能和欧洲人有所交往。1964 年 5 月，民主德国使馆还和封锁包围使馆的越南民主共和国国安部门发生了矛盾。③

尽管如此，但德越两国政府都并不希望把双方在意识形态上的争论扩大到国家关系上来。越南不仅高度评价了民主德国作为社会主义阵营西部堡垒的重要性，还表示积极支持民主德国反对联邦德国。而民主德国外交部也分析认为，与越南"尽管存在很大的意识形态和政治观点分歧"，但"同越南

---

① Ho chi Minh：Unsere gemeinsame Sache wird siegen，*Neues Deutschland*，26. 7. 1957.

② Politisches Archiv des Auswärtigen Amts（PAAA），Ministerium für Auswärtige Angelegenheiten（MfAA），G-A 324，Einschätzung der Entwicklung der politischen Situation in der DRV nach dem 9. Plenum des ZK der PWV im Dezember 1963/Januar 1964，Hanoi，27. 5. 1964.

③ Martin Grossheim，"Revisionism" in the Democratic Republic of Vietnam：New Evidence from the East German Archives，*Cold War History*，5/4. 2005.

民主共和国政府关系的保持和发展对双方都有利”。[①] 随着1964年8月初东京湾事件的爆发，民主德国加大了对越援助的力度，包括加大经济物资援助（大部分是无偿援助）、派专家训练越方军人和提供防空导弹等各种军事装备等。同时，统一社会党还在国内开展大规模的援越群众运动。越南认为，这些群众运动“比其他国家开展得都好”。[②] 尤其是1966年夏中国“文化革命”爆发之后，民主德国和越南民主共和国的关系开始了全面发展。到1960年代末，民主德国已成为仅次于中苏的第三大对越援助国和越南民主共和国的第三大贸易伙伴。同时，越南还在多个领域将民主德国视作学习的对象。

1976年初越南统一完成后，民主德国随即与越南政府签署了《友好互助协定》（比苏越签署类似协定要早了近一年时间）。协定中不再提及德国统一等统一社会党已经放弃的政策，因此越南实际上认同了民主德国的两个德国政策，这也最终消除了双方在统一问题上的矛盾，为双方进一步发展关系扫除了障碍。这期间由德方投资和提供技术修建的河内越德医院，到目前仍然是越南最大和医疗水平最高的医院。民主德国还在胡志明市增设了总领事馆。这也是1960年代初，民主德国驻上海总领事馆关闭后，除派驻东亚及东南亚国家首都的大使馆外，其在重要城市设立的唯一领事馆，体现了越南事务对于民主德国的重要性。截至1989年，越南成了接受民主德国对外援助物资的第一大国。

两国交往的另外一个突出成果体现在人员交流上。民主德国与越南的教育和社会交流开始于1955年。当年，300多名年龄在10～14岁的越南中小学生到民主德国的莫里茨堡（Moritzburg）学习。其中很多人通过了当地的高中毕业考试，并在民主德国接受了大学教育。回国后，这些人大都在越南政府高层担任要职。[③] 而随着1964年东京湾事件后民主德国政府加大了援越力度，前往民主德国学习和培训的越南学生和实习生数量都大为增加。到1982年为止，共有12500万名越南年轻人在民主德国接受过学习和培训。当时的越南官员认为，“在那里既可以学习到先进的技术经验，还可以成长为

① PAAA, MfAA, C1061/73, Die gegenwärtige Haltung der Führung der Partei der Werktätigen Vietnams (PWV) zur Deutschlandfrage, die Auswirkungen der Politik der PWV auf die Bezeihungen zwischen der DDR und der DRV. Richtlinie für die Arbeit des MfAA bei der Gestaltung der Beziehungen zur DVR, Berlin, 2.11.1964.

② PAAA, MfAA, G-A 357, Bericht über meine Antrittsbesuche in Hanoi, Hanoi, 5.1967.

③ Pasch-Initiative in Vietnam, http://www.goethe.de/ins/vn/de/han/Ihr/piv.html.

一个优秀的共产主义战士”。[①] 除了学生和实习生之外，通过 1980 年两国政府签署的《越南工人在民主德国企业短期工作资格协定》，民主德国开始从越南大规模引进工人来满足其国内日益增长的用工需求，这批人被称作“合约工人”。据越南政府的统计数据，从 1980 年到两德统一的 1990 年，共有 71965 名越南人曾作为“合约工人”在民主德国工作过。[②] 而这个数字在所有来民主德国工作的外国工人中排名首位，大大超过排在第二位的莫桑比克工人的数量。

二 冷战结束后至 21 世纪初的德越关系

尽管联邦德国在 1975 年就和今越南社会主义共和国的前身越南民主共和国建立了外交关系，但直至冷战结束，双边关系一直十分冷淡。这段时期德越关系和交流，主要发生在民主德国和越南之间。随着 1989 年 11 月柏林墙开放和第二年的两德统一，原先的两个德国与越南的关系格局也告终结。民主德国的消亡，一方面使得原先一直阻碍联邦德国和越南关系发展的“西柏林条款”问题[③]不复存在；另一方面也给联邦德国和越南的关系带来了新的机遇与问题。

失去了来自民主德国巨大经济援助的越南，开始调整对联邦德国的政策。1990 年 5 月，时任越南外交部部长的阮基石主动访问了波恩。此行中，阮基石代表越政府不仅接受了以前越南共和国政府所欠德方的债务，并表示将发展与联邦德国的关系。而联邦德国政府则答应重启对越南的发展援助。1991 年 11 月 21 日，两国正式签署了《技术和财政援助协议》。到 2010 年为止，该援助总额已超过了 10 亿欧元。[④] 此外，双方还签署了文化合作协定，正式开启了双边的教育文化交流合作。歌德学院也于 1998 年在河内建立了

---

① Die DDR war unser Vorbild, Erfahrungen von Vietnamesen in der DDR, *Tag des Herrn*, 5. 10. 2005, http://www. tdh-online. de/archiv_1996_bis_2007/artikel/2551. php.

② Karin Weiss, Vietnam: Netzwerke zwischen Sozialismus und Kapitalismus, *Aus Politik und Zeitgeschichte* (*APuZ*) 27/2005, Bonn, 2005, p. 26.

③ 联邦德国在与越南政府进行经济贸易等各项谈判时，要求在谈判内容或声明中加入有关条款同样适用于西柏林的内容。实际上，这是要求作为民主德国盟友的越南承认西柏林的特殊地位。

④ Vietnamesisch-Deutsche Beziehungen, http://www. vietnambotschaft. org/vietnamesisch-deutsche-beziehungen/nam-viet-nam-tai-duc－2010.

分支机构。

而对德国商业界来说，阮基石的访问还标志着越南市场大门和巨大商业机会的开启。阮基石访德才一年，双方的贸易总额就从 4000 万马克提高到了 28.4 亿马克。1994 年，这个数字又飞涨到了 90 亿马克。到 2000 年，双边贸易额已接近 300 亿马克，其中越南占有出超的地位。①

民主德国的遗产很快在新时期的德越关系中显现出来。1989 年底柏林墙开放之时，尚有约 60000 名越南工人正在民主德国工厂里工作。突如其来的时局变化使这些越南人成了最大的失意者。一方面，这些越南工人给两国关系发展带来了重要的障碍。其中大部分人在德国统一后都失去了工作，并流落街头。联邦德国政府曾试图将这些人遣返回越南，但很多人却不愿回国。越南政府对他们的回国申请也严加管控。尽管两国政府先后在 1992 和 1995 年签署了有关遣返越南工人的协议，而且，德国政府还将遣返越南工人和提供对越发展援助挂钩，但遣返工作仍进行得十分缓慢。②

另一方面，留德越南工人连同那些曾在民主德国接受过教育和培训的越南人一起，又给德国发展对越关系提供了重要的机会和筹码。随着两国经贸交往的加深，德国企业愈发感受到在越南做生意的困难之处，具体包括：越南国内严重的腐败状况，工程招标和政府决策的不透明性，以及缺乏法律保障等。而这些情况的存在极大地增加了德国企业投资越南的成本，降低了德国经济界同越南做生意的兴趣。因此，德国有识之士呼吁利用这些会德语的越南人，作为两国政治和经济交流的桥梁，以消除德国人在越南遇到的制度性障碍。③ 同样，冷战后越南政府出台的一系列新政策也有利于留德越南人在越南国内发挥新的作用。1993 年，越共中央政治局通过了有关海外越南人政策的第 8 号决议，此后又出台了一系列新的措施保护海外越南人在国内外的权利，并鼓励他们回国参观和参与家乡的建设。在国籍问题上，越南政府也并不严格否认双重国籍。④ 当时，已有很多重要的德国企业将越南视作其业务离岸外包的目的地。这些公司认为，“凭借其与民主德国的良好关系，

---

① Gerhard Will, Chancen und Risiken deutscher Politik in Vietnam, *SWP-Studie*, 5, 2002, pp. 12 – 13.

② Gerhard Will, Chancen und Risiken deutscher Politik in Vietnam, pp. 13 – 14.

③ Gerhard Will, Chancen und Risiken deutscher Politik in Vietnam, p. 16.

④ 梁志明、游明谦：《当代海外越南人的分布与发展状况研究》，《南洋问题研究》2004 年第 2 期。

越南有着全亚洲数量最多的在德国接受过培训的技术和研究人员”。[①] 后来，这些人员的德语能力和他们在德国的所学，为德国企业在越南投资和开展业务提供了重要的帮助。

冷战结束后，在德国政界和社会舆论中，越南和越南事务不再像民主德国时期那样“具有最引人瞩目的中心位置”。[②] 1997 年夏席卷东亚和东南亚的亚洲金融危机使得德国企业减弱了对包括越南在内的整个东南亚地区的兴趣。危机之后，德国企业的兴趣更多地转向了东亚，尤其是中国。2001 年中国加入世界贸易组织也加速了这种转移。在德国决策者的视野里，包括越南在内的“东南亚地区，与东亚地区尤其是中国比起来显得愈发不重要”。[③] 在政治和经济上，德国都逐渐减少了对越南的关注。

三　德越战略合作伙伴关系的建立

2005 年默克尔当选为德国总理，但在第一任期中，德越关系并未引起她的太多兴趣。越南在德国对东亚和东南亚地区的外交政策中仍处边缘位置，没有得到太多的重视。然而，亚太地区此时正值经济高速增长期，仅 2007 年越南经济就增长了 8.5%，达到了近十年来的最高增速，其中吸引外资达 160 亿美元。[④] 因此，和其他欧美国家一样，德国需要重新审视越南及其可能给德国经济发展带来的机遇。

2009 年，奥巴马出任美国总统后，美国政府正式提出了“重返亚太战略”。之后，美国战略重心开始东移到亚太地区。而与此同时，德国国内也出现了要求联邦政府加大对亚太事务的关注，在此地区站稳脚跟而“不要被边缘化”的呼声。[⑤] 正如著名的国际政治学者、德国外交部亚洲问题顾问桑埃贝哈德·桑德斯奈德教授所指出的，德国和欧洲应该更加关注亚太安全事务，而不应仅仅将注意力放到同该地区做生意上。他认为，“欧洲在亚太地

---

① Offshore-outsourcing in Vietnam, http://www.pentalog.biz/outsourcing/offshore_outsourcing_vietnam.htm.

② Hans Modrow, *In historischer Mission*, *Als Deutscher Politiker unterwegs*, Berlin: Edition Ost, 2007, p. 229.

③ Jürgen Rüland, “Südostasien”, von Siegmar Schmidt, Gunther Hellmann, Reinhard Wolf Hg., *Handbuch zur deutschen Außenpolitik*, Wiebaden: VS Verlag für Sozialwissenschaften, 2007.

④ 于向东：《越南对外贸易：2007 年回眸与新一年展望》，《东南亚研究》2008 年第 2 期。

⑤ Jörg Kronauer, Aggressive Pendeldiplomatie, *Junge Welt*, 3.3.2012.

区所有的政治军事冲突中都置身事外，最多也只是在美国的阴影下行动”。而“热衷于进行全球贸易的人们必须认识到，不仅仅是物资在全球流动，政治及军事冲突的政治经济后果也不再只局限于地区内部”。因此“欧盟的重要成员国，尤其是德国在其外交政策中，不仅需要将亚太地区视作经济增长的地区，还应将其视为世界权力政治的重心，对欧洲在全球的经济和政治利益会带来风险”。①

双方的合作，在经济、教育及军事等一系列领域迅速展开。自 2008 年起，德国联邦经济与能源部和越南共同开展了经理继续教育计划。截止到目前，已有 500 名越南企业管理人员在德国接受了管理培训，并与德国企业建立了长期合作联系。这一合作已经延长到了 2021 年。② 2013 年，德国联邦经济与能源部也正式开启了“在德国培训年轻越南人充当护理专业人员”的计划，以解决德国的护理人员短缺问题。到 2019 年初，已经有 360 名越南人在德国接受了护理人员培训。③ 在军事领域，从 2009 年开始，联邦国防军和越南军队开展了医疗救助事务方面的互访及合作。这一合作在德国与东南亚国家间尚属少见。通过访越，联邦国防军高层逐渐认识到，“越南想通过德国进一步加强与西方的合作”。很多越南军医是从德国毕业回国，对德国在医疗卫生领域和联邦国防军在医疗救助领域等方面有着广泛的认识。由此，双方在 2010 年曾提出将首先通过在烧伤和热带药物领域互换专家来进一步加强合作。④ 到了 2013 年，联邦国防军和越军在医疗救助上的合作交流又上了新台阶。5 月 27 ~30 日，越南国防部医疗救助事务负责人亲自造访了位于科布伦茨的联邦国防军医疗队总部，并实地了解了联邦国防军的训练、

---

① Eberhard Sandschneider, Asien strategisch in den Blick nehmen!, 2. 2. 2013, http://dgap. org/ de/think-tank/publikationen/weitere-publikationen/asien-stratigisch-den-blick-nehmen.

② Bundeswirtschaftsminister Altmaier reist zu wirtschaftspolitischen Gesprächen nach Vietnam, 22. 3. 2019, https://www. bmwi. de/Redaktion/DE/Pressemitteilungen/2019/20190322 – altmaier-reist-zu-wirtschaftspolitischen-gespraechen-nach-vietnam. html.

③ Altmaier spricht mit dem Außenminister Pham Binh Minh in Berlin, 20. 2. 2019, https://www. bmwi. de/Redaktion/DE/Pressemitteilungen/2019/20190220-altmaier-spricht-mit-dem-aussenminister-phambinh-minhin-berlin. html.

④ Zu Gast beim Vietnamesischen Sanitätsdienst, 8. 10. 2010, http://www. sanitaetsdienst-bundeswehr. de/portal/a/sanitaetsdienst/! ut/p/c4/NYvBCsIwEAX_aLcRxOLNooKX9iJoval paBbapGzXCOLHmxx8A3MZHj4wEyjxSMox0IR37C3vn2_4rBRgdZLYOghkvbD1CiTWc8JbOQ4ObAxOi9UF5exRSKPAEkWnUl4iuQAP2Ffm2FR19Z_51s3m1F7Nbntpzx0u83z4ATEkPXs! .

人事及新发展方向等各项信息。[①]

另一个促使德越接近的因素是 2007 年爆发的全球金融危机。当年越南“进口下滑了 14.2%，外国投资也大幅减少”，而“越南过去的经济增长一直严重依赖出口和投资，进出口在经济中所占比重达到 70%，对基础设施等的投资也占很大比重”。[②] 总之，尽管越南经济持续发展的基本态势并未改变，但全球金融危机还是使持续走好的越南经济出现了若干困难 [③]。在这种情况下，在经济上引进吸收国外投资、加强对外贸易，连同在政治上对中国实力日益增长的防范一起成了越南政府的工作重点。

德国外交部部长施泰因迈尔 2008 年 1 月的越南之旅，是德国政府开始重新重视越南的一个重要信号。施泰因迈尔认为，包括越南在内的东南亚国家往往被观察者错误地放在中国和印度的阴影之下进行考察。[④] 这次访问的重要成果之一，就是双方签订了教育合作及在越南开展未来伙伴学校计划的协议[⑤]。照此协议，2014 年初，德语教学已经在河内的 9 所学校、胡志明市的 2 所学校和海防的 2 所学校中开展。[⑥] 同一年，越南总理阮晋勇也访问了德国，成为继 1993 年的武文杰和 2001 年的潘文凯之后，第三个访问德国的越南总理。

在世界经济和政治重心向亚太地区转移的背景下，默克尔总理终于开始了越南之行。2011 年 10 月 11 ~ 12 日，默克尔对越南进行了国事访问。这是默克尔第一次对越南进行国事访问，随行的还有一个小型的德国经济界代表团。这次访问显得非常及时和重要，因为相比其他国家，德国企业在越投资实在“太少了”（时任越南政府副总理黄忠海语）。在总共 92 个对越投资的国家和地区中，德国仅名列第 24 位。但此时双方在贸易上却已有着密切的往

① Delegation aus Vietnam zu Gast, 31. 5. 2013, http://www.sanitaetsdienst-bundeswehr.de/portal/a/sanitaetsdienst/!ut/p/c4/04_SB8K8xLLM9MSSzPy8xBz9CP3I5EyrpHK9quLEPL3S1KTUotK8Yv1wkMKUVL3k_LzUEhBZkppXkgkk04sSS_KL9Aryi0pyQDKlRUVAGb3MFP1IA0MXJwMLAxgwrLG0cPax9LM0NHbxdArSL8jNdQQATTOzgA!!.

② 《越南副总理黄忠海：越南经济在危机中转型》，2009 年 9 月 11 日，http://news.xinhuanet.com/fortune/2009-09/11/content_12035862.htm。

③ 张明亮：《越南“经济危机”的非经济解读》，《东南亚研究》2008 年第 5 期。

④ Steinmeier in Indonesien eingetroffen, 26. 2. 2008, http://www.tagesspiegel.de/politik/international/auslandsreise-steinmeier-in-indonesien-eingetroffen/1175972.html.

⑤ 该计划在全世界的至少 2000 所合作学校中建立起合作网络，开展德语教学，并加强其与德国的联系，进而发展德国与这些国家的关系。

⑥ Pasch-Initiative in Vietnam, http://www.goethe.de/ins/vn/de/han/Ihr/piv.html.

来。例如，仅在胡志明市就有 200 多家德国企业，德国当时已是越南在欧盟内最大的贸易伙伴。越南出口往德国的产品主要有鞋子、纺织品、咖啡、胡椒和海产品等，近几年由于越南制造业的低成本优势，又增加了电子设备和家具等。而越南则主要从德国进口机械、汽车和包括化工设备在内的各种设备。[①]

在两天时间里，默克尔分别访问了越南首都河内和经济中心胡志明市。她尽管在谈话中批评了诸如腐败横生、缺乏法律保障等越南经济的老问题，但毕竟此行的主要目的是推动双方的合作。通过两天的访问，默克尔也认识到越南经济社会有“一种令人难以置信的活力”。[②] 两国政府最终还是签订了由德国修建胡志明市地铁二号线以及双方加强教育合作，即在胡志明市的越德大学[③]修建德国大楼等协议。[④]阮晋勇总理还表示，越南将为促进德国对越投资创造更有利的条件，并为德国进一步加强与东盟的合作发挥巨大作用。[⑤]

默克尔此次访越的一个重大成果则是宣告德国同越南建立战略合作伙伴关系。双方在联合声明中指出，除了要加强经贸和投资、发展合作和科技文化交流外，两国还将继续开展在双方司法部部长主持下的法治对话。双方决定建立经济战略对话机制，进一步促进双边贸易和相互投资。[⑥]

默克尔访越和德越战略合作伙伴关系的建立推动了双边关系的发展。此后，双方政府的高层互访明显较以往增多。两国在经济、政治、社会、文化等各领域的交流大幅向前迈进。例如，目前仅巴登 - 符腾堡州就和越南在高等教育和职业教育领域有 18 项合作。[⑦] 而 2012 年德越关系中刮起的“罗斯

---

① Kanzlerin sieht Vietnam Reise als Erfolg, 12. 10. 2011, http: www. merkur-online. de/aktuelles/politik/merkel-sieht-vietnam-reise-erfolg – 1443342. html.

② Merkel: Vietnam soll sich dem Westen weiter öffnen, 12. 10. 2011, http: www. schaebische. de/politik /ausland. artikel, -Merkel-Vietnam-soll-sich-dem-westen-oeffnen-_ arid, 5145480. html.

③ 2008 年 9 月，越德大学由德国黑森州和越南政府合作设立。该大学全盘采用德国大学教学和管理模式，被两国视作双边教育及文化合作的样板。

④ Kanzlerin sieht Vietnam Reise als Erfolg, 12. 10. 2011, http: www. merkur-online. de/aktuelles/politik/merkel-sieht-vietnam-reise-erfolg – 1443342. html.

⑤ 《阮晋勇会见默克尔，越南和德国建立战略伙伴关系》，2011 年 10 月 12 日，http://www. china. com. cn/international/txt/2011 – 10/12/content_23600298. htm。

⑥ Bundeskanzlerin Merkel zu Besuch in Vietnam-Stragische Partnerschaft mit Vietnam begründet, http://www. vietnambotchaft. org/bundeskanzlerin-merkel-zu-besuch-in-vietnam-strategische-partnerschaft-mit-vietnam-begrundet.

⑦ Vietnams Premierminister besucht Baden-Württemberg, 14. 10. 2014, http://www. schwaebische. de/region/baden-wuerttemberg_ artikel, -Vietnams-Premierminister-besucht-Baden-Wuerttemberg_ arid, 10102102_ toid, 1032. html.

勒旋风”又助推了这一发展态势。2012年9月，时任联邦副总理、经济与能源部部长和自由民主党主席的越南后裔菲利普·罗斯勒[①]访问了越南。罗斯勒出任经济与能源部部长时，就引起过越南媒体和社会的高度关注，越南媒体曾以“他是我们的一员”为题进行过报道。[②] 越南政府和公众也对其访越予以高规格的接待。尽管罗斯勒在访越前一再强调此行是作为联邦政府官员，处理德国经济界的问题，并非一次私人访问。但抵越后，他不仅获得了河内国民经济大学的荣誉博士学位，还受邀在该校发表了演说。而被越南介绍为“第一个在亚洲出生的（德国）内阁成员”的罗斯勒，“上一次获得这么热烈的掌声还是在2011年5月当选自由民主党主席之时”。[③] 而对于罗斯勒此行，德国各大媒体也进行了跟踪报道，报道主要围绕着罗斯勒的越南血统。德越两国，通过罗斯勒这个身居德国政府高位的越南后裔，进一步加深了彼此的认识。

战略合作伙伴关系的建立成了两国关系发展的助推剂。目前德国仍是越南在欧盟内最大的贸易伙伴。德国外交部认为，越南以其9000万人口的规模，不只成为一个商品生产地，还是一个持续增长的销售市场。由高增长率所驱动的消费需求的增长，以及在东南亚地区内较好地受过教育和极其勤劳的民众，使得越南成了投资和贸易的吸引地。

德国外交部认为，作为民主德国的积极遗产，曾经在民主德国生活工作过的众多越南人，以及目前在德国居住的13万越南和越德混血后裔成了两国关系的桥梁。自2012年以来，在德国读书的越南籍学生数量增长了25%。通过这些人的传播，“长期以来，德国在越南有着相当正面的形象”。因此，德国政府希望通过开展各种德语培训，吸引越南年轻人到德国接受教育，进一步加深这种好感。德国看中的正是越南在东盟内部的这种优势，以及以越南为跳板进军整个东盟的机会。正如德国驻越大使尤塔·弗拉施（Jutta Frasch）所说：“越南与包括欧盟在内的国家和地区签订的5个自由贸易协定，不仅使其进一步融入了地区和国际经济，也为外国企业与越南和东盟地区做

---

① 罗斯勒在出生刚九个月时就被一对德国夫妻领养，离开了越南。

② FDP-Chef Rösler：Vietnam ist Teil meines Lebens，14.9.2012，http://www.spiegel.de/politik/deutschland/fdp-chef-roesler spricht-ueber-sein-verhaeltnis-zu-vietnam-a－855631.html.

③ Triumphzug durch Hanoi：In Vietnam darf sich Rösler wie ein Popstar fühlen，18.9.2012，http://www.welt.de/politik/ausland/article 109290365/In-Vietnam-darf-sich-Roesler-wie-ein-Popstar-fuehlen.html.

生意提供了便利条件。2015 年底，东盟国内将会有 5 亿人，而越南是其中之一。”①

2014 年以来，亚太国际关系格局又有新的变化。2014 年 10 月初，美国政府宣布计划于近期部分解除多年来对越南的武器禁运。而从政治和外交上来看，近几年来包括德国在内的西方国家与越南迅速接近，也是为了在亚太地区实施势力均衡的政策。德国政府也希望通过加强与越南的合作，以在亚太地区平衡“巨大的中国日益增长的影响”。②

在这种大背景下，越德两国关系也更加密切。首先是德国联邦财政部部长朔伊布勒在参加了 9 月中旬在澳大利亚举行的二十国集团国家财长会议后，顺道访问了越南。接着，10 月 14～16 日，越南总理阮晋勇也访问了德国。

11 月 18～22 日，联邦副总理、经济与能源部部长、社民党主席加布里尔率领由联邦议院各党团及德国企业组成的代表团访问了越南。此次访问，是在中国和澳大利亚等亚太国家相继召开亚太领导人峰会和二十国集团会议，世界的目光聚焦在亚太地区，亚太地区作为世界经济发展的重要引擎的大背景下进行的。加布里尔此行，一方面是为了参加胡志明市举行的第 14 届亚太德国企业大会（APK）；另一方面也希望进一步加强德国与东盟国家的政治对话，包括会见该区域各国的政府部长，以及东盟秘书长、越南人黎良明③。

2014 年亚太德国企业大会是在中国经济增长放缓，而越德各方面交往逐渐增强的背景下举行的。有 700 多家来自德国和亚太地区的企业参加该会。仅 2013 年上半年，越南对德商品出口金额同比增加 9.9%，进口金额同比增加 27.7%。④ 2013 年双边贸易额达到 80 亿美元，占越南和欧盟贸易总额的

---

① Interview Botschafterin Jutta Frasch mit Deutschland. de，16. 11. 2014，http://www.hanoi.diplo.de/Vertretung/hanoi/de/05 - Aussenpolitik_20u_20D - VNM_20Bez/05 - 00_20Pol_20Artikel_20aktuell/141118_20Interview_20Botschafterin_20Jutta_20Frasch_20mit_20Zeitschrift_20Deutschland.de_20_28EN_29.html.

② Vietnam muss keine Mahnungen aus Deutschland fürchten，14. 10. 2014，http://www.zeit.de/politik/ausland/2014 - 10/vietnam-deutschland-menschenrechte.

③ 黎良明出生于越南北部的清化市，曾任越南常驻联合国代表。2013 年 1 月，他担任东盟秘书长，任期 5 年。在中越领海争端问题上，黎良明曾表示“东盟下一步有必要让中国撤出越南领海，这是当务之急”。

④ 《2014 年亚太德国企业会议：越德贸易交流桥梁》，2013 年 6 月 21 日，http://www.cnvnlo.com/ReadArt.aspx? Article_id = 37086。

20%以上。[①] 从1986年起，该会每隔两年在亚洲不同国家举行，目前已成为“德国在这个区域最大的政商交往活动，吸引了政治经济界的人物参加”，“成为德国与亚洲国家进行伙伴对话的催化剂和不可或缺的论坛”。[②] 尽管中国仍然是参会的德国经济界人士探讨的重点，但越来越多的声音开始指出：“越南和东盟地区应该受到更多的重视”，“在未来几年中国经济增长减缓之时，中国南部的众多小一些的国家则即将迎来繁荣。”然而，相比日本、韩国等其他国家，德国在越南的直接投资“没有进入过在越南外国直接投资排行榜的前十名”。[③] 因此，实际上德越经贸关系还有很大的发展空间。正如加布里尔所说，“作为经济普遍增长的地区，整个亚太地区对德国企业的意义愈发重要。在东亚的主要国家之外，东盟十国在政治上和经济上的重要意义与日俱增”，“尤其是越南，它是德国在亚太地区最重要的合作伙伴之一”。[④]

在将越南视作未来市场的同时，德国政府却并未停止对越南政治和社会体制的批评。作为社民党首脑的加布里尔，还直言不讳地对越南工人的工作条件提出了严厉的批评，认为这有如欧洲“早期的资本主义对人的剥削”，“会导致严重的贫困甚至虐待”。[⑤] 这些言行，对德越关系的进一步发展会有何影响，还有待观察。

近些年来，越南国内的民主人权运动呼声逐渐壮大。尤其是2006年4月，118名越南公民活动分子在网上发表了《2006越南民主自由宣言》，宣言谴责越南政府是“极权主义政府、充满腐败。宣言主张多样性、言论和宗教自由”。之后，越南政府对这些人进行了管控。[⑥] 从2013年9月开始，越

---

① 《越南与德国经济合作前景广阔》，《越南共产党电子报》2014年11月23日，http://www.cpv.org.vn/cpv/Modules/News_China/News_Detail_C.aspx? CN_ID = 686995&CO_ID = 7338716。

② http://www.asiapacificconference.com/de.

③ 在菲律宾、泰国和柬埔寨，德国投资也面临类似的状况。德国经济界有人认为，除了巨大的中国市场的诱惑力之外，这是因为东南亚地区市场的多样性让德国企业措手不及，“我们需要搞清楚，在哪些国家生产哪些东西”。Vietnam：Das Zentrum der Zukunft，22.11.2014，http://www.wiwo.de/politik/ausland/vietnam-das-zentrum-der-zukunft/11018112.html.

④ Bundesminister Gabriel reist nach Vietnam zur Asien-Pazifik-Konferenz 2014，Hanoi，18.11.2014，Pressemitteilung，Botschaft der Bundesrepublik Deutschland，Hanoi.

⑤ Vietnam-Reise：Gabriel kritisiert Geizmentalität beim Kleidekauf，20.11.2014，http://www.spiegel.de/wirtschaft/unternehmen/vietnam-Reise-gabriel-prangert-arbeitsbedinungen-in-textilfabriken-an-a-1004126.html.

⑥ 德国媒体认为越南政府是“言论自由最野蛮的反对者”，Handy und Sichel，5.6.2014，http://www.zeit.de/politik/ausland/2014-06/vietnam-menschenrechte-inselstreit-china。

南政府加强了对网络的监控。政府认为人们通过邮件、博客和社交网络传播某些信息会"有损国家安全"，因此严控这些行为。德国政府对越南人权问题的对策是，一方面通过单边和多边形式保持关注。例如，通过驻越大使馆以及欧盟伙伴与越南政府进行相关对话，同时接触那些受到政府监控的民权分子，以使其"不至于悄然无息地消失"。但另一方面，又不过多地干预，以免激怒越南政府，从而有损两国的经贸交往，因此选择对越南人权问题"视而不见"。[①] 在近几年德越政府高层交往中，德方往往强调"德越经贸合作的巨大机遇"，以及对越南政府为企业经营提供的"法律条件部分不完善"的关注，而对人权问题则很少提及。联邦人权专员克里斯托夫·施特雷瑟尔（Christoph Strässer）也认为，越南在人权领域"迅速而具体的改善是不容易实现的"。[②]

尽管德越经济合作有着巨大的潜力，但越南自身存在的各种问题则令德国企业的投资信心备受打击。加布里尔和德国经济界代表人士都指出，"德国企业需要受到像越南本国企业那样的对待，但目前并非如此"。[③] 就目前来看，德方还很难从越南得到更多的收益。德国政府高层也并未对短期内两国关系能有飞速发展有太大期待。越南在德国外交事务的行动计划中仍然未得到像民主德国时期那样的优先地位。例如，在加布里尔的顾问团看来，德越两国高层四周前刚在柏林会过面，因此此次访越再次举行会面有些多余。此外，为了多在越南停留几天，加布里尔还取消了原定的乘机访问中国的计划。德国国内也还有诸多事务等着他去处理。最后，尽管加布里尔在越南遇到了许多亚洲国家的商务部部长，但此行却并未与越方签署任何的贸易协定。因此，加布里尔代表团的一名成员直接对媒体表示，"我们并不想冒犯越南朋友，但这次旅行有点过长了"。

2014年，中越领海争端问题再度爆发，东亚地区的和平和稳定面临挑战。从国际政治来看，近年来的中越领海争端使德国需要更加重视亚太地区的安全局势，并努力保持地区均势与和平。联邦总统高克在2014年初的慕

---

① Vietnam muss keine Mahnungen aus Deutschland fürchten, 14. 10. 2014, http://www. zeit. de/politik/ausland/2014 - 10/vietnam-deutschland-menschenrechte.

② Vietnam muss keine Mahnungen aus Deutschland fürchten, 14. 10. 2014, http://www. zeit. de/politik/ausland/2014 - 10/vietnam-deutschland-menschenrechte.

③ Deutschland hat Angst vor chinesischen Investoren, 24. 11. 2014, http://www. welt. de/wirtschaft/article134671038/Deutschland-hat-Angst-vor-chinesischen-Investoren. html.

尼黑安全会议上指出，“德国和欧洲在东亚地区不仅有经济政治利益，而且还有外交和安全政策利益，因而支持这个世界上最具经济活力地区的和平发展”。[①] 他认为，更加积极地维护国际秩序符合德国自身的利益，“德国的全球化程度高于世界平均水平，它也从一个开放的世界秩序，一种允许德国将利益和基本价值相结合的世界秩序中获得了比世界平均水平更多的利益”。因此，“德国在 21 世纪最重要的外交利益就是维护这种秩序，并使其也适用于未来”。[②] 外交部部长施泰因迈尔也在慕尼黑安全会议发言中指出，“德国必须准备好在处理外交和安全事务时更早、更果断和更具实质性”，而“德国的克制文化不能变成一种超然事外的文化”，“德国作为大国，仅仅对世界政治做置身事外的评论是不够的”，“我们和其他国家一起更深入、更具创新性地思考如何来配置外交政策的工具箱，并使其用于灵活的倡议”。[③]

冷战结束后，亚洲作为全球经济发展最快的地区，欧盟普遍认为亚洲政局不稳将影响欧洲的整体福利。而对于该地区的冲突，通常采取在规范和观念上的引导，以及注重多边合作的重要性。[④] 与美国不同，德国等欧盟国家尽管推崇自由航行、共同开发资源和共同监管专属经济区等，[⑤] 但更加注重从规范和观念建构上入手处理中越领海争端问题。德国政府认为，德国的历史经验，尤其是在冷战中处理与东方阵营关系的经验值得东亚地区学习，以维护本地区的和平。正如高克所说，“与邻居和解，从过去充满战争和居于支配地位的基础上构建了当前的和平与合作，是德国外交政策最重要的成就”。在慕尼黑安全会议上，施泰因迈尔还提醒参会嘉宾不忘历史，思考“如何在 1914 年的几个星期之内，由于缺乏对话、敌视和个人的虚荣心及民族主义热潮，使得先是欧洲，然后是全世界陷入到了 20 世纪最开始的

---

① 〔德〕米夏埃尔·施塔克：《欧债危机后德国的外交政策：更积极，更有为，更全球化?》，吴静娴译，《德国研究》2014 年第 3 期。

② Joachim Gauck, Deutschlands Rolle in der Welt: Anmerkungen zu Verantwortung, Normen und Bündnissen, Rede des Bundespräsidenten anlässlich der Eroffnung der 50. Münchener Sicherheitskonferenz, 31. 1. 2014, http://www. bundespraesident. de/SharedDocs/Reden/De/Joachim-Gauck/Reden/2014/01/140131 – Muenchner-Sicherheitskonferenz. html.

③ Frank-Walter Steinmeier, Rede des Außenministers anlässlich der 50. Münchner Sicherheitskonferenz, 1. 2. 2014, http://www. auswaertiges-amt. de/sid_0EEB43D1066AE45F2A36CDB5B6145357/DE/Infoservice/Presse/Reden/2014/140201 – BM_M% C3% BCSiKo. html.

④ 薛力、肖欢容：《冷战后欧盟的冲突干预：以亚洲为例》，《欧洲研究》2014 年第 1 期。

⑤ 任琳、程然然：《欧盟东南亚政策论析》，《欧洲研究》2015 年第 3 期。

悲剧中”。[①]

从经济角度来看，中国目前是德国在亚洲的最大贸易伙伴，而越南被德国企业界视作“未来的市场”，德国经济界也担忧包括中越领海争端在内的中国和周边国家的争端对该地区的经济增长产生消极影响。[②] 正如加布里尔2014年访越时所指出的，“南海局势使德国感到担忧，因为这是全球50%的海上商品运输经过的重要国际航线，该地区的稳定对德国乃至欧洲具有生死攸关的利益”。[③]

然而尽管政治和经济上德国都有足够理由来更加积极地介入中越领海争端，但目前德国和欧洲直接面临着乌克兰危机和俄罗斯的挑战，这使其无暇应对更加遥远的远东事务。同时，中国也通过各种渠道向德国和欧盟国家放风，表明不希望后者插手南海问题，“不要加入到日本牵手的或者是美日牵手的围堵中国”的意愿。[④] 在乌克兰危机阴影下，德国外交部顾问无奈地认为，中国才是危机的最大受益者。中方正在利用乌克兰危机继续扩张其在东海和南海的政治经济意图。[⑤] 因此，总体来看，至少到目前为止，德国政府在中越领海争端上仍然是较为慎重的，也没有明显的“选边站队”行为。少有的比较明显和强硬的有关中越领海争端的表述来自外交部国务秘书马库斯·埃德雷尔（Markus Ederer）。2014年6月中旬，埃德雷尔访问了越南。时值中越两国就981号钻井平台产生激烈争端之时。埃德雷尔不仅表示德国将进一步加强在多边及国际组织中与越南的合作，推动欧盟加速承认越南的市场经济地位。此外，他还向越南外交部部长范平明指出，“德国支持越南以包括1982年《联合国海洋法公约》[⑥] 在内的国际法和平解决（领土）争端”，

---

① Frank-Walter Steinmeier, Rede des Außenministers anlässlich der 50. Münchner Sicherheitskonferenz, 1. 2. 2014, http://www. auswaertiges-amt. de/sid_0EEB43D1066AE45F2A36CDB5B6145357/DE/Infoservice/Presse/Reden/2014/140201 – BM_M% C3% BCSiKo. html.

② Vietnam: Das Zentrum der Zukunft, 22. 11. 2014, http://www. wiwo. de/politik/ausland/vietnam-das-zentrum-der-zukunft/11018112. html.

③ 《政府总理阮晋勇会见德国副总理加布里尔》，《越南共产党电子报》2014年11月22日，http://www. cpv. org. vn/cpv/Modules/News_China/News_Detail_C. aspx? CN_ID = 686945&CO_ID = 7338716。

④ 《郑浩：中国警告英德勿卷入南海否则后果自负》，凤凰网，2016年4月11日，http://phtv. ifeng. com/a/20160411/41592725_0. shtml。

⑤ Eberhard Sandschneider, Nutznießer der Ukraine-Krise, China profitiert von Putins Interesse an einer Resourcenpartnerschaft, *Internationale Politik*, 7/8. 2014.

⑥ 越南政府一直指责中国的一系列行为违反了1982年双方都参与签订的《联合国海洋法公约》。

"德国反对使东海局势复杂化的单边行为"。[①]

而德国媒体和社会舆论，对于中越领海争端则态度复杂。德国的观察者发现，越南加强与美国在军事等领域的合作，是为了以此平衡中国的影响。但它不愿因此而激怒中国。尤其是越南还在经济上对中国有着巨大的依赖。[②]但由于中越两国同属社会主义国家，因此德国媒体在看待中越两国处理周边问题的外交时，都主要从这两个国家外交政策的国内政策背景进行考察。例如，《明镜》周刊认为，中国处理对日关系时通过宣传爱国主义以实现自身的国内政治目标，并转移国内矛盾。[③] 同样，《时代》周报认为，越南政府选择大规模煽动国内的反华情绪，也是为了"转移国内的矛盾"。[④]《世界报》则援引弗里德里希－瑙曼基金会越南办公室主任汉斯－格奥尔格·约内克（Hans-Georg Jonek）的话指出，"越南政府乘机利用强烈的爱国主义情绪以向中国示威"。[⑤] 社会舆论的这种态度会给德国政府处理相关问题带来何种影响，尚待观察。

而相对于德国政府，越南政府则更加积极，并采取各种方式以获得德国对其在中越争端中的支持。越南政府非常重视利用各种媒介向德国表达自己在中越领土争端中的态度。例如，越南驻德大使馆的网站首页，有一大半内容是越南政府以德文或英文在中越领土争议中的立场表态，宣传力度不可谓不大。而在近年来多次与默克尔等德国政治高层会谈时，越南政府也都主动提及了中越领海争端问题。[⑥]同时，越南政府也积极向留德越南人宣传自己在

---

① 越南先向埃德雷尔介绍了"中国在越南领海非法部署 981 号钻井平台以及其挑衅手段"，Verstärkung der Beziehungen zwischen Vietnam und Deutschland, http://www. vietnam-botschaft. org/germany-to-maintain-financial-support-to-viet-nam; Germany supports peaceful settlement of East Sea Dispute, 17. 6. 2014, http://english. vov. vn/Politics/Germany-supports-peaceful-settlement-of-East-Sea-dispute/277838. vov。

② Militärische Muskelspiele am Südchinesischen Meer, 3. 2. 2011, http://www. eurasischesmagazin. de/artikel/Militaerische-Muskelspiele-am-Suedchinesischen-Meer/20110205; Krisenstimmung in Hanoi, 21. 7. 2014, http://www. eurasischesmagazin. de/artikel/Vietnam-ist-in -der-Wirtschaftskrise-und-unzufrieden-mit-den-Kommunisten/14020.

③ Andreas Lorenz, Heikle Nachbarschaft, 27. 9. 2011, http://www. spiegel. de/spiegel/spiegelgeschichte/d - 80429090. html.

④ Handy und Sichel, 5. 6. 2014, http://www. zeit. de/politik/ausland/2014 - 06/vietnam-menschenrechte-inselstreit-china.

⑤ Nach Krawallen: Vietnams Regierungschef schickt SMS an alle, 16. 5. 2014, http://www. schawaebische. de/politik/ausland _ artikel, -Nach-Krawallen-Vietnams-Regierungschef-schickt-SMS-an-alle-_ arid, 10013528. html.

⑥ http://www. vietnambotschaft. org/startseite.

中越领海争端等问题上的态度和政策，以影响德国社会的舆论。越南政府的一项决议曾指出，驻国外的越南外交机构要把海外越南人工作作为一项重要的政治任务来做，积极宣传党和政府的各项政策及国家的发展变化。越南政府还专门成立了海外越南人联络会和委员会，由外交部副部长兼任委员会主任。[①] 在 2014 年的中越领海争端中，越南驻德机构已在留德群体中召开了数次有关座谈会。

四 德国与欧越自贸协定

进入 21 世纪以来，越南经济的发展逐渐与世界经济高度融合。根据世界银行的统计数据，其 2018 年的货物和服务进出口额均达到了国内生产总值的 90% 以上，大大地高于世界平均值（30% 左右）。[②] 在这个背景下，越南制造业迅速崛起，并连接了以中国为核心的东亚供应链和以美国为核心的欧美销售链。在中美贸易摩擦升级的情况下，越来越多的欧美企业选择将工厂转移到越南，从而使越南对欧美出口额大涨。因此，越南对德出口额及德越贸易增长的前景非常被看好。

2019 年 6 月 30 日，越南和欧盟正式签署了自由贸易协定。2020 年 2 月和 6 月，欧越自贸协定先后在欧洲议会和越南国会表决通过，并于 8 月正式生效。目前已有学者预计，自贸协定生效后，到 2025 年为止，越南对欧出口额将增长 42.7%，进口额将增长 33.6%。[③] 就德越贸易而言，德国工商业联合会（DIHK）已经估计，双边贸易将从 2020 年的每年 130 多亿欧元在接下来几年里很快提升到 200 亿欧元。[④]

德国在欧越自贸协定签署过程中发挥了重要的推动作用。多年来，德国一直在推动欧盟与越南签署自贸协定。协定签署前的 2019 年 3 月底，德国经济与能源部部长阿尔特迈尔亲自飞赴越南，并在越南政治中心河内和经济中心胡志明市进行了三天的访问。访问中，阿尔特迈尔会见了越南总理阮春福。阿

---

① 梁志明、游明谦：《当代海外越南人的分布与发展状况研究》，《南洋问题研究》2004 年第 2 期。

② 黄郑亮：《越南制造业在全球价值链的位置研究》，《东南亚研究》2019 年第 5 期。

③ 杨耀源：《越南—欧盟自贸协定：越南企业重启的加速器?》，2020 年 6 月 19 日，https://3g.163.com/news/article/FFF339I50519BMQ6.html? from = history-back-list。

④ EU schließt Freihandelsabkommen mit Vietnam, 30.6.2019, https://www.dw.com/de/eu-schlie%C3%9Ft-freihandelsabkommen-mit-vietnam/a-49419781.

尔特迈尔指出，越南是德国在亚洲的重要经济合作伙伴，签署欧越自贸协定能推动德国与越南经贸关系的进一步发展。他表示希望自贸协定能够尽快签署。[①]

从协定具体内容来看，因为这是欧盟第一次向亚洲发展中国家全面开放市场，也被视作越南融入发达经济体市场乃至全球经济进程的里程碑。[②] 越南将其称为“迄今为止欧盟与发展中国家达成的最雄心勃勃的自由贸易协定”，不仅可以让越南在全球获得更大的市场，推动越南国内的政治经济改革，还可以降低越南对中国等亚洲国家的依赖性。由于进口税为零，越南可以大幅增加从欧盟进口机械设备和现代技术的机会。这些都有利于越南摆脱对中国等国的依赖。与欧盟签订自贸协定，还可以通过加强经贸关系以强化双边的安全和政治联系，从而借助欧盟这个重要的第三者来制衡中美战略竞争，避免因“选边站队”而使越南的生存和发展遭受威胁。对于中国，欧越自贸协定的签署还会削弱中国对欧洲出口的纺织品、鞋类、塑料及家具等产品的竞争力。[③] 由于自贸协定对原产地的严格要求，因此势必会导致越南减少从中国等进口原材料，并且加强本国原材料的生产。[④]

对于德国和欧盟来说，这一协定也显得极其重要。德国外交部认为，这一协定为基于规则的全球化提供了模板，是欧盟推动全球经济复苏和经济供应链调整的重要举措。德国认为，这一协定表明，经济的开放与增长及捍卫社会和可持续发展的标准并非相互矛盾，而是可以实现有效的互补。[⑤] 德国经济与能源部部长阿尔特迈尔指出，自贸协定为德国商品和德国投资确保了进入愈发重要的越南市场的通道。[⑥]在经济上，与越南的自贸协定正式生效

① Altmaier reist zu Wirtschaftsgesprächen nach Vietnam, 24. 3. 2019, https://www. dw. com/de/altmaier-reist-zu-wirtschaftsgespr% C3% A4chen-nach-vietnam/a – 48045067; Bundeswirtschaftsminister Altmaier reist zu wirtschaftspolitischen Gesprächen nach Vietnam, 22. 3. 2019, https://www. bmwi. de/Redaktion/DE/Pressemitteilungen/2019/20190322 – altmaier-reist-zu-wirtschaftspolitischen-gespraechen-nach-vietnam. html.

② 张晓朋：《越南—欧盟 FTA 及其原产地规则对部分产业的影响》，《国际经济合作》2019 年第 4 期。

③ 杨耀源：《越南与欧盟缔结自贸协议的考量和影响》，《东南亚研究》2020 年第 1 期。

④ 杨耀源：《越南—欧盟自贸协定：越南企业重启的加速器?》，2020 年 6 月 19 日，https://3g. 163. com/news/article/FFF339I50519BMQ6. html? from = history-back-list。

⑤ Signal für regelbasierten Freihandel in Zeiten der Krise: Vietnamesische Nationalversammlung macht Weg für Freihandelsabkommen mit EU frei, 8. 6. 2020, https://www. auswaertiges-amt. de/de/aussenpolitik/laender/vietnam-node/freihandelsabkommen-vietnam/2330066.

⑥ EU schließt Freihandelsabkommen mit Vietnam, 30. 6. 2019, https://www. dw. com/de/eu-schlie% C3% 9Ft-freihandelsabkommen-mit-vietnam/a – 49419781.

后，势必会推动欧盟与东南亚地区其他国家自贸协定谈判的进展。在政治上，也可以增大欧盟在这个地区的影响。[①] 德国社民党下属的艾伯特基金会前驻越南办公室主管艾尔温·施维斯海姆（Erwin Schweisshelm）指出，目前正在开展的与泰国、马来西亚和印度尼西亚的自贸协定谈判也有可能会导致出现一个欧盟与东盟的整体性自贸协定。在战略上，越南作为东南亚国家对欧盟具有战略意义，在欧盟新的中国战略里也扮演重要的角色。欧盟希望扩展在亚洲的影响，并增加在政治领域的行动选择。[②]

另外，自贸协定会给越南带来一定的消极影响。例如，尽管自贸协定已成功签署，但双方在国有企业地位、劳工、环保及人权等方面的矛盾和差距仍然较大。[③] 就在自贸协定达成前不久，欧盟还与越南就独立工会和非政府组织等问题产生了争论，越南也要求在协议中不要出现“公民社会”或“公民社会组织”等词语。[④] 2019 年 3 月底，阿尔特迈尔访越前，联邦议院的绿党党团要求其在访问过程中向越南政府提出人权问题，并要求阿尔特迈尔与越南的人权抗争人士见面，以处理越南“极其令人担忧”的人权情况。[⑤] 德国/欧盟与越南在这个方面的矛盾仍可能随时爆发。

五 结语

从近几十年来德越双边关系的发展脉络来看，双边关系目前仍有较大的进一步发展空间。作为民主德国的重要遗产，1990 年后留在德国的越南工人及他们的后代，连同曾经在民主德国学习、工作的十几万越南人一起，已经成为发展双边关系的桥梁。这些人中不乏在越南党政机关中身居高位者，他们的德语知识和在德国学到的专业技能，对于德越的政经两界都有着较大的利用价值。

2008 年前后，美国提出了“重返亚太战略”。德国也不愿在世界政治经

---

① 杨耀源：《越南与欧盟缔结自贸协议的考量和影响》，《东南亚研究》2020 年第 1 期。

② Freihandelsabkommen EU mit Vietnam，20. 01. 2020，https://www. dw. com/de/freihandelsabkommen-eu-mit-vietnam/a－52021428.

③ 杨耀源：《越南与欧盟缔结自贸协议的考量和影响》，《东南亚研究》2020 年第 1 期。

④ Freihandelsabkommen EU mit Vietnam，20. 1. 2020，https://www. dw. com/de/freihandelsabkommen-eu-mit-vietnam/a－52021428.

⑤ Altmaier reist zu Wirtschaftsgesprächen nach Vietnam，24. 3. 2019，https://www. dw. com/de/altmaier-reist-zu-wirtschaftsgespr%C3%A4chen-nach-vietnam/a－48045067.

济重心向亚太地区转移时被边缘化。尽管德国对越南的政治经济体制仍抱有诸多不满，但同时德国政经两界却都认为越南是一个有着巨大发展潜力的国家。尤其是在中国经济增速下降之时，越南被德国视作“未来的市场”，有一种“令人难以置信的活力”。在这种情况下，两国正式建立了战略合作伙伴关系，双方高层互访也呈现了从未有过的频繁局面。而 2025 年 9 月将迎来联邦德国和越南建交 50 周年纪念，双方关系进一步深化也在预料之中。

近年来，尽管德国政府认为亚太地区的稳定对德国有着“生死攸关的利益”，但德国在中越领海争端问题上始终较为慎重，不轻易“选边站队”。不过 2014 年中越争端的加剧，还是使德方罕见地作出了支持越南以 1982 年《联合国海洋法公约》等国际法解决争端的努力。由此至少可以看出，维持亚太地区现状及和平、反对任何使国际局势复杂化的单边行为，以及通过国际法解决领土争端是德国政府对中越争端的基本态度。

德国与越南关系的发展深入，一个重要的果实就是在德国的推动下签署了欧越自贸协定。从战略上看，欧越自贸协定对德国/欧盟和越南都有着巨大利益。越南通过加强经贸关系以强化双边的安全和政治联系，从而借助欧盟这个重要的第三者来制衡中美战略竞争，避免因“选边站队”而使自身的生存和发展遭受威胁。而德国和欧盟也可以此为依托，进一步扩展其在亚洲乃至全球的自贸协定体系，并按照自身规则建立世界经贸秩序。

第三部分

德国在中亚和南亚

第五章

可持续增长伙伴与价值观盟友：近年来德国与印度的政治经济交往

印度是1949年后世界上最早官方承认联邦德国，并与其建立外交关系的国家之一。在直到1990年统一前的东西方冷战期间，印度长期是联邦德国与民主德国争取的主要对象，两个德国均向印度投入了大规模的经济和文化援助，以争取印度的支持。然而冷战结束后，在印度的外交格局中，欧盟和德法英等欧洲主要国家均处于较为边缘的地位。印度与欧洲国家的关系在2010年代中期也一度处于某种“冻结”状态。[①] 在此背景之下，德国对印政策集中在发展援助和构建价值观盟友两大主题上，德国与印度的关系近年来出现了快速的发展迹象。

一 德国与印度在发展援助领域中的合作

发展援助领域是德国与印度合作中最为核心的部分。印度是德国在全球开展发展援助的重点接受对象国之一。自2014年以来，印度是从德国联邦经济合作与发展部获得发展援助总额最多的亚洲国家（参见附录表3）。仅2019年，德国各部门总计就向印度提供了16.14亿欧元的发展援助。[②] 德国认识到，缺少具有13亿人口的印度，全球气候保护和减少贫困的工作就难

① 林民旺：《印度—欧盟战略伙伴关系的发展动力及前景》，《欧洲研究》2015年第4期。

② Deutsche Entwicklungszusammenarbeit mit Indien, http://www.bmz.de/de/laender_regionen/asien/indien/index.jsp.

以真正开展。[①] 印度作为世界第二大人口大国和第三大温室气体排放国，拥有近4亿贫困人口，因此自然成为德国发展援助政策的重要对象。德国联邦经济合作与发展部部长格尔德·穆勒（Gerd Müller）将德国在印度可再生能源领域的投资视作能够保护气候和消除贫困的一箭双雕的策略。他指出，《巴黎气候协定》和联合国的可持续发展目标是否能够达成完全取决于印度这样的国家。因此德国在印度应创造一种双赢的局面，即通过投资可再生能源领域，德国既可以阻止气候变化，也可以向印度穷人提供用得上的能源。德国企业有着印度需要的技术，通过在可再生能源领域的投资，不仅可以减少排放破坏气候的温室气体，还可以创造工作机会并使年轻的印度人增加收入。[②]

德国对印度提供的发展援助呈现了提供方与合作方多元、援助面广泛和与公民社会合作强健等特点。在提供方层面，除了联邦经济合作与发展部外，参与对印发展援助的还包括德国复兴信贷银行（KfW）、德国国际合作机构（GIZ）、各大政党基金会以及其他公民社会团体等。例如，德国复兴信贷银行直接对印度政府提供援助，帮助其找到一条更强调社会公平及保护环境的增长之道。[③] 2000年以来，该银行已在印度开展了50多个项目。2019年投资了3520万欧元来提升印度生物垃圾的工程治理能力。[④]

援助面广泛是德国对印发展援助的又一明显特征。在印度的全民医疗保险、农村与城市化建设、可再生能源利用及环境保护等多方面德国都进行了深入参与。

截至2018年中，印度有约90%的职工没有工作或社会保险。许多印度人将德国的社会市场经济制度视作重要的参考坐标，认为这是“内涵式增长”的德国模式。为了使经济增长的果实能惠及贫困和非正式职工，印度政府对德国在这方面的经验非常感兴趣。2008年，两国政府成立了德印两国职业教育工作

① Wege finden für ein sozial gerechtes, klimaschonendes Wachstum, https://www.kfw-entwicklungsbank.de/Internationale-Finanzierung/KfW-Entwicklungsbank/Weltweite-Pr% C3% A4senz/Asien/Indien.

② Regierungskonsultationen: Deutschland und Indien gehen neue Wege bei globalem Klimaschutz, 30.5.2017, http://www.bmz.de/de/presse/aktuelleMeldungen/2017/mai/170530_pm_068_Deutschland-und-Indien-gehen-neue-Wege-bei-globalem-Klimaschutz/index.jsp.

③ Wege finden für ein sozial gerechtes, klimaschonendes Wachstum, https://www.kfw-entwicklungsbank.de/Internationale-Finanzierung/KfW-Entwicklungsbank/Weltweite-Pr% C3% A4senz/Asien/Indien.

④ Nutzung von Biomasse zur Energieerzeugung, https://www.kfw-entwicklungsbank.de/PDF/Evaluierung/Ergebnisse-und-Publikationen/PDF-Dokumente-E-K/Indien_Biomasse_2019_D.pdf.

小组。目前，两国在职业教育领域合作的中心是支持印度成立双轨职业教育体系。随着德印两国经济联系的增强，双方对职业教育的兴趣都愈发浓厚。此外，鉴于印度仅有一小部分正式雇员能够享受养老保险和医疗保险福利，德国国际合作机构也在与印度政府合作，发展印度的养老和医疗保险体系。①

此外，德国和欧盟近年来愈发重视推动企业履行其社会责任，并希望在全球推动这一进程。印度政府也在 2014 年颁布法律，要求印度企业拿出过去三年平均利润的 2% 来实施履行社会责任的工程和项目。为了在印度推动这一进程，德国联邦政府以德国国际合作机构为渠道，与印度政府进行了深入合作。在如何增大消费者对生态和社会无害的产品及服务需求的问题上，德国的专业经验也被广泛应用。②

德印发展援助合作的一个代表性项目是建立印度全民疾病保险体系（RSBY）。从 2011 年开始，德国联邦经济合作与发展部和德国国际合作机构一起开始为印度政府的社会保险计划提供支持。其中的核心是帮助印度建立全民疾病保险体系，以使得收入在官方贫困线下的印度家庭能够免费到医院看病。而建立这一体系却是个极大的挑战。在该方案开展之初，很多印度贫困家庭很难想象自己能在一夜之间获得免费的医疗保险，因此很难对这些群体进行解释从而使其自愿加入。但到 2016 年底为止，在德印双方的努力下，这个保险体系已经覆盖了 4000 多万个印度家庭、1.35 亿印度人，以及 106 亿例医院治疗案例。按德国政府所说，这个体系使印度能够在健康领域更好地提升印度人的权利。为此，德国联邦政府在 2011 ~ 2017 年总共投入了 1200 万欧元。③ 有很多贫困家庭表示，如果医疗卡制度没有建立，治病则有可能会导致其倾家荡产。④

德国想要建立的是一个不需要付费和填写各种表格就可以使印度贫困人

---

① Arbeits-und Sozialbeziehungen und Berufsbildung, 6.4.2018, https://india.diplo.de/in-de/themen/wirtschaft/ – /1893060.

② Arbeits-und Sozialbeziehungen und Berufsbildung, 6.4.2018, https://india.diplo.de/in-de/themen/wirtschaft/ – /1893060.

③ Fallstudie Indien: Soziale Sicherung: Krankenversicherung für Millionen-Digitalisierung im Dienste der Gesundheit, http://www.bmz.de/de/themen/2030_agenda/deutscher_beitrag/fallstudien/fallstudie_indien_soziale_sicherung/index.html.

④ Stimmen aus dem Projekt: Für Frauen ein großer Schritt in die Eigenständigkeit, http://www.bmz.de/de/themen/2030_agenda/deutscher_beitrag/fallstudien/fallstudie_indien_soziale_sicherung/stimmen_indien_soziale_sicherung/index.html.

口获得医疗保障的福利体系。在这个体系中，德国国际合作协会与印度合作为印度家庭提供了医疗保险卡，每张卡可供5个家庭成员使用。而每个印度家庭每年需要缴付的5～6欧元的保险费则由印度政府和被保险家庭所居住的邦政府来共同分担，而被保险人只需向医院出示保险卡即可。在这一过程的背后，德国国际合作协会还就如何维护保险卡背后的信息系统（如被保险人数据软件使用及医院结算系统等）给印度提供了建议。①

这个项目同时也有助于提升印度妇女在社会中的地位。传统上，相当大部分印度妇女，尤其是贫困家庭妇女，如果身体健康出现了问题，会通知其丈夫或岳母，然后由丈夫筹措医药费进行支付。在这个体系下，如果失去了丈夫，这些妇女将很难获得看病费用，生病后就只能听天由命了。而免费医疗保险体系的建立，实际上使妇女能够自我决定是否去医院看病，并因此能在一定程度上摆脱对丈夫的依赖。②

这个总长度为十年的计划将在2020年底结束。在印度，近4亿人，即约占就业人口88%的人是在没有签订劳动合同的状况下工作的短工，或没有任何地产的农业工人。这些被称作非正式就业者的群体及他们的家庭在社会保障上面临的困境，就是德国与印度政府所进行的免费医疗保险覆盖计划所针对的目标。在这个与印度健康与家庭部联合进行的项目中，德国提供政策和信息技术领域的建议，此外还提供有关的培训材料，对工作展开定期评估，并针对非正式就业者参与保险制定出监督机制和宣传方针。目前，德国正在与印度政府合作，开展印度的医疗体系改革，包括建立覆盖5亿印度人的医疗保险体系，并同时提升为贫困人口和需要帮助的人所提供的保健服务的质量及扩大其覆盖范围。此外，德国国际合作协会还与当地的非政府组织合作，在比哈尔邦组建起了多达900个老年人自助组织，涉及12400名老人。同时在印度卡纳塔卡邦建立起了约1200家社会咨询机构。德国国际合作协会负责培训了大量经理和专业人员，以在各邦输入和贯彻新的医疗保险体系，从而使印度各级政府在人力层面得到了保障。③

---

① Fallstudie Indien：Soziale Sicherung：Krankenversicherung für Millionen-Digitalisierung im Dienste der Gesundheit，http://www.bmz.de/de/themen/2030_agenda/deutscher_beitrag/fallstudien/fallstudie_indien_soziale_sicherung/index.html.

② Stimmen aus dem Projekt：Für Frauen ein großer Schritt in die Eigenständigkeit，http://www.bmz.de/de/themen/2030_agenda/deutscher_beitrag/fallstudien/fallstudie_indien_soziale_sicherung/stimmen_indien_soziale_sicherung/index.html.

③ Verbesserung von sozialer Sicherung in Indien，https://www.giz.de/de/weltweit/15859.html.

医疗保险并非德国在印度倡导社会公平的唯一举措。德国还倾向于援助贫困家庭，进而减少印度的社会不公。例如，德国复兴信贷银行向印度第一家提供“微型退休金（Mikropensionen）”的企业进行了投资。这是第一家向贫困民众提供长期老年人护理服务的企业。因为目前印度的收入困难家庭很难拥有储蓄，而印度其他银行的服务仅集中在有资产的客户身上。①

德国对印发展援助的另一个重要领域是农业。农业领域的合作既包括引进德国农业灌溉、耕种和防虫技术，也涵盖了对印度农民的职业培训及农村能源革新等。通过在农业领域的合作，既可以提升印度人的就业和职业技能素养，也有利于保护印度的环境和水土资源。

在技术援助上，德国提供的技术对印度重要农作物有非常大的帮助。例如，土豆在印度饮食中扮演着重要的角色，但很多土豆在收获前会患上一种茎叶凋萎病，从而尤为令那些穷困的印度小农在收入上雪上加霜。此外，种植西红柿的农民也易陷入地表水位下降和传统灌溉方式日益艰难所致的收成减少危机。德国政府则通过新技术，在绿色创新中心中为印度解决这些问题提供帮助，如用新技术抗击凋萎病和提倡机械灌溉而非传统手工灌溉等。在这个过程中，德国计划创造 1800 个新工作岗位，为 11.13 万户小农提升 30% 的收入，同时，也对 13.9 万小农提供培训和继续培训。②

对印度农民展开培训是在印度农村实现更好地利用先进技术的重要前提。联邦经济合作与发展部的绿色创新中心培训计划，合作伙伴是印度政府、企业和非政府组织等。大多数印度农民并未接受过正规的农业生产培训，因此更加有效率的耕种、收获与技术利用等在印度开展得极为缓慢。此外，德国救济世界饥饿组织（Deutsche Welthungerhilfe）在为期 10 天至 6 个月的课程培训中，会向参与者提供有关可持续发展的知识和农业种植技能。而年轻农民也可以通过培训成为兽医的助理。最后，所有参训人员还可以获得被国家承认的职业培训资格证。③

---

① Wege finden für ein sozial gerechtes, klimaschonendes Wachstum, https://www.kfw-entwicklungsbank.de/Internationale-Finanzierung/KfW-Entwicklungsbank/Weltweite-Pr%C3%A4senz/Asien/Indien.

② Sonderinitiative EINEWELT ohne Hunger: Grünes Innovationszentrum Indien, http://www.bmz.de/de/themen/ernaehrung/gruene_innovationszentren/indien/index.html.

③ Sonderinitiative EINEWELT ohne Hunger: Grünes Innovationszentrum Indien, http://www.bmz.de/de/themen/ernaehrung/gruene_innovationszentren/indien/index.html.

德国所开展的职业培训并不仅局限于印度农村。近年来印度经济增长迅速，但其职业培训机构目前在量和质上都无法满足国内愈益增大的对职业资格培训的需求。无论是印度企业还是在印度投资的德国企业，都对受过良好培训的员工有着巨大的需求。在这个背景下，印度各级政府对在世界上享有盛名的德国双轨制职业培训体系表现了巨大的兴趣。2008 年，两国政府正式联合成立了一个职业培训工作小组。该小组为印度建立双轨制职业培训体系提供政策咨询和详细的合作方案。[①] 消除印度和国际企业对经过熟练培训的劳动力的日益增长的需求与劳动力缺乏之间的矛盾，一直是德印政府近些年来磋商的重点。[②]

在提供技术援助和培训工作的同时，德国还努力改变印度传统的农业生产方式。德国政府认为，印度的农民必须成立生产合作社以更好地推销其产品，并价廉物美地购买肥料、种子、植物防护剂及租用农业机械。这些都是使印度农民获得更高收入的“成功因素”。为此，德国农业合作社与印度非政府机构 APMAS 在绿色创新中心进行合作，共同创立了四个类似的生产合作社，并组织了 4000 名农民参与其中。[③]

默克尔在 2019 年 11 月访印时表示，印度在人工智能和数字化领域有着巨大的潜力。德印两国尤其应该在其中的健康和农业领域进行合作。在 50% 的就业人口从事农业的印度，农业有着巨大的意义。但印度的农业收成很长时间以来不尽如人意。默克尔认为，印度应该改善其农业物流体系。德国与印度的小农场主之间也可以在农业问题上进行很多合作。她提醒印度政府，如果不对农业领域的现状进行改革，那么大量的农业人口就会涌入城市，从而使城市不堪重负。因此，印度在农业领域的任何发展就城市的可持续发展而言也会是一个好消息。她认为，农业领域的数字化不仅会提高收成，还会使肥料、植物防护剂及种子得到进一步的优化，从而也会保护土地和地下水。为此，默克尔在访问中推动成立了德印“数字化专家小组”。在这个小组中，德印两国的企业和研究机构将会与双方政府进行通力合作并提供政策

---

① Arbeits-und Sozialbeziehungen und Berufsbildung, 6. 4. 2018, https://india. diplo. de/in-de/themen/wirtschaft/-/1893060.

② Gemeinsame Erklärung anlässlich der 5. Deutsch-Indischen Regierungskonsultationen am 1. November 2019 in New Delhi, S. 5 – 6.

③ Sonderinitiative EINEWELT ohne Hunger: Grünes Innovationszentrum Indien, http://www. bmz. de/de/themen/ernaehrung/gruene_ innovationszentren/indien/index. html.

建议，以推动双方共同落实有关工程和政治措施。[①]

城市工作是德国在印度展开发展援助的另一个重点。德国对印度城市的援助主要体现在倡导可持续发展理念，并结合可再生能源技术的输出上。德国是全球可再生能源利用大国，也是国际上呼吁推动可再生能源使用走在前列的国家。而印度也是世界上最早加入国际可再生能源利用机制的发展中国家之一。印度政府早在2004年就响应德国政府的号召，参加了波恩国际可再生能源大会，并于2010年在首都新德里承办了该大会的第三次会议。同时，印度还在2009年正式加入了国际可再生能源署（IRENA）。在这个背景下，德国政府在近年来的几次德印政府磋商中都强调了对印度可再生能源利用的支持。例如，在2013年磋商后发表的联合声明中，德国表示计划在未来几年对印度构建可再生能源发电网络的绿色能源通道投入10亿欧元作为资金支持。[②] 2019年2月，德印两国在德里再次举行了两国环境论坛。而2019年的政府磋商联合声明则指出，两国政府会联合支持德国与印度能源市场的气候友好型发展，并再拿出3500万欧元支持可再生能源发电网络和储存设施的建设。[③]

在具体的可再生能源领域，德印之间合作十分广泛。印度政府计划到2022年为止，通过生物能、太阳能和风能生产17.5万兆瓦电能。为此，2015年默克尔与莫迪达成的德印太阳能伙伴计划旨在投入10亿欧元新建太阳能公园和设备。而德国复兴信贷银行则投资了超过10亿欧元用于将太阳能、风能和水力发电站与印度的电力系统相连接。[④]

此外，德国还在印度增强开展智能城市和智能公共交通网络的建设活动的力度。印度城市人口每年增长2.3%，据估计，15年后，印度城市人口将增加1.4亿。但印度城市却不能为这一增长的人口提供充足的基础设施。2017年5月的政府磋商中，两国政府还达成了总计46亿欧元的发展援助计划。其中，德国计划在今后五年中继续在印度城市的基础设施建设上投入10

① Rede von Bundeskanzlerin Dr. Angela Merkel bei der 63. Deutsch-Indischen Handelskammer am 2. November 2019 in Neu-Delhi, Bulletin der Bundesregierung, Nr. 128 – 1 vom 4. 11. 2019.

② Umweltbeziehungen, https://india. diplo. de/in-de/themen/wirtschaft/umweltbeziehungen/1815358.

③ Gemeinsame Erklärung anlässlich der 5. Deutsch-Indischen Regierungskonsultationen am 1. November 2019 in New Delhi, S. 5 – 6.

④ Wege finden für ein sozial gerechtes, klimaschonendes Wachstum, https://www. kfw-entwicklungsbank. de/Internationale-Finanzierung/KfW-Entwicklungsbank/Weltweite-Pr% C3% A4senz/Asien/Indien.

亿欧元。这些基础设施不仅包括建设环境友好的交通设施和现代化的污水处理设施，还包括城市规划体系方面的内容。① 2019 年 11 月，双方达成的德印绿色城市流动性合作意图性文件指出，到 2022 年为止，在德国的资助下，每天会新增 600 万乘坐公共短途客运的印度人。而为了实现这个目标，德国联邦经济合作与发展部专门挑选了有关的印度城市和邦以提供支持，从而建立起可持续发展的城市规划和智力解决方案，使更多的印度人能够通过步行和利用电动车与自行车解决生活所需。②

德国还向印度提供了新能源电动汽车。在未来的五年中，德国政府将向此次与印度达成的“德印绿色城市移动伙伴计划”投入 10 亿欧元。其中包括在泰米尔纳德邦提供 500 辆电动大巴，并用节能汽车替换掉 2000 辆旧有的柴油巴士。默克尔认为，凡是目睹了德里近几日的空气污染情况的人，都会有理由认为印度还需要更多的电动巴士。③

而在自然资源和环境保护领域，德国着重资助那些拥有可持续发展理念和现代科技的模范企业，以此为印度全国塑造环境保护的先进榜样形象，德国复兴信贷银行还深入印度纵深的喜马拉雅地区开展应对气候变化和环境保护的工程。在可持续经济发展领域，德国复兴信贷银行集中于向中小型企业提供资金，以使其能够扩张业务并引入能够创新产品或提高效率的生产方法。④

总的来说，德国对印度的发展援助是成功的。德国对印度的太阳能投资和现代化的传输网络建设，使印度每年的二氧化碳排放量减少了 550 万吨。而德国在印度建设的绿色创新中心促进了印度在农业领域的创新，并给农民带来了收入增长和新的视野。按照 2019 年最新的统计数据，印度 2006～2016 年的贫困率由 55% 降到了 28%。但仍有 1.75 亿印度人处于极端贫困中。德国政府认为，印度仍面临严重的贫富差距、城乡差距、并非全民都能享受到的

① Regierungskonsultationen: Deutschland und Indien gehen neue Wege bei globalem Klimaschutz, 30.5.2017, http://www.bmz.de/de/presse/aktuelleMeldungen/2017/mai/170530_pm_068_Deutschland-und-Indien-gehen-neue-Wege-bei-globalem-Klimaschutz/index.jsp.

② Schwerpunkt "Nachhaltige Stadtentwicklung": Versorgung armer Menschen sicherstellen, http://www.bmz.de/de/laender_regionen/asien/indien/index.jsp.

③ Rede von Bundeskanzlerin Dr. Angela Merkel bei der 63. Deutsch-Indischen Handelskammer am 2. November 2019 in Neu-Delhi, Bulletin der Bundesregierung, Nr. 128-1 vom 4.11.2019.

④ Wege finden für ein sozial gerechtes, klimaschonendes Wachstum, https://www.kfw-entwicklungsbank.de/Internationale-Finanzierung/KfW-Entwicklungsbank/Weltweite-Pr% C3% A4senz/Asien/Indien.

医疗卫生保障体系、大部分民众如何被义务教育覆盖、基础设施缺乏、能源紧缺及环境污染等问题的挑战。这阻碍了印度的可持续和全方位覆盖的发展。① 如何在消除贫困的同时保护自然环境和资源是印度政府面临的巨大挑战。目前，德印之间发展援助合作的重点在可再生能源、包括完善金融体系和社会保障体系在内的可持续发展以及环境和资源保护等领域，而这些合作的重心是促进气候保护。②

对印发展援助深度和广度的扩大，也意味着德国对印度愈发了解。尤其是在发展援助和经济合作的相关领域，对于印度国内政治经济制度中不符合德国价值观的地方，近年来德国政府的态度显得愈发坚决。德国政府认为，通过牺牲发展中国家工人权益甚至使用童工来向发达国家提供产品和原料的全球供应链和价值链体系是“不可接受的”③。2015 年，德国联邦经济合作与发展部部长穆勒在上任后不久即与德国经济界、工会和公民组织代表合作推出了“纺织业联盟计划”，以提升位于包括印度等南亚国家在内的德国纺织业供应链上各国工厂所涉及的社会、生态和经济条件。目前，这个计划的参加者已涵盖了约 50% 的德国纺织业零售商，并且在工人有关权利和义务培训，以及工厂的基本工作环境改善方面作出了很多努力。④ 2019 年 2 月，穆勒再次访问了印度，并将全球供应链问题作为此次访问的中心议程。⑤ 穆勒尤其提到了纺织业领域反对使用童工的情况。⑥ 他直言不讳地指出，在一个

---

① Deutsch-Indische Entwicklungszusammenarbeit auf einen Blick, https://india. diplo. de/in-de/themen/wirtschaft/entwicklungszusammenarbeit/1855728.

② Wichtiger Partner in der globalen Zusammenarbeit, http://www. bmz. de/de/laender _ regionen/asien/indien/index. jsp.

③ Globalisierung gerecht gestalten: Mehr Fairness in globalen Liefer- und Wertschöpfungsketten, http://www. bmz. de/de/themen/lieferketten/index. html.

④ Michael Bohnet, *Geschichte der deutschen Entwicklungspolitik*, S. 223 – 224.

⑤ 2018 年底，德国联邦经济合作与发展部曾联合外交部、经济与能源部、工作部和财政部一起，向 7000 余家雇员在 500 人以上的德国企业发出呼吁，要求其详细阐述是如何在其全球供应链上维护人权和社会标准的。而根据这些企业的答复，德国联邦政府将会决定哪些德国企业的供应链今后必须受到德国法律的管理。这一决定实际上将先前由企业自觉履行 2011 年颁布的联合国经济与人权指导原则中的有关规定，变成了由联邦政府监管。Globalisierung gerecht gestalten: Mehr Fairness in globalen Liefer-und Wertschöpfungsketten, http://www. bmz. de/de/themen/lieferketten/index. html.

⑥ Minister Müller reist nach Bangladesch und Indien-Arbeitsbedingungen im Textilsektor und Kampf gegen Kinderarbeit im Fokus, 24. 2. 2020, http://www. bmz. de/de/presse/aktuelleMeldungen/2020/februar/200224 _ pm _ 04 _ Minister-Mueller-reist-nach-Bangladesch-und-Indien-Arbeitsbedingungen-im-Textilsektor-und-Kampf-gegen-Kinderarbeit-im-Fokus/index. html.

能够将探测器发射到月球的国家，却仍然有 1000 多万名童工。这些儿童中有很多人在为欧洲纺织地毯，他们应该去上学。在此行中，穆勒还专程访问了诺贝尔奖和平奖获得者凯拉什·萨蒂亚尔希（Kailash Satyarthi），并强调会与其合作为受虐待的儿童提供住宿和上学机会。此外，他还与莫迪和印度能源部部长辛格等进行了谈话，商讨可再生能源建设的问题。[①]

德国对印度的发展援助项目明显存在与中国竞争的意味。2019 年 1 月中旬，联邦经济合作与发展部部长穆勒在接受德国媒体采访时指出，直到五年前，德国和欧洲的政经两届都还没有明确的针对非洲和印度的战略，而中国已经制订了针对今后 50～100 年的投资计划。他同时也批评，中国在这些地区的投资是不可持续的。中国只是为了获得资源，而不关注当地民众获得公正的收入和为当地创造新的价值。此外，穆勒还警告中国提供的高额和不透明的投资会使很多国家陷入债务危机。[②]

二　德印政府间磋商机制与 2019 年默克尔访印

2019 年 10 月 31 日～11 月 1 日，默克尔第四次对印度进行了国事访问。此次访印也是德印开展的第五次政府间磋商机制。德印政府间磋商机制在 2011 年正式建立。机制规定每隔两年分别在彼此国家进行两国政府间各部门的全面磋商。[③] 随着政府间磋商机制的开展，默克尔和德国政经两届也增加了对印度的了解。截止到 2019 年底，默克尔本人已经先后在 2007、2011、2015 和 2019 年四次访问过印度。

政府间磋商机制中往往涉及德印双边关系乃至全球政治经济中的重大问题，因此常常具有重要的战略意义。在 2017 年 5 月的德印第四次政府间磋

---

① Minister Müller reist nach Bangladesch und Indien-Arbeitsbedingungen im Textilsektor und Kampf gegen Kinderarbeit im Fokus, 24. 2. 2020, http://www. bmz. de/de/presse/aktuelleMeldungen/2020/februar/200224_pm_04_Minister-Mueller-reist-nach-Bangladesch-und-Indien-Arbeitsbedingungen-im-Textilsektor-und-Kampf-gegen-Kinderarbeit-im-Fokus/index. html.

② Minister Müller fordert Lösung für gerettete Flüchtlinge, 18. 1. 2019, https://www. abendblatt. de/politik/article216236767/Minister-Mueller-fordert-Loesung-fuer-gerettete-Fluechtlinge. html.

③ 联邦德国对外政府间磋商机制始于 1963 年与法国的会谈。截至目前，德国已经与意大利、波兰、西班牙、荷兰、以色列、中国和印度构建了这个机制。中国和印度是唯一与德国建立政府间磋商机制的亚太国家。

商机制中，双方将重点集中在致力于加强网络安全领域的合作。[①] 双方在此轮政府磋商中都表达了要推动欧盟与印度自贸协定谈判的意愿。莫迪请求默克尔帮助推动目前陷入困境的欧印谈判。而默克尔也表示，德国将大力推动协定的进展，因为“德国支持开放和公平的世界贸易”。[②]

2019 年的德印政府磋商开始前爆发的克什米尔事件考验了两国的战略关系。8 月初，印度政府取消了克什米尔的自治权并通过大规模拘捕和断网等手段强化了对该地区的控制，由此演变成了一场有关克什米尔问题的国际危机。很多国际组织谴责印度的做法违反了人权准则。而默克尔访印的两天前，莫迪甚至还邀请了一个包括德国另类选择党（简称“另择党”）、英国脱欧党和法国国民阵线在内的欧洲右翼民粹政党代表团以非官方名义前往克什米尔参观，以此为印度政府的政策进行国际公关。[③] 这一行动立即引起了德国主流媒体和政界的不满。德国舆论甚至指出，尽管在国际舞台上，印度作为应对制度和价值观与德国均不同的中国的重要性显已愈发重要，但默克尔政府不能忽视印度政策中的阴暗一面。《南德意志报》认为，莫迪的印度民族主义运动与曾经的自由民主运动有很大的区别，其政策正在使印度的宗教多元化褪色，并使得克什米尔的民众丧失了自由的权利。[④]

德国政府的印度政策上显然更加重视发展与印度的战略伙伴关系，而不太重视印度的国内问题，也不想因后者影响了德印合作的发展。值得注意的是，默克尔访印前的 10 月 22 日，执政的联盟党和社民党的联邦议院党团联合提出了政府继续强化德印关系的建议。这份建议认为，当中国的影响力无论在德国媒体还是政界都显得无处不在时，与印度关系所具有的战略意义却仍没有被考虑到。建议在发展援助、联合国改革和气候变化合作等德印传统合作领域之外，强调联邦政府应更加频繁地与印度进行交流，并提升双边合作的现存结构。该建议认为，德国要与印度和其他友好国家一起组建基于规

① Deutsch-Indische Regierungskonsulsationen in Berlin: Cyber-Zusammenarbeit, 30. 5. 2017, https://www.auswaertiges-amt.de/de/aussenpolitik/laender/indien-node/170530 – regierungskonsultationen/290246.

② Deutsch-indische Beziehungen sollen enger werden, 30. 5. 2017, https://www.dw.com/de/deutsch-indische-beziehungen-sollen-enger-werden/a – 39041667.

③ Kaschmir-Konflikt: Orchestrierte Normalität, 29. 10. 2019, https://www.sueddeutsche.de/politik/eu-abgeordnete-indien-kaschmir – 1. 4660842.

④ Indien: Angela Merkel und die asiatische Wundertüte, 1. 11. 2019, https://www.sueddeutsche.de/politik/merkel-indien-modi-handel-reise – 1. 4660322.

则的“多边主义者联盟”，同时，推进德国与印度及其他亚太区域价值观合作伙伴之间的新的持久对话机制，并在共同价值观的基础上，加大努力，帮助印度实现政治、技术和经济的现代化。①

默克尔访印期间，正值印度遭遇严重的空气污染。② 但出于表示对印度的重视，默克尔并未取消此行，也未佩戴口罩。此次访印之行还包括外交部部长马斯、食品与农业部部长尤利娅·戈洛克内尔（Julia Klöckner）、教育与研究部部长安贾·卡利切克（Anja Karliczek）以及8个来自联邦政府其他部门的国务秘书。本来经济与能源部部长阿尔特迈尔也计划前往印度，但由于出现事故而由经济与能源部的国务秘书代替前往。此外，和默克尔同行的还包括一个德国经济代表团。③

默克尔在此次访问过程中再次强调了印度是世界上最大的民主国家及迅速成长的经济体，并且指出印度是亚洲的重要大国，是德国为了加强基于规则的国际秩序的志同道合的伙伴。④ 默克尔认为，作为世界上人口众多的国家和经济强国之一的印度，理应在国际事务中承担更加重要的责任。她指出，德国和印度已经在一系列的联合国海洋事务机构中进行了合作，并且对阿富汗的发展有着共同的兴趣。⑤ 2022年，德国将成为七国集团轮值主席国，而印度将成为二十国集团轮值主席国。默克尔与莫迪就如何借此加强合作也进行了讨论。⑥

在11月1日发表的联合声明中，双方共同指出，德印两国是“构建可持续增长及一个值得信赖的国际秩序的战略伙伴”关系。⑦ 双方共同强调德印两国是具有共同价值观的战略合作伙伴，双方关系是建立在民主、自由与

---

① Deutsch-indische Beziehungen stärken，24. 10. 2019，https://www. spdfraktion. de/themen/deutsch-indische-beziehungen-staerken.

② 印度政府在新德里分发了500万个口罩，同时当地学校也停课到11月5日。Merkel trotzt dem Smog in Indien，https://www. dw. com/de/merkel-trotzt-dem-smog-in-indien/a－51079711.

③ Indien und Deutschland vereinbaren engere Zusammenarbeit，2. 11. 2019，https://www. bundesregierung. de/breg-de/aktuelles/indien-und-deutschland-vereinbaren-engere-zusammenarbeit-1687692.

④ Kanzlerin in Indien：Partnerschaft vertiefen und verstetigen，31. 10. 2019，https://www. bundesregierung. de/breg-de/aktuelles/indienreise-kanzlerin-1687042.

⑤ Rede von Bundeskanzlerin Dr. Angela Merkel bei der 63. Deutsch-Indischen Handelskammer am 2. November 2019 in Neu-Delhi，Bulletin der Bundesregierung，Nr. 128－1 vom 4. 11. 2019.

⑥ Rede von Bundeskanzlerin Dr. Angela Merkel bei der 63. Deutsch-Indischen Handelskammer am 2. November 2019 in Neu-Delhi，Bulletin der Bundesregierung，Nr. 128－1 vom 4. 11. 2019.

⑦ Gemeinsame Erklärung anlässlich der 5. DeutschIndischen Regierungskonsultationen am 1. November 2019 in New Delhi，Pressemitteilung der Bundesregierung，358.

公平贸易及基于规则的国际秩序和相互信任准则基础上的。印度与德国都是联合国安理会改革的倡导国。在联合声明中，两国政府表达了对彼此成为安理会常任理事国的支持。认为在第 74 届联合国大会上应该探讨这些问题。安理会的改组对稳定及加强基于规则的多边秩序具有决定意义，而安理会中的代表缺失则降低了其决议的合法性和可行性。

联合声明中有两点直接与中国有关。联合声明指出，德印政府还强调阻止发展中国家和低收入国家陷入国家债务危机的重要性，以此暗指中国的“一带一路”倡议导致发展中国家承受了难以承担的债务，进而表达了德印两国的立场。此外，与 2017 年第四次政府间磋商机制[①]一致，本次磋商的联合声明再次强调了航行自由的重要性，同时增加了对贸易不受阻碍的强调。

中亚的阿富汗和伊朗问题也是联合声明所关注的重要政治问题。近年来，印度在阿富汗及中亚的影响不断加强，在反恐与防务合作、发展伙伴关系及关键联通节点建设等领域收效显著。[②] 而德国也是西方在阿富汗投入军事和公共援助最多的国家之一。很长时间以来，德印之间在阿富汗重建问题上就存在合作，双方都支持阿富汗逐渐发展自身的国家安全治理能力。[③] 此次磋商的联合声明指出，印度欢迎德国充当阿富汗内部和谈的角色，德国也称赞印度在阿富汗发展和重建工作中的贡献。双方都希望建立一个稳定、统一、繁荣、多元与和平的阿富汗。双方也强调了国际阿富汗联系小组和伊斯坦布尔议程是解决阿富汗问题的重要地区机制。而在伊朗问题上，印度在联合声明中也表达了对继续维持伊朗核协议的支持，并指出有关问题应该通过政治协商和平解决。

就德印双边关系而言，联合声明中强调了推动德印军事交流及合作的重要性。声明指出，德国将努力推动国际、欧盟和德国国内的有关规定有利于对印度的军事装备出口和技术交流。德国承诺将推动与印度在军事装备制造领域的深度合作以及印度政府的“印度制造”倡议。目前，印度对引进德国军事装备有着非常浓厚的兴趣，双方近年来在这个领域进行了深入的交流。

---

① Gemeinsame Erklärung zu den 4. Deutsch-Indischen Regierungskonsultationen vom 30. 5. 2017, S. 2.

② 吴兆礼：《印度“连接中亚政策”：推进路径与成效》，《国际问题研究》2019 年第 6 期。

③ Erste deutsch-indische Regierungskonsultationen, 31. 5. 2011, https://archiv. bundesregierung. de/archiv-de/erste-deutsch-indische-regierungskonsultationen – 602642.

例如，在海军装备领域，德国与印度合作研制的潜艇被两国视作维持印度洋区域稳定的重要物资。德国还承诺提升不同系统的建造检验体系并确保相关系统的质量。此次默克尔访印，也确定了至少两年一次的双边国防部部长常规对话机制。

在外交上，联合声明指出，要加强双方政府的磋商和信息交流，首先是将目前每年都进行的双边外交部国务秘书的磋商机制化。其次，减少两国医疗专家相互来往的阻碍。印度政府还表示认可德国政治基金会在通过开展教育和对话活动来开展公民社会和科学交流中所扮演的角色。① 德国政府还强调了与印度共同捍卫多边贸易体系及加强多边主义的重要性。默克尔表示，很高兴印度也加入了由德国外交部部长发起并力推的“多边主义者联盟”计划。此行中，默克尔与莫迪对此进行了深入探讨。②

默克尔将自己视作“自由世界的领导人”。她希望尽可能避免谈及印度国内出现的一些问题，而强调与印度的合作。③ 只是在回答德国记者的提问时，默克尔才指出，克什米尔民众的生活已经不可持续，需要得到改善。④ 正如德国舆论所指出的，德国与印度之间尽管存在很多不同，但双方有一个基本的共识——自由民主价值观，这是与德中关系不一样的。因此，在很多领域尽可能紧密地与印度进行合作符合德国的利益。⑤ 印度很清楚，一个更加强大的印度对西方来说会是一个更有吸引力的盟友。通过与德国的合作，可以提升印度在国际政治中的地位，并获得经济和技术上的发展。

三　近年来德印经贸关系的发展

德国一直是印度在欧盟内的最大贸易伙伴。自 2013 年以来，印度与德

① Gemeinsame Erklärung anlässlich der 5. DeutschIndischen Regierungskonsultationen am 1. 11. 2019in New Delhi, Pressemitteilung der Bundesregierung.

② Rede von Bundeskanzlerin Dr. Angela Merkel bei der 63. Deutsch-Indischen Handelskammer am 2. November 2019 in Neu-Delhi, Bulletin der Bundesregierung, Nr. 128 – 1 vom 4. 11. 2019.

③ Kommentar: Indien-Partner mit Potenzial, https://www. dw. com/de/kommentar-indien-partner-mit-potenzial/a – 51092078.

④ Current situation in Kashmir not good and not sustainable, says Angela Merkel, 1. 11. 2019, https://www. thehindu. com/news/national/german-chancellor-angela-merkel-on-jammu-and-kashmir/article29856547. ece.

⑤ Partner Indien, 1. 11. 2019, https://www. faz. net/aktuell/politik/ausland/deutsch-indische-beziehungen-nicht-frei-von-konflikten – 16463763. html.

国的贸易稳中有升。2019 年印度是德国在全球第 24 大贸易伙伴，贸易规模达到了 213.2 亿欧元。[①] 从表 5－1 可以看出，德印贸易中印度长期处于入超地位，从德国输入的货物要多于输出的货物。印度对德国货物的需求大于德国对印度货物的需求。这与中国、越南和东南亚地区等重要的全球制造业基地长期对德保持大额贸易顺差存在显著的区别。同时，我们可以发现，自 2017 年以来，德印贸易的增长明显提速。其中，德国对印出口增长要快于从印度的进口。其中，印度从德国进口的主要是光学和医学设备、机械和工程器械、汽车和各种零部件，而主要向德国出口纺织品和化学品等。

表 5－1　2014～2019 年德国对印度贸易统计数据

单位：亿欧元

	2014 年	2015 年	2016 年	2017 年	2018 年	2019 年
出口	89.24	97.71	98.02	106.92	125.01	119.32
进口	70.61	75.62	76.21	84.56	89.31	93.88
总计	159.85	173.33	174.23	191.48	214.32	213.20

资料来源：Statistisches Bundesamt，*Rangfolge der Handelspartner im Aussenhandel der Bundesrepublik Deutschland*，Wiesbaden，2014－2019。

近年来，印度经济增长迅速，其经济增长率已经超过了中国。莫迪政府治下推动的大规模基础设施建设和城市化，加上印度充足且便宜的劳动力，使印度成了国际资本投资的首选地之一。对印度来说，境外直接投资（FDI）是可以帮助其发展提供资本和技术，并在此基础上更新基础设施、提供就业机会和为国内消费者提供更好的产品和服务的重要资源。据联合国贸易和发展会议（UNCTAD）最新公布的数据，2019 年，印度总共吸收了 490 亿美元的境外直接投资，比 2018 年增加了 16%。[②] 在这些投资国中，德国并非对印度投资最高的，甚至低于同样来自欧洲的荷兰。2000～2019 年，德国是印度

① 这一数据与 2019 年印度最大的贸易伙伴美国（879.5 亿美元）和中国（870.7 亿美元）还有很大的差距。US Surpasses China to Become India's Top Trading Partner，23.2.2020，The Economic Times，https://economictimes.indiatimes.com/news/economy/foreign-trade/us-surpasses-china-to-become-indias-top-trading-partner/articleshow/74264765.cms? from = mdr.

② 相比之下，中国 2019 年的境外直接投资为 1400 亿美元，不过这个数据与 2018 年（1390 亿美元）相比几乎没有增长。India among Top 10 FDI Recipients，Attracts $49 Billion Inflows in 2019：UN Report，20.1.2020，https://www.thehindubusinessline.com/economy/india-among-top-10-fdi-recipients-attracts-49-billion-inflows-in-2019-un-report/article30608178.ece.

的第七大境外直接投资来源地。总计在印度投资了约 119 亿美元。而 2017 ~ 2018 年，德国向印度投资了 11.46 亿美元。这些投资主要流入了交通运输、电力设备、冶金工业、服务业（主要是保险业）、化学工业、建筑业、外贸和汽车等行业。目前，印度国内已经成立了 600 多家德印合资企业。而印度则是德国在海外境外直接投资的第六大接收国。①

考察自 2000 年以来德国对印度投资的变化轨迹可以发现，2000 ~ 2010 年，德国对印度投资始终在每年 2 亿 ~ 6 亿美元间徘徊。而从 2011 年开始，德国对印投资大幅增加，基本上每年维持在 10 亿美元以上。② 在很多德企眼里，印度的形象比同样处于经济高速增长的中国要差很多。③ 但德国投资者普遍对未来几年印度经济增长及在印继续投资十分乐观。德国投资者认为，印度的官僚主义、基础设施缺乏、腐败及缺乏掌握技术的劳动力是影响企业在印度做生意的四个主要障碍。2000 ~ 2018 年的德国对印投资主要流入了汽车领域（21.21%）、保险和金融领域（15.29%）、机械和工程领域（11.98%）、化肥之外的化学品领域（7.21%）以及贸易领域（6.82%）。这一比例水平在今天依然如此。④

与中国一样，在国内经济逐渐发展，与全球经济的联系迅速加强后，印度对德投资也从无到有，并对德国社会造成了一定的影响。印度政府认为，印度企业的对外投资及并购会为印度及他国合作提供一个有效的中介。不仅可以促进出口的增长和技术转移，还为印度企业打开了更广阔的的世界市场，进而提升了印度企业的品牌价值，增加了就业岗位。⑤ 2007 ~ 2018 年，印度总共对外进行了 2811 亿美元投资。而在印度对外投资的目的地中，德国低于同属欧洲的荷兰（436 亿美元）、英国（128 亿美元）和瑞士（104 亿美元），位列第 22 位，总计得到了 10.8 亿美元的投资。而自 2015 年以来，印度对德投资明显增长，一度达到了一年 1.75 亿美元。按不同投资领域来划分，62% 的投资流入了德国的制造业，22% 的投资流入了金融和服务业，

① https://www.investindia.gov.in/country/germany.

② German Investments in India, in AHK India, *Annual Review* 2018, p. 91.

③ Christian Wagner, *Die Deutsch-indischen Beziehungen*, IFRI, 5.2011, S. 6.

④ German Investments in India, in AHK India, *Annual Review* 2018, p. 89.

⑤ Indian Investments in Germany: A Comprehensive Update of the FDI Stock and Trends, in AHK Indien, *Annual Review* 2018, p. 97.

13%的投资流入了批发、零售和卫生行业。[①]

2019年11月，默克尔访印时的很多活动涉及与印度的经贸技术合作。长期以来，吸收德国的投资和德国的先进技术与经验一直是印度各届政府的共同愿望。印度政府借助各种平台向德国表示欢迎德国的高科技产品出口到印度，同时“印度会为德国投资提供稳定的大环境，并且是一个正在增长的市场”。[②] 印度政府表示，希望德国加大在印度的直接投资。

默克尔认为，印度市场具有重大的潜力。欧盟应该与印度重新展开关于自由贸易协定的谈判。默克尔表示，自欧印自由贸易协定谈判在2013年因公共采购系统和农业等问题而停滞以后，印度应该和新一届欧盟理事会重新展开自贸协定谈判，德国会在其中发挥推动作用。德国目前正在与印度谈判德国援建高速铁路等问题，并期望在数字化、创新、健康和农业等领域与印度加强合作。德国企业与印度信息技术企业的合作也被德国所看好。默克尔还指出，德国和印度今后将在气候保护和科技创新等领域进行合作。[③] 此次访印，默克尔还亲自考察了德国马牌轮胎设在德里的生产基地以及一个太阳能发电站。

此次默克尔访印之行是对双边经贸关系的一大推动。默克尔在访问中表示，印度过去20年都保持了7%以上的经济增长，印度还拥有广大且活力十足的市场，这些都十分吸引德国企业。此行中，除了西门子首席执行官乔·凯泽（Joe Kaeser）之外，随访的德国经济代表团绝大多数由德国的中型企业组成。这些中小企业对印度市场十分感兴趣，但同时对印度国内的官僚主义对投资造成的消极影响感到疑虑，因此迫切希望加强对印度的了解。在此次的会谈中，默克尔与莫迪探讨了德国在印度企业投资所遇到的各种阻碍，同时也涉及了印度企业在欧洲投资时所遇到的问题。默克尔对印度承认，欧洲也存在相当多的官僚主义现象，德国将和欧盟委员会进行探讨，以简化各种程序。[④]

---

① Indian Investments in Germany: A Comprehensive Update of the FDI Stock and Trends, in AHK Indien, *Annual Review* 2018, p. 97.

② Erste deutsch-indische Regierungskonsultationen, 31. 5. 2011, https://archiv. bundesregierung. de/archiv-de/erste-deutsch-indische-regierungskonsultationen – 602642.

③ Rede von Bundeskanzlerin Dr. Angela Merkel bei der 63. Deutsch-Indischen Handelskammer am 2. November 2019 in Neu-Delhi, Bulletin der Bundesregierung, Nr. 128 – 1 vom 4. 11. 2019.

④ Rede von Bundeskanzlerin Dr. Angela Merkel bei der 63. Deutsch-Indischen Handelskammer am 2. November 2019 in Neu-Delhi, Bulletin der Bundesregierung, Nr. 128 – 1 vom 4. 11. 2019.

默克尔此行的一个成果是与印度政府协商开启了德国企业在印投资的快速管理机制，即如果德国企业在印度投资受到阻碍，可以请求德国驻印度大使馆提供援助，并通过使馆直接连通与印度总理府协商解决问题的渠道。由于印度的很多决定是由邦作出的，因此德国企业希望能够在印度所有的邦中都获得类似的援助。默克尔认为，德印双方应该尽快达成新的保护在印德国投资的规定。原有的规定已在2016年失效。①

德国驻印商会目前已经是德国在全球最大的商会组织，大约有1800家德国企业在印投资。默克尔曾提醒对印度市场感兴趣的德国企业，印度是一个内在极其多元且幅员辽阔的国家。因此，有很多德国企业在印度投资并不让人感到奇怪。②

在德印的经贸技术交流中，印度留学生和技术人员愈发扮演了重要的角色。在此次访印中，默克尔还特意强调了德国招募印度技术人才和学生的重要性。目前，有20000名印度学生在德国学习。默克尔表示，德国欢迎更多的印度学生赴德。她指出，德国驻印商会应该在印度人才的招募中起到重要的节点作用。很长时间以来，德国企业都抱怨从外交部和内政部完成有关人员的签证手续显得极其漫长。默克尔指出，德国政府现在会与经济界就此问题进行开放讨论。③ 此行中，默克尔与印度政府签订了技术人员引进法案。默克尔表示，由于印度英文教育的普及，所以印度技术人才前往德国时不会有太大的语言障碍。尽管德国很高兴看到更多能够讲德语的印度学生或技术人员，但在德国接受培训首要的是专业能力，然后才是德语的知识技能，“不再需要说流利的德语才能在德国接收培训”。④

四 结语

在德国眼里，印度是全球范围内最为重要的可持续增长伙伴和价值观盟

① Rede von Bundeskanzlerin Dr. Angela Merkel bei der 63. Deutsch-Indischen Handelskammer am 2. November 2019 in Neu-Delhi, Bulletin der Bundesregierung, Nr. 128 – 1 vom 4. 11. 2019.

② Rede von Bundeskanzlerin Dr. Angela Merkel bei der 63. Deutsch-Indischen Handelskammer am 2. November 2019 in Neu-Delhi, Bulletin der Bundesregierung, Nr. 128 – 1 vom 4. 11. 2019.

③ Merkel sieht gute Chancen für deutsche Wirtschaft in Indien, 2. 11. 2019, https://www.dw.com/de/merkel-sieht-gute-chancen-f%C3%BCr-deutsche-wirtschaft-in-indien/a – 51088402.

④ Rede von Bundeskanzlerin Dr. Angela Merkel bei der 63. Deutsch-Indischen Handelskammer am 2. November 2019 in Neu-Delhi, Bulletin der Bundesregierung, Nr. 128 – 1 vom 4. 11. 2019.

友之一。德印关系也主要依据这两个层面的合作来展开。在可持续增长伙伴领域，德国的发展援助呈现了提供方与合作方多元、援助面广泛和与公民社会合作强健等特点。德国在印度的全民医疗保险、农村与城市化建设、可再生能源利用及环境保护等多方面都进行了深入参与。通过提供发展援助，德印两国可以共同应对全球气候变化，并减少印度的经济和社会不平等。目前，德国在这方面已经取得了一定的成绩。

德国的对外发展援助政策目前正在进行一场大调整。在这场调整中，强调“公平贸易”而非“自由贸易”，改善全球供应链上的工作环境，加强与公民社会组织合作以及减少发展援助对象国，聚焦正在崛起的发展中国家等成了德国发展援助政策要实现的主要目标。① 而包括印度在内的南亚国家无疑是这一政策的重中之重，加强与印度在发展援助领域的合作成了德国政府对印政策的重点。

在政治交往上，默克尔政府主要将印度当作德国在亚洲的重要价值观合作伙伴，并以捍卫共同的价值观为基础，在全球和双边等诸多领域进行了合作。德印政府间磋商机制对这一合作起到了极其重要的推动作用。为了推动建立与印度的价值观合作伙伴关系，德国政府对于克什米尔等敏感问题并不愿意多谈。

无论是在发展援助还是政治经济合作领域，中国都是德印两国直接或间接的对象国。在发展援助领域，德国批评中国的对外投资和援助模式，并将中国作为德国在印度援助的重要竞争者。而在政府磋商中，德印多次提及航行自由问题和中国的“一带一路”倡议。而德国对欧印自贸协定签署的积极推动，可能会对欧中贸易产生某种负面影响。由于欧印贸易结构与欧中贸易相近，欧印自由贸易协定的达成可能会冲击到欧中贸易。②

尽管德国已经是印度在欧盟内的第一大贸易伙伴，但是目前为止，无论是在经济上还是在政治上，德国与印度的合作关系都仍未充分开展，留下了非常大的继续发展空间。印度不仅不能和中国相比，比起同样作为发展中大国的越南，印度也没有得到德国方面的足够重视。

---

① Michael Bohnet, *Geschichte der deutschen Entwicklungspolitik*, S. 224 - 227.

② 林民旺：《印度—欧盟战略伙伴关系的发展动力及前景》，《欧洲研究》2015 年第 4 期。

第六章

推动建设现代阿富汗国家：德国对阿富汗政策

2018 年 1 月 21 日，来自巴登－符腾堡州、在阿富汗进行援助活动的德国志愿者布丽吉特在出席国际社会组织的为当地聋哑人提供柴火和铅笔的活动之前，被塔利班在喀布尔洲际酒店枪击身亡。[①]近年来，阿富汗境内发生的针对德国人和德国设施的袭击事件有增无减。2017 年 5 月，德国驻阿大使馆也受到了炸弹袭击。如何应对阿富汗问题，已经成为德国政府执政所绕不过的重要事项之一。本章将围绕近年来德国的阿富汗政策所关注的重点事务和主要内容，探析德国对阿富汗政策及其在阿所开展的各种行动的主要关注目标，并探讨其特点及影响。

一 德国积极介入阿富汗问题的原因及相关争论

阿富汗难民问题是目前德国社会在讨论阿富汗议题时所最为关切的主题。这直接与近年来大规模阿富汗难民进入德国以及德国政府对此问题的应对有关。根据德国联邦移民与难民局提供的数据，截止到 2017 年底，阿富汗人是仅次于叙利亚人和伊拉克人的德国第三大避难申请团体。[②] 同时，德国仍是欧洲国家接收阿富汗难民最多的国家。[③] 过去七年，大约有 20

---

① Kabul: Deutsche Entwicklungshelferin bei Anschlag erschossen, Bild NRW, 23. 1. 2018.

② Bundesamt für Migration und Flüchtlinge, Aktuelle Zahlen zu Asyl, 11. 2017.

③ Afghanische Flüchtlinge in Europa 2017: Zahlen, 22. 12. 2017, https://thruttig. wordpress. com/2017/12/22/afghanische-fluchtlinge-in-europa－2017－zahlen-aktualisiert.

万阿富汗人前来德国寻求避难。[①] 2017 年 4 月，联邦政府发布的数据指出，德国共有 25.5 万名阿富汗人居住。而到 6 月 30 日为止，约有 10000 名应该被遣返出境的阿富汗难民滞留在德国，这个数字已经比前一年减少了 5000 人。[②]

近年来，阿富汗国内安全局势持续恶化，不仅针对普通平民的恐怖袭击频繁猖獗，连德国驻阿大使馆和洲际饭店等受到层层保护的区域也屡次遭到恐怖分子袭击。据联合国难民署统计，主要受到战争影响，2017 年阿富汗大约有 40 万人成为新增难民。[③] 而从 2018 年 1 月到 2 月中旬，又有约 18500 人成为难民。[④] 除了难民流入德国外，受到极端思想蛊惑的德国公民远赴阿富汗加入塔利班等极端组织，也是德国政府亟须处理的问题。例如 2018 年 2 月底，就有一名为塔利班军事武装担任军事参谋的德国公民被阿富汗政府逮捕。[⑤]

阿富汗难民已经对德国政府的行政管理能力构成了巨大挑战，并成为德国社会所关注的棘手问题。2016 年 7 月，一名 17 岁的阿富汗难民持斧头在德国列车上砍伤多人，引起了德国社会的巨大震动。而据调查，到 2017 年底，约有 30000 名难民申请被拒的阿富汗人不知去向。德国政府甚至不知道他们是否继续留在了德国还是已前往其他国家。[⑥]

目前，阿富汗难民的去留问题已经成为德国各党争论的焦点之一。一方面，从基于捍卫人道和人权的价值观出发，德国政界主流仍然反对对阿富汗难民实施大规模遣返。即使遣返，也只是将一小部分有犯罪记录或嫌疑的难民送回国。尽管自 2015 年来，已经约有 82000 名阿富汗难民的避难申请被

① Abschiebeflug nach Kabul hat nur 19 Afghanen an Bord, 23. 1. 2018, https://www. welt. de/politik/deutschland/article172781109/Fluechtlinge-Abschiebeflug-nach-Kabul-hat-nur - 19 - Afghanen-an-Bord. html.

② Afghanen dürfen in Deutschland bleiben, 9. 8. 2017, http://www. zeit. de/politik/deutschland/2017 - 08/fluechtling-afghanistan-deutschland-abschiebung-ausnahme-sicherheitslage.

③ Afghanen dürfen in Deutschland bleiben, 9. 8. 2017, http://www. zeit. de/politik/deutschland/2017 - 08/fluechtling-afghanistan-deutschland-abschiebung-ausnahme-sicherheitslage.

④ Afghanistan: Conflict induced displacements, 25. 2. 2018, https://www. humanitarianresponse. info/en/operations/afghanistan/idps.

⑤ Deutscher Berater in Afghanistan gefasst, Neues Deutschland, 1. 3. 2018, https://www. neues-deutschland. de/artikel/1081026. deutscher-mutmasslicher-taliban-berater-in-afghanistan-gefasst. html.

⑥ Die meisten Afghanen tauchen kurz vor der Abschiebung unter, 3. 12. 2017, https://www. welt. de/politik/deutschland/article171163472/Die-meisten-Afghanen-tauchen-kurz-vor-der-Abschiebung-unter. html.

德国政府拒绝。① 但这些人目前仍大量滞留在德国。在德国政坛，社民党、绿党和左翼党都反对政府此时将阿富汗难民遣返回国。② 在阿富汗国内安全局势恶化的情况下，社民党、左翼党和绿党对政府正在进行的遣返部分阿富汗难民的计划作出了强烈指责。例如，社民党呼吁暂时中止遣返阿富汗难民的行动，但那些难民中的犯罪分子则应该继续被遣返。③ 而绿党领袖奥兹德米尔则强调阿富汗并不安全，因为即使是阿富汗首都的安全区恐怖分子都会进行炸弹袭击。纽伦堡甚至发生了抗议遣返阿富汗难民的人群与警察之间的骚乱事件，其中有 9 名警察受伤，5 名示威者被抓。④左翼党甚至认为，这样做违背了人权；而政府之所以执意遣返阿富汗难民，是为了博取德国另择党（AfD）同情者的支持。⑤

而另一方面，德国社会和政界的右翼势力则认为阿富汗难民流入德国给德国社会带来了巨大的危机，应该迅速将其遣返回国。有丰富阿富汗社会活动经历的莱因哈德·艾瑞斯（Reinhard Erös）医生认为，阿富汗不是叙利亚，尽管有袭击却并没有爆发战争。德国政府和媒体对难民的欢迎和大肆报道在阿富汗引发了一股逃往德国的热潮。⑥而作为联邦议院最大的反对党，德国另择党有关阿富汗的言论和政策与德国传统政治精英有着很大的不同。早在凭借 2017 年秋季大选进入联邦议院前，另择党就已在阿富汗问题上强烈批评了德国政府的做法。在难民问题上，它也非常强硬，认为应该立即遣返那些避难申请被拒的阿富汗难民，而不要进行新的有关阿富汗等国安全状况

---

① Abschiebeflug nach Kabul hat nur 19 Afghanen an Bord, 23. 1. 2018, https://www. welt. de/politik/deutschland/article172781109/Fluechtlinge-Abschiebeflug-nach-Kabul-hat-nur – 19 – Afghanen-an-Bord. html.

② Abschiebeflug nach Kabul hat nur 19 Afgahanen an Bord, 23. 1. 2018, https://www. welt. de/politik/deutschland/article172781109/Fluechtlinge-Abschiebeflug-nach-Kabul-hat-nur – 19 – Afghanen-an-Bord. html.

③ Schulz will Abschiebungen nach Afghanistan aussetzen, 1. 6. 2017, http://www. zeit. de/politik/deutschland/2017 – 06/anschlag-kabul-afghanistan-abschiebungen-martin-schulz.

④ Merkel hält an Afghanistan-Abschiebungen fest, 1. 6. 2017, http://www. spiegel. de/politik/deutschland/anschlag-in-kabul-angela-merkel-haelt-an-afghanistan-abschiebungen-fest-a – 1150252. html.

⑤ Die Bundesregierung hofft, Eindruck bei AfD-Sympathisanten zu schinden, 13. 9. 2017, http://www. handelsblatt. com/politik/deutschland/sammelabschiebung-die-bundesregierung-hofft-eindruck-bei-afd-sympathisanten-zu-schinden/20322904. html.

⑥ Hat Angela Merkel Afghanistan nach Deutschland eingeladen?, 6. 1. 2018, https://www. journalistenwatch. com/2018/01/06/hat-angela-merkel-afghanistan-nach-deutschland-eingeladen.

问题的讨论。[①]

我们可以看到，默克尔在遣返阿富汗难民问题上其实是倾向于左翼的，但又由于对谴责者的顾虑，因此始终在阿富汗安全局势恶化的情况下继续遣返难民。例如，2017 年 12 月初，德国政府就将 27 名阿富汗难民遣返回国。[②]不过，迄今为止，德国政府在这个问题上的行动是缓慢且低效的。而德国政府驱逐部分阿富汗人的做法也引起了阿富汗的不满。例如，拥有巨大影响的阿富汗前总统卡尔扎伊直接对德国媒体表示，德国政府不应该将这些避难申请者送回“缺乏安全、没有希望的”阿富汗。卡尔扎伊还呼吁德国加大对阿富汗的援助力度，以使其成为“和平和稳定的国家”，“这可不只与难民问题有关”。[③]

在阿富汗难民问题的困扰下，德国自 2001 年开始在阿富汗所进行的军事、经济和社会重建工作，实际上成了德国政府解决难民问题的根本办法。2018 年 2 月 7 日出炉的大联合政府《联合执政协议》指出，德国政府将会继续支持阿富汗的重建工作，使得该国最终能够出现一个行之有效的安全治理体系，并处理自身的安全问题。德国将继续和盟国一起，尤其在阿富汗北部地区开展军事和公共民事活动。同时，德国也准备在阿富汗所属的亚洲地区进行更多的经济、社会和安全政策方面的投入。[④]

二 国家建设：德国在阿富汗的政治和社会重建工作中的作用

德国与阿富汗的官方交往始于 1915 年。当时德皇威廉二世派出使节前往阿富汗与阿方接触，要其站在德国一方参加第一次世界大战。尽管这一请求被阿富汗拒绝，但此举却成了双边官方关系的开端。由于历史上没有对阿

---

① Alexander Gauland：Die europäische Flotte muss Migrantenboote zurückschicken，7. 2. 2017，https://www. afd. de/gauland-die-europaeische-flotte-muss-migrantenboote-zurueckschicken.

② 27 Flüchtlinge nach Afghanistan abgeschoben ywei davon sind gefährder，7. 12. 2017，https://rtlnext. rtl. de/cms/27-fluechtlinge-nach-afghanistan-abgeschoben-zwei-davon-sind-gefaehrder – 4135621.html.

③ Hamid Karzai zu Abschiebungen von Afghanistan aus Deutschland：“Zurück in die Gefahr”，7. 12. 2017，https://deutsch. rt. com/inland/61777-hamid-karzai-zu-abschiebungen-von-afghanen-aus-deutschland.

④ Koalitionsvertrag zwischen CDU，CSU und SPD，7. 2. 2018.

富汗进行过侵略，并且是阿富汗最主要的外部威胁，即英国及俄国的主要竞争对手，从阿富汗1919年独立到1945年第二次世界大战结束前，德国曾一度成为阿富汗在国际上保持国家独立和发展的“第三国主义”外交的最主要目标。在这段时间内，德国甚至成了阿富汗最重要和最有影响力的援助国。德国工程师、技术人员和医生大量进入阿富汗援助该国的经济建设。[①] 很多阿富汗人甚至认为，德国和阿富汗人拥有共同的祖先，都是雅利安人的后代。[②] 可以说，目前德国在阿富汗拥有良好的国家形象，是阿富汗政府极为看重的国际合作伙伴。

近年来，德阿高层多次互访，双方关系密切。默克尔2005年任职德国总理以来，已多次访问阿富汗。在其访阿时，默克尔不仅视察了驻阿德军，还看望了在这里工作的德国援阿重建人员。她强调，阿富汗重建不能只依赖军事力量。而德国在阿富汗的政策目标是要让阿富汗人一步步掌握自己的命运。阿富汗的重建工程必须体现“阿富汗的面孔”。[③] 2017年12月20日，德国外交部部长加布里尔访问了阿富汗。他在行程中表示，阿富汗政府需要进一步推动全国的改革，尤其是在司法和反腐败等领域。同时，应该确保公正与和平的选举。他对阿方保证，德国会履行对阿富汗作出的承诺。[④]

与此同时，阿富汗政府和政界高层也多次前往德国就本国的重大问题进行协商。在2001年塔利班政权被推翻后，德国是国际社会上较早提出支持阿富汗重建工作的国家之一。塔利班倒台后，德国政府迅速邀请阿富汗各政治力量前往波恩参加重建工作协商，因此也在阿富汗各种政治势力中赢得了信任和友谊。这之后，德国又在2011年在波恩举办了第二届会议。此后，德国政府已在2018年夏在波恩举办了第三次阿富汗问题的各方会谈。德国认为，冲突各方都应该知道，阿富汗的和平仅靠军事手段是不能实现的，政治外交手段在这里会起到重要的作用。同时，阿富汗的邻国也应该加入这一

---

① 张安、刘蕾蕾：《脆弱的“第三国主义”：1919～1945年的阿富汗对德外交和阿德关系的演变》，《东南亚南亚研究》2016年第2期。

② Rückblick：die deutsch-afghanischen Beziehungen，26. 8. 2016，https://www.planet-wissen.de/kultur/naher_und_mittlerer_osten/afghanistan/pwierueckblickdiedeutschafghanischenbeziehungen100.html.

③ Merkel in Afghanistan：Die Kanzlerin zeigt Flagge，4. 11. 2007，http://www.faz.net/aktuell/politik/ausland/merkel-in-afghanistan-die-kanzlerin-zeigt-flagge-1491409.html.

④ Außenminister Gabriel besucht Afghanistan，http://www.afghanistan.diplo.de/Vertretung/afghanistan/de/03/besuch-sigmar-gabriel.html.

会谈进行协商。目前德阿政府之间的一个分歧在于，是否邀请塔利班前往波恩参会。阿富汗总统加尼已经向塔利班请求停火，并制定了相应的妥协措施。他甚至指出，塔利班即使未能获邀参会，也会被阿政府承认为合法的政治组织。[①]

在军事领域，德国联邦国防军自 2003 年起在阿富汗执行任务，这也是二战结束后德国军队在海外驻扎时间最长的任务。目前，联邦国防军的驻地位于阿富汗北部的马扎尔沙里夫，其在喀布尔、巴格兰以及昆都士等地也都执行着包括军事和人道主义救援等在内的各种任务。根据联邦议院的授权，这支部队最多可以达到 980 人。[②] 目前，人们普遍比较注意联邦国防军在阿富汗的活动，而忽视了德国在其他领域的参与。其实，这些领域的活动也是德国在阿富汗的重点追求。[③]

以西方价值观和治理模式全面提升阿富汗国家的治理能力是德国在阿富汗工作的重点之一。2014 年 3 月，德国联邦经济合作与发展部专门为今后几年与阿富汗的合作制定了新战略。这份战略回顾了过去几年德国在阿富汗工作的成效，并谋划了今后几年的工作重点，表示联邦政府将在政府治理领域提供更多的资金。[④] 德国认为，效率低下且不透明的公共财政管理体系限制了阿富汗国家能力的提升。因此，反腐败工作会增强阿富汗政府的合法性。这份报告发现，在改善阿富汗的政治参与领域，阿富汗各级政府在进行决策时，愈发积极地吸收公民社会组织的参与。报告认为，增加政治参与的目的是使民众获得参与决策的机会，并协调利益冲突方。[⑤] 按照该部的解释，德国在阿富汗重建中的中心任务就是“构建尊重和保护人权，消除腐败和毒品贸易，创建拥有国内安全和值得信赖的法律体系的阿富汗，并使阿富汗政府能够被其公民承认为合法的机构。政府会为其公民带来法治，提供发展机会

① Deutschland schlägt Afghanistan-Konferenz in Bonn vor, 1. 3. 2018, http://www.general-anzeiger-bonn.de/bonn/stadt-bonn/Deutschland-schl% C3% A4gt-Afghanistan-Konferenz-in-Bonn-vor-article3796248.html.

② Der Einsatz in Afghanistan, 12. 12. 2017, http://www.einsatz.bundeswehr.de/portal/a/einsatzbw/start/aktuelle_einsaetze/afghanistan/info_isaf.

③ Außenminister Gabriel besucht Afghanistan, http://www.afghanistan.diplo.de/Vertretung/afghanistan/de/03/besuch-sigmar-gabriel.html.

④ Bundesministerium für Wirtschaftliche Zusammenarbeit und Entwicklung, *Neue Entwicklungspolitische Strategie für die Zusammenarbeit mit Afghanistan im Zeitraum 2014 – 2017*, 3. 3. 2014.

⑤ Bundesministerium für Wirtschaftliche Zusammenarbeit und Entwicklung, *Neue Entwicklungspolitische Strategie für die Zusammenarbeit mit Afghanistan im Zeitraum 2014 – 2017*, 3. 3. 2014.

和发表意见的权利，并自行承担对政治经济发展的主要工作”。[①] 德国政府认为，阿富汗政府能够向其民众提供现有问题的政治和经济的解决方案也是德国的利益所在，而“阿富汗国家和社会的充分稳定”以及“法治和有效地对人权的保护”是“这一切的前提”。[②] 从中可以看出，德国政府是以西方的政治和社会价值观和原则来开展阿富汗重建工作的。

就地域来看，德国援助主要集中在首都喀布尔的重建工作，以及阿富汗东北部地区的巴达赫尚、巴格兰、巴尔赫、昆都士、萨曼甘和塔哈尔等省。[③]

2009 ~2016 年，联邦经济合作与发展部同外交部一起，总共投入了 23.95 亿欧元到阿富汗的各类重建工作中。其中，投入最多的是“善治”领域。在该领域的投入接近德国政府在阿所有投入的一半，达到了 10.5 亿欧元，以此在阿富汗构建“法治国家、公共政治参与和公共管理体系”。此外，德国政府还在阿富汗经济就业振兴领域投入了 3.93 亿欧元。[④]

表 6 -1　2009 ~2016 年德国联邦经济合作与发展部同外交部向阿富汗提供的援助

单位：亿欧元

善治	经济就业振兴	能源	水资源供应及废水回收	教育及培训	跨领域任务[⑤]	健康与急救
10.50	3.93	3.17	2.50	1.43	1.37	1.05

资料来源：Bundesministerium für Wirtschaftliche Zusammenarbeit und Entwicklung, *Die deutsche Zusammenarbeit mit Afghanistan*, 11.2016。

警察能力的提升是构建国家治理能力的一个重要组成部分。德国警察在阿富汗的主要目标是“使对德国及其盟友的恐怖主义威胁不能继续在阿富汗的土地上滋生，并遏制这个地区出现的不稳定局面”。[⑥] 德国警察工程队（GPPT）在阿富汗的主要工作包括协助和培训当地警察等。例如，2016 年初

① Bundesministerium für Wirtschaftliche Zusammenarbeit und Entwicklung, *Die deutsche Zusammenarbeit mit Afghanistan*, 11.2016.

② Deutsche Polizei setzt Engagement in Afghanistan fort, http://www.afghanistan.diplo.de/Vertretung/afghanistan/de/03/Polizeiaufbau/__Polizeiaufbau__Unterbereich.html.

③ Bundesministerium für Wirtschaftliche Zusammenarbeit und Entwicklung, *Die deutsche Zusammenarbeit mit Afghanistan*, 11.2016.

④ Bundesministerium für Wirtschaftliche Zusammenarbeit und Entwicklung, *Die deutsche Zusammenarbeit mit Afghanistan*, 11.2016.

⑤ 跨领域任务包括危机管理、通信以及监控和评估等。

⑥ Deutsche Polizei setzt Engagement in Afghanistan fort, http://www.afghanistan.diplo.de/Vertretung/afghanistan/de/03/Polizeiaufbau/__Polizeiaufbau__Unterbereich.html.

就有200名德国警察在阿富汗各地开展工作。而北部的马扎里沙里夫和首都喀布尔则仍旧是德国警察的工作重点。近年来，由于阿富汗和国际反恐形势的发展，德国警察工程队进一步加强了其对阿富汗内政部和喀布尔警察总署提供的援助，以“使当地的警察工作更加职业化，遏制偷渡犯罪并使其工作更加合乎法律准则”。同时，德国警察工程队还被要求对当地警察的问题进行指正。①

德国警察工程队在阿富汗各地的工作中还花大力气建立和培训了大量阿富汗警察。例如，2009年德国政府投资120万欧元，在前苏联军事基地为昆都士省修建了一个警察训练中心，从而解决了该地区此类设施急缺的问题，并为当地大都没有任何读写能力的警察提供了再教育和警务能力培训的重要机会。②此外，德国刑事警察专家还与美国及阿富汗的检察官一起，为当地警察进行了专业技能培训（例如犯罪线索寻找及确定等）。③

除此之外，德国有时还直接承担了阿富汗警察的经费。例如，2011年，德国直接替阿政府支付了阿富汗警察约3000万欧元的工资，以此成为仅次于美国、日本和欧盟之后的第四大阿富汗警察工资来源地。④

作为世界工程强国，德国利用自己的工程技术优势，在阿富汗的各大城市建设中也作出了巨大贡献。例如，德国为阿富汗首都喀布尔以及重要城市昆都士及赫拉特的饮用水供应进行了大幅度的改进。⑤ 德国复兴信贷银行还在阿富汗北部各省投资修建了多个妇女及儿童医疗中心，从而在这个地区构建起了远程医疗网络。⑥ 同时，它也投入1650万欧元为阿富汗难民归国后重

---

① Deutsche Polizei setzt Engagement in Afghanistan fort, http://www. afghanistan. diplo. de/Vertretung/afghanistan/de/03/Polizeiaufbau/__Polizeiaufbau__Unterbereich. html.

② Police Training Center in der Provinz Kunduz, 2. 4. 2009, http://www. afghanistan. diplo. de/contentblob/2361440/Daten/469518/FactSheetPolizeitrainingszentrum_dd. pdf.

③ Aus-und Weiterbildung der afghanischen Polizei, Provinz Kunduz & Takhar, 3. 4. 2009, http://www. afghanistan. diplo. de/contentblob/2361438/Daten/469517/FactSheetPolizeiausbildung_dd. pdf.

④ Bundesregierung trägt zur Sicherung afghanischer Polizeigehälter bei, 11. 2011, http://www. afghanistan. diplo. de/Vertretung/afghanistan/de/03/Polizeiaufbau/Bundesregierung__traegt__zur__Sicherung__afghanischer__Polizeigehaelter__bei__s. html.

⑤ Der Einsatz in Afghanistan, 12. 12. 2017, http://www. einsatz. bundeswehr. de/portal/a/einsatzbw/start/aktuelle_einsaetze/afghanistan/info_isaf.

⑥ Förderung der Mutter-Kind-Gesundheit in Nordafghanistan durch den Einsatz von Telemedizin, https://www. kfw-entwicklungsbank. de/ipfz/Projektdatenbank/Foerderung-der-Mutter-Kind-Gesundheit-in-Nordafghanistan-durch-den-Einsatz-von-Telemedizin – 39717.

新融入当地社会提供帮助（如建造住房等）。①

德国与阿富汗的文化合作在2002年重新恢复。在文化教育领域，德国自2003年以来已在阿富汗投入了1.1亿欧元，主要用于阿富汗中小学和高等教育的重建及发展。②同时，德国也积极推动德语及德国文化在阿富汗的传播。2003年9月，已经关闭20年的喀布尔歌德学院重新开放，以适应当地人对学习德语的巨大兴趣。③ 德国的职业教育培训体系世界闻名。在阿富汗，德国也通过输出自身的职业教育和继续教育经验，来为阿富汗培养经济发展人才，使阿富汗经济能够获得持续发展。

德国政府和非政府组织积极进入阿富汗中小学开展工作。一方面，他们为阿富汗中小学修建新的教室、实验室和计算机房等硬件设施；另一方面，德国又十分注重培养阿富汗的教师。为了更好地推动工作的进展，德国还派出教师赴阿富汗讲授德语课程和培训当地师资。④ 目前，在喀布尔及赫拉特有8所德国资助的中学，共计20000名学生将德语作为外语学习。⑤

德国通过积极提供教师和教材参与对阿富汗公务系统的改造工作。德国政府对阿富汗表示，行之有效的公共管理体系是任何国家构架的基础，而教育培训又是形成一个有效的公共管理体系的基础。因此，德国政府、大学与阿富汗高等教育部合作，共同在阿富汗推出有关公共管理的教材，并在阿富汗大学提供基于针对这些教材的课程。⑥

目前，德国与阿富汗在高等教育领域存在密切而深入的合作。德国在阿富汗推行学术重建计划的重点就是推动阿富汗大学老师的专业研究和教学能力，并开发出新的教学课程及教材。波恩大学、科隆大学、杜塞尔多夫大学、埃森大学和柏林工业大学等德国高校纷纷与喀布尔、赫拉特、马扎尔沙

---

① Nachhaltige Rückkehr und Reintegration afghanischer Flüchtlinge, https://www.kfw-entwicklungsbank.de/ipfz/Projektdatenbank/Nachhaltige-Rueckkehr-und-Reintegration-afghanischer-Fluechtlinge-36130.

② Bildung in Afghanistan, http://www.afghanistan.diplo.de/Vertretung/afghanistan/de/06/Bildung/__Bildung__Unterbereich.html.

③ Goethe Institut Afghanistan, http://www.afghanistan.diplo.de/Vertretung/afghanistan/de/06/Weshalb-Deutsch-lernen/Goethe-Institut-Afghanistan.html.

④ http://www.afghanistan.diplo.de/Vertretung/afghanistan/de/06/Schule/__Schule__Unterbereich.html.

⑤ Bilaterale Kultur-und Bildungsbeziehungen, http://www.afghanistan.diplo.de/Vertretung/afghanistan/de/06/__Kultur__Hauptbereich.html.

⑥ Vorstellung eines Lehrbuchs für den Öffentlichen Dienst, http://www.afghanistan.diplo.de/Vertretung/afghanistan/de/06/Hochschule/TextbookLaunch.html.

里夫、贾拉拉巴德和坎大哈等地的大学进行了互助合作。这些高校不仅为其阿富汗合作方组织学术讲座、提供前往德国进行研究的机会，还经常派德国学者赴阿富汗客座交流。德意志学术交流中心（DAAD）还专门派德国教师前往喀布尔和赫拉特的大学，为其创建德语系并开展相关合作研究。此外，近年来，德国各大文教机构纷纷在阿富汗设立了分支机构。例如，德意志学术交流中心在喀布尔设立了学者中心，吸引了来自世界各地的学者前来开展相关研究。柏林工业大学也在喀布尔和赫拉特建立了计算机中心，以提升当地公众的计算机知识。① 德国外交部也对这个项目提供了资金支持。②

由于境内拥有大量阿富汗移民，德国政府还启动了阿富汗裔德国人（主要是第二代移民）短期内为阿富汗工作的“青年专家计划”，以此推动两国国民间的交流和阿富汗的发展。③

在政府层面之外，以非政府组织为代表的德国公民社会以及在构建法治、民主国家等领域与阿富汗的合作是全方位的。例如，著名的马克斯－普朗克国际和平与法治国家基金会与其阿富汗合作伙伴 HBORL 一起，不仅为阿富汗法律工作者提供赴国外攻读博士学位的机会，还为阿富汗培养行政管理干部，支持阿富汗宪法正常发挥作用，以及为阿富汗政府各部的法律工作者进行立法工作培训等。德国国际合作机构也参与了针对阿富汗政府的行政官员培训。此外，德国还资助阿富汗高哈夏德高等教育学院（Gawharshad Institute of High Education）设立了性别科学研究课程，其中尤其注重对妇女权利的探讨，德国还为此提供和翻译了专用教材，这一课程吸引了在社会上受到歧视的阿富汗人及阿政府各部对保护妇女权利感兴趣的职员参与。阿富汗是个多民族国家，德国非政府组织国际医疗组织（Medico International）和阿富汗公民权利及民族组织合作，通过拍摄纪录片的方式推动不同族裔的相互理解，扫除彼此之间的偏见。该组织还在喀布尔、赫拉特和马扎尔沙里夫等地为遭受过各种暴力的妇女提供心理咨

① http://www. afghanistan. diplo. de/Vertretung/afghanistan/de/06/Hochschule/_ _ Hochschule _ _ Unterbereich. html.

② Eröffnung des Afghanischen IT Kompetenzzentrums, http://www. afghanistan. diplo. de/Vertretung/afghanistan/de/06/Hochschule/ITKompetenzZEN. html.

③ Junior-Programm Afghanistan, https://www. cimonline. de/de/bewerber/200. asp.

询、继续教育和法律帮助。[①]德国救济世界饥饿组织和德国政府合作，多年来向急需被套、厨具和卫生用品的阿富汗家庭提供了近4800个包裹。[②]

德国各大政治基金会在阿富汗的活动也不容忽视。阿登纳基金会（KAS）、艾伯特基金会（FES）和伯尔基金会（HBS）等在阿富汗都设有办公室，并开展了极其深入的各种政治活动。以接近社民党的艾伯特基金会为例，该基金会将自己在阿富汗工作的目标定位为加强建设当地的民主体制和公民社会，并鼓励民众参与政治。[③] 近年来，该基金会还与阿富汗地方议会及议员保持着密切的合作，并且为阿各大政党培训领导干部。同时，它还在阿富汗各地通过鼓励公共辩论和各种活动来支持地方上的竞选。[④] 2004年，艾伯特基金会推出了专门面向阿富汗年轻人的青年领导人论坛项目，以此推动年轻人对政治的参与及领导能力的提升。同时，它也推动提升妇女在阿富汗政治中的话语权。[⑤] 此外，艾伯特基金会还在阿富汗致力于建立一个自由开放的舆论环境。它通过组建“青年记者网络”来培训当地的年轻记者，并进行政治方面的对话。同时，它也为政府和非政府组织间的信息传播构建网络。为了推动阿富汗国内有关社会公正问题的探讨，艾伯特基金会还与当地各种组织合作，聚焦那些曾经受到迫害的人，来讨论如何反思历史。[⑥]

除了国内政治领域，艾伯特基金会还广泛参与了与阿富汗有关的国际事务。它支持阿富汗与邻国的政府和公民社会进行对话，以此来促进相互理解，并维护地区稳定。为此，艾伯特基金会多次邀请来自阿富汗及包括中国在内的邻国的有关专家进行对话协商，从而为本地区建立“交流的渠道”。这些对话和活动的内容及结果往往被制作成政策简报，然后发送给本地区和

---

① Deutsches Engagement in Afghanistan-Projekte im Bereich Menschenrechte, Demokratie und Rechtstaat, http://www.afghanistan.diplo.de/Vertretung/afghanistan/de/05/Menschenrechtsprojekte2016.html.

② Winternothilfeprojekte der Deutschen Welthungerhilfe in Afghanistan, http://www.afghanistan.diplo.de/Vertretung/afghanistan/de/05/Beispiele__aus__der__entwicklungspolitischen__Zusammenarbeit/Winternothilfe16.html.

③ Promoting democracy, Creating peace, Shaping globalization, http://www.fes-afghanistan.org.

④ A Constructive Dialogue between Parliament, Governmental Institutions and Civil Society, http://www.fes-afghanistan.org/pages/projects/parliament-governmental-institutions-and-civil-society.php.

⑤ Strengthening Actors in Civil Society-especially Youth and Women, http://www.fes-afghanistan.org/pages/projects/strengthing-actors-in-civil-society.php.

⑥ Fostering the Peaceful Resolution of Conflicts, http://www.fes-afghanistan.org/pages/projects/peaceful-resolution-of-conflicts.php.

德国的政策制定者、媒体及公共社会组织。[①]

迄今为止，阿富汗已成为世界上获得德国政府援助最多的国家。[②] 正如时任外交部部长施泰因迈尔在2015年8月访阿时所说："德国从未向阿富汗之外的世界其他国家提供过如此多的发展援助。"[③] 2016年10月，德国在布鲁塞尔召开的阿富汗问题国际会议上还承诺，到2020年为止，在民用领域将向阿富汗提供17亿欧元的援助。[④]

对于德国政府和社会在阿富汗的大规模投入和重建工作，德国民众的看法是矛盾的。一方面，德国这些年来对阿富汗的大规模援助的确取得了显著的成效。例如在建设法治国家领域，到2014年为止，阿富汗妇女在司法行业中任职的人数上升了35%。[⑤]在德国和国际社会的援助下，阿富汗人的平均寿命已经有所提升，越来越多的人都能享有自来水供应，儿童入学率有所提升，产妇死亡率也大幅下降。

但另一方面，在阿富汗国内安全局势不断恶化，难民继续大量流出的情况下，针对德国在阿富汗的活动，德国国内出现了很多消极看法。就连德国外交部也承认，阿富汗仍有80%的人收入来自农业。同时，由于缺乏基础设施以及农业之外的就业能力，再加上民众的低受教育水平，阿富汗的经济现代化也步履维艰。到2015年9月为止，阿富汗农村地区的文盲率仍然约有90%。[⑥]

以德国另择党为代表的右翼势力甚至要求德国尽快完全从阿富汗各种活动中撤出，并强烈批判了政府的阿富汗政策。该党公开指出阿富汗是个"无底洞"，而德国在阿富汗的所有工作都失败了，除非阿富汗政府进行重大改

---

① Reinforcing Peace and Security, http://www.fes-afghanistan.org/pages/projects/reinforcing-peace-and-security.php.

② Bundesministerium für Wirtschaftliche Zusammenarbeit und Entwicklung, *Neue Entwicklungspolitische Strategie für die Zusammenarbeit mit Afghanistan im Zeitraum 2014 – 2017*, 3. 3. 2014.

③ Deutschland und Afghanistan-die bilateralen Beziehungen, http://www.afghanistan.diplo.de/Vertretung/afghanistan/de/03/Bilaterale__Beziehungen/__Bilaterale__Beziehungen__Unterbereich.html.

④ Die Bundesregierung, *Bericht der Bundesregierung zu Stand und Perspektiven des deutschen Afghanistan-Engagements*, 2. 2018, p. 4.

⑤ Die Bundesregierung, *Bericht der Bundesregierung zu Stand und Perspektiven des deutschen Afghanistan-Engagements*, 2. 2018, p. 20.

⑥ Bilaterale wirtschaftliche und entwicklungspolitische Zusammenarbeit, 29. 9. 2015, http://www.afghanistan.diplo.de/Vertretung/afghanistan/de/05/Bilaterale__wirtschaftliche__und__entwicklungspolitische__Zusammenarbeit.html.

革，否则应停止继续进行援助。①

自2017年秋德国另择党成功进入联邦议院并成为最大反对党后，其对阿政策依然与默克尔唱反调，并且批评政府是在强行输出西方的制度。在援助阿富汗建设问题上，德国另择党高层亚历山大·高兰（Alexander Gauland）认为，阿富汗过去的历史表明，通过武力和金钱都无法迫使这个遥远的国家建立民主制度。② 很多欧洲国家，尤其是德国在这个问题上犯了错误，“当某国本身不需要民主时，强迫这些国家实行民主制度的做法行不通”。他指出，德国必须停止干预其他国家内政的行为。德国在阿富汗进行的“所谓国家建设已经失败，并已吞食了数十亿欧元”。高兰认为，只有反恐才是德国在阿富汗应该注重的重要事务。③在联邦国防军长期驻扎阿富汗的问题上，高兰认为，应该立即从阿富汗撤军。④

而与此相反，德国政府认为，阿富汗重建仍未很好地完成，这正是德国继续留在阿富汗进行援助的主要原因。2018年3月6日，《柏林晨邮报》公布的一份德国政府最新涉阿文件指出，“设定一个从阿富汗撤离的时间可能会产生消极影响”。这份文件指出，经历了这么多年的恢复重建后，阿富汗政府仍然只控制约60%的国土和三分之二的国民。同时，非常为德方所重视的，在阿富汗构建法治国家的行动，目前看上去成效也不大。文件指出，阿富汗公民权利的行使受到了很大的损害，因为那里缺乏一个宪法法院。同时，那里的法律体系还很薄弱，由宗教主导的判决仍然存在，“到目前为止，司法体系的运行仍受到很大限制”，“腐败和破坏人权的现象仍然非常广泛地存在着”，而德国投入大量精力的警察培训工作也收效甚微。很多警察不够资格，14.6万名登记在册的警察中只有12.2万人的身份能够得到核实。而阿富汗的经济在2013～2016年也出现了明显的下滑。⑤

---

① Pazderski：Afghanistan ein Fass ohne Boden，5.10.2016，https://www.afd.de/pazderski-afghanistan-ein-fass-ohne-boden.

② 在阿富汗投入资金和人力更多的美国，其十几年的在阿构建现代法治和民主国家的努力也被证明是失败的。Geoffrey Swenson，Why U.S. Efforts to Promote the Rule of Law in Afghanistan Failed，*International Security*，42（1），2017.

③ Alexander Gaulaud：Demokratie im Ausland erzwingen funktioniert nicht，23.7.2017，https://www.afd.de/alexander-gauland-demokratie-im-ausland-erzwingen-funktioniert-nicht.

④ Rene Springer：Drogenrekord-Afghanistan Irrsinn beenden，16.11.2017，https://www.afd.de/rene-springer-drogenrekord-afghanistan-irrsinn-beenden.

⑤ Afghanistan wird für Deutschland zu endlosem Abenteuer，6.3.2018，https://www.morgenpost.de/politik/article213645569/Afghanistan-wird-fuer-Deutschland-zu-endlosem-Abenteuer.html.

2018 年 3 月 15 日，即新政府组成和新任外交部部长马斯任职的第二天，德国政府就向联邦议院提交了一份在 2 月草拟的《阿富汗问题报告》，这足以体现新政府对阿富汗问题的重视。马斯亲自在联邦议院强调了继续在各方面援助阿富汗的重要性，今后几年对阿富汗来说将会是“决定性的里程碑”。①

这份 26 页的报告共分 7 个部分，详细论述了德国近年来在阿富汗的军事、政治、经济和社会领域所开展的活动，并指出了今后工作的重点所在。报告指出，自 2001 年开始的德国在阿富汗所承担的各种任务是其历史上最大规模的军事—民事行动。而构建一个足够稳定且对德国及其盟国和本地区没有威胁的阿富汗仍是德国的重要利益所在。德国已经是仅次于美国的阿富汗第二大经济援助者，目前德国每年向阿富汗提供 2.5 亿欧元的发展援助资金和 1.8 亿欧元的社会稳定援助资金。该报告还认为，德国今后在阿富汗的主要目标是：减少当地的暴力和恐怖主义威胁，构建一个合法而稳定的国家政权和促进可持续的经济和社会发展，并通过政治手段来解决争端等。而这样做，也可以消减导致难民出现的因素。②

三　“一带一路”倡议背景下中德两国在阿富汗的合作

近年来，在中国提出“一带一路”倡议的大背景下，中阿关系进一步发展密切。到目前为止，中国在阿富汗投资的主要项目包括油田、铜矿开采，同时中国也参与了通信和公路等领域的设施建设。③ 近年来，中国在继续保持经济投资谨慎的同时，实际上将对阿非军事性安全援助和外交介入作为主要政策工具，并深入介入了阿富汗民族和解进程和阿富汗—巴基斯坦双边关系的改善过程中。④ 总之，中国在阿富汗的影响已大幅增长。这给已在阿富汗投入大量资源并经营多年的德国带来了新的机遇和挑战。

---

① Bulletin der Bundesregierung, Nr. 29 – 3 vom 15. 3. 2018.

② Die Bundesregierung, *Bericht der Bundesregierung zu Stand und Perspektiven des deutschen Afghanistan-Engagements*, 2. 2018, p. 1.

③ 《中阿经贸合作概况》，2015 年 3 月 1 日，http://af.china-embassy.org/chn/zagx/ztgk/t1097560.htm。

④ 肖河：《从发展外交到深度介入：一带一路倡议下的中国对阿富汗政策》，《南亚研究季刊》2016 年第 2 期。

2015年底成为德国和世界焦点的欧洲难民危机直接推动了中德两国在阿富汗的合作。当时，整个欧洲都面临来自中亚、北非和中东的大规模流入的难民潮。而此时，中国正好通过政治和外交手段，在解决阿富汗国内和解以及阿巴关系改善问题上开展了一系列外交活动。① 2015年10月，默克尔在访华时表示希望中国发挥其在阿富汗及其邻国的影响力，积极努力参与通过政治方式解决当地冲突。② 她认为，中国与巴基斯坦和阿富汗都保持着很好的关系，这就能为本地区的和解作出贡献。③默克尔在此行中表示，德国已在阿富汗这个中国的邻国获得了很多经验，而该国的稳定不仅对德国，对中国也非常重要。④ 对于默克尔的请求，李克强总理当即承诺中国将对难民来源地提供更多的援助，以在本地区重新实现和平和稳定。⑤

在这之后，中德双方进一步将合作扩展到了经济层面。2016年6月中旬，由中德两国总理共同主持的第四轮中德政府磋商发表了《第四轮中德政府磋商联合声明》（包括两国在阿富汗共同开展第三方合作的意向）。该联合声明也包括在阿富汗开展共同项目，并将首先在矿业人才培训、加强防灾救灾部门人道能力建设两个基础领域展开。⑥

从该联合声明可以看出，合作开采矿藏是目前中德在阿富汗经济技术合作的重点。而阿富汗矿藏开采问题，一直是让国际社会感兴趣却困难重重的领域，也是阿富汗政府在国内进行重建工作的重点之一。据估计，阿富汗所蕴藏的矿产资源价值高达10亿美元。其中包括金、银、铜、铁等重要金属和其他矿石，以及价值20亿美元的油气资源。据估计，阿富汗从开采这些矿产资源上预期获取的收入，抵得上这十几年来阿富汗从国外获得的数十亿

---

① 肖河：《从发展外交到深度介入：一带一路倡议下的中国对阿富汗政策》，《南亚研究季刊》2016年第2期。

② China braucht Merkel mehr, als Merkel China, 29. 10. 2015, https://www. welt. de/politik/ausland/article148210729/China-braucht-Merkel-mehr-als-Merkel-China. html.

③ Merkel: China ist wichtiger Akteur in der Welt, 30. 10. 2015, https://www. bundesregierung. de/Content/DE/Reiseberichte/2015 - 10 - 29 - merkel-china. html.

④ Flüchtlinge sind auch in China das Thema, 30. 10. 2015, http://www. fr. de/politik/besuch-fluechtlinge-sind-auch-in-china-das-thema-a - 434412.

⑤ Presskonferenz von Bundeskanzlerin Merkel und dem Ministerpräsidenten der Volksrepublik China, Li Keqiang, 29. 10. 2015, https://www. bundesregierung. de/Content/DE/Mitschrift/Pressekonferenzen/2015/10/2015 - 10 - 29 - merkel-li-china. html.

⑥ 《第四轮中德政府磋商联合声明》，2016年6月13日，http://www. fmprc. gov. cn/web/zyxw/t1371629. shtml。

美元的援助。[①] 阿富汗政府也认为这是阿富汗“重生”的机会。[②] 而主要出于“第三国主义”外交的传统和扩大阿富汗矿藏的国际影响，阿富汗政府也努力邀请德国帮助阿富汗进行矿产开采。其认为，德国是世界上拥有最好采矿技术的国家之一，同时又是最大的矿物原材料消耗国之一。因此，阿富汗政府十分希望德国增大对开采阿富汗矿业的支持力度。[③]

而从现在的状况来看，阿富汗尽管拥有巨量的自然资源储备，但由于恶劣的安全局势和政府管理不善，这些资源大都由各地军阀、武装力量和当地警察等控制。同时，大量矿藏都被投运到邻国或继续被犯罪团伙卖往他国。[④] 目前，德国企业对投资阿富汗的基础设施建设、医药、天然气、旅馆业和采矿业非常感兴趣。德阿两国政府于 2007 年签署了《德国在阿投资保护协定》。根据协定，双方共同保护和促进德国在阿投资。阿富汗政府和经济组织也会尽力为德国投资者扫清其所面临的官僚主义障碍。德国认为，于阿富汗投资的一大风险就在于其脆弱的安全和政治稳定。[⑤]

为了推动阿富汗采矿业的发展，这几年来，德国高校和科研院所已经和喀布尔工程大学等阿富汗研究教学机构合作，为阿富汗的采矿业和资源发掘提供了重要的技术和经验。[⑥]德国政府制定了“阿富汗矿业学术教育”计划来帮助提升阿富汗大学和科研机构的研究教学能力。例如，2016 年 5 月初，15 名来自阿富汗各大高校的研究人员顺利完成了在弗莱堡采矿技术工程学院为期两个月的研修。德国驻阿富汗大使马库斯·伯策尔（Markus Potzel）在这些学员的结业仪式上指出：“受过良好培训的采矿专家和地质学家是阿富

---

① Der Kampf um die Bodenschätze Afghanistans, 4. 9. 2014, https://www. boell. de/de/2014/09/04/der-kampf-um-die-ressourcen-afghanistans.

② USA finden riesige Rohstofflager in Afghanistan, 14. 6. 2010, http://www. spiegel. de/politik/ausland/multimilliarden-schatz-usa-finden-riesige-rohstofflager-in-afghanistan-a – 700503. html.

③ 阿富汗政府计划最迟到 2024 年，这个行业将为国家财政每年带来约 40 亿美元的收入，并为 50 万人提供工作机会。Deutsche Firmen sollen bei Bergbau in Afghanistan helfen, 5. 7. 2013, http://www. spiegel. de/wirtschaft/unternehmen/deutsche-firmen-sollen-bei-bergbau-in-afghanistan-helfen-a – 909622. html.

④ USA finden riesige Rohstofflager in Afghanistan, 14. 6. 2010, http://www. spiegel. de/politik/ausland/multimilliarden-schatz-usa-finden-riesige-rohstofflager-in-afghanistan-a – 700503. html.

⑤ Investitionsstandort Afghanistan, 28. 2. 2016, http://www. afghanistan. diplo. de/Vertretung/afghanistan/de/05/Investitionsstandort__Afghanistan/__Investitionsstandort__Afghanistan__Unterbereich. html.

⑥ Akademische Kooperationen, http://tu-freiberg. de/fakult3/bbstb/tagebau/kooperationen/akademische-kooperationen.

汗持续发展所急需的人才，这也可以减少阿富汗对国外技术的依赖。”阿富汗高等教育部部长也认为，“采矿业对阿富汗的发展至关重要”。[①]

尽管如此，在德国舆论看来，包括德国在内的西方国家在阿富汗开采矿藏的行动要落后于中国。据新颁布的2017年德国对外经贸数据，该年德国与阿富汗的贸易额总额为9344.9万欧元，位于德国对外贸易排行榜的第142位。这一数据比2016年（双边贸易额为6228.4万欧元）有所提升，同时阿富汗在德国外贸排行榜上也上升了7位，高于吉尔吉斯斯坦和塔吉克斯坦等同样地理位置处于中亚的国家。[②] 但我们还应看到，德阿贸易尽管近年来有了很大的发展，但还是处于低位，甚至远低于2014年时的中阿贸易总额（4.1093亿美元）[③]。《明镜》周刊曾指出，目前为止，中国在阿富汗开采资源的活动显得尤为积极，并与阿方签署了具体的开采协议。[④] 例如，中国目前在阿富汗拥有著名的艾娜克铜矿的开采权。德国想要在这个领域扩大影响和谋取利益，就必须借助于和中国的合作。正如默克尔所说，“如果我们团结一致，积极参与非洲或亚洲的第三方市场，这将带来更大利润，并让我们变得更强大”。[⑤] 目前，中国已经邀请了德国专家前往帮助进行矿山的探测和开采等工作。这也是双方在矿山开采领域进行合作的一个具体事例，使得中德关系更加具有全球意义上的重要性。

在合作之外，德国对于中国在阿富汗政治经济影响的提升也持一种警惕的态度。他们谴责中国在阿富汗所进行的大规模矿物开采只顾谋取经济利益，而严重威胁到了当地的自然文化遗迹。[⑥] 德国有关机构也比较关注近年

---

① 15 Geologie-und Bergbaudozenten schließen Studienprogramm in Deutschland ab，1.5.2016，http://www.afghanistan.diplo.de/Vertretung/afghanistan/de/05/Beispiele__aus__der__entwicklungspolitischen__Zusammenarbeit/AMEA2016.html.

② Statistisches Bundesamt，*Rangfolge der Handelspartner im Außenhandel der Bundesrepublik Deutschland*，*Jahre* 2016，21.3.2017，S.4；Statistisches Bundesamt，*Rangfolge der Handelspartner im Außenhandel der Bundesrepublik Deutschland*，*Jahre* 2017，21.2.2018，p.4.

③ 朱永彪、武兵科：《美国撤军后的中国对阿富汗政策：动因、挑战与前景》，《南亚研究》2016年第1期，第85页。

④ Deutsche Firmen sollen bei Bergbau in Afghanistan helfen，5.7.2013，http://www.spiegel.de/wirtschaft/unternehmen/deutsche-firmen-sollen-bei-bergbau-in-afghanistan-helfen-a－909622.html.

⑤ 《默克尔提议中德合作赚全世界的钱：会让我们更强大》，2016年6月16日，http://www.cankaoxiaoxi.com/finance/20160616/1193626.shtml?2345。

⑥ Chinesischer Bergbau bedroht Kulturstätte，14.9.2012，http://www.sueddeutsche.de/wissen/archaeologie-in-afghanistan-chinesischer-bergbau-bedroht-kulturstaette－1.1468377#redirectedFromLandingpage.

来中阿关系的发展状况，并专门以此为主题举办了国际研讨会，以探究中国在阿富汗的政治、经济和安全领域的影响。①

需要注意的是，对德国来说，与中国在阿富汗开展的合作并非其唯一的选择。德国在阿富汗的重建工作中比较支持多边合作模式。除了西方阵营和北约的内部合作外，德国也已经与其他国家进行了合作。例如，它与伊朗合作共同促进阿富汗高等教育领域的发展，尤其是采矿专业的发展。②

2018 年 2 月出台的德国新政府《阿富汗问题报告》是一份值得重视的文件。报告中有多处提及了中国在阿富汗的活动。报告指出，像中国这样的邻国在阿富汗日益增长的利益为阿富汗实现稳定提供了新的机会。德国应该借此机会通过外交和各种方式推动本区域内各国的合作。③ 该报告还专门谈及有关阿富汗和本地区正在进行的交通和基础设施建设，在过去几年里唤起了改善当地区域合作的希望。其还将在中国"一带一路"倡议下在中亚修建铁路以及直到巴基斯坦瓜达尔港的交通基础设施作为这方面的一个案例。而德国联邦政府将通过开展第三方工程继续积极支持阿富汗邻国所开展的活动，并计划加强同中国在阿富汗社会稳定、重建和发展领域的合作。④ 预计在今后几年，德国将继续在包括上述政治和经济领域在阿富汗与中国进行合作。

四 结语

近年来，以如何应对大批难民涌入德国为代表的阿富汗问题，成了德国政府和社会所关注探讨的焦点之一。德国国内对于如何处理阿富汗问题产生了不同的看法。以德国另择党为代表的政治势力对政府在这个问题上的做法提出了严厉的批评。在这个背景下，自 2001 年开始在阿富汗所进行的政治经济和社会重建工作，实际上成了德国政府解决阿富汗问题的根本办法。近

---

① Vierter KAS Roundtable 2017：Die Aktuellen Chinesisch-Afghanischen Beziehungen，12. 4. 2017，http://www. kas. de/afghanistan/de/events/72778.

② Kooperation im Hochschulbereich zwischen Deutschland，Afghanistan und Iran，http://www. afghanistan. diplo. de/Vertretung/afghanistan/de/05/Beispiele_ _ aus _ _ der _ _ entwicklungspolitischen _ _ Zusammenarbeit/GIZtrilateralesHochschulprojekt. html.

③ Die Bundesregierung，*Bericht der Bundesregierung zu Stand und Perspektiven des deutschen Afghanistan-Engagements*，2. 2018，pp. 4 – 7.

④ Die Bundesregierung，*Bericht der Bundesregierung zu Stand und Perspektiven des deutschen Afghanistan-Engagements*，2. 2018，p. 26.

年来，德阿高层多次互访，双方关系密切。在维持联邦国防军继续驻扎的同时，德国政府和非政府组织在政府治理、经济振兴、社会平等、教育培训等多个领域，对阿富汗的重建工作投入了大量的人力和物力，并取得了一些成效。迄今为止，阿富汗已成为世界上获得德国政府援助最多的国家。德国从未向阿富汗之外的世界其他国家提供过如此多的发展援助。自2001年开始的德国在阿富汗所承担的各种任务被称为“德国历史上最大规模的军事—民事行动”。

通过分析德国在阿富汗所开展的经济和社会重建工作，我们可以发现，以西方价值观和治理模式为基础，以全面提升阿富汗国家治理能力为目的，最终改变阿富汗作为恐怖主义发源地和难民输出国的角色，是德国在阿富汗工作的重点。目前在德国对阿社会重建所进行的投资中，投入最多的是“善治”领域。在该领域的投入接近德国政府在阿富汗所有投入的一半，以此在阿富汗构建“法治国家、公共政治参与和公共管理体系”。在未来的几年内，德国政府将继续维持上述政策。

而德国在阿富汗重建工作中面临的挑战，除了国际上的因素外，还有来自国内的愈发强大的批评之声。德国国内对于德国政府和非政府组织在阿富汗所进行的各种活动的批评一直此起彼伏。2017年大选后进入联邦议院并成为最大反对党的德国另择党，甚至要求德国完全从阿富汗撤出，并认为政府是在干预阿富汗内政，强行输出西方价值观。作为对这些怀疑和反对声音的应对，德国政府和各界在阿富汗所进行的以西方价值观和治理模式为基础的重建工作正好体现了其向世界展示“自由民主制度仍然行之有效并能够适应未来世界发展”① 的目的。

与此同时，由于德国在阿富汗的巨大投入以及由此在阿富汗产生的重要影响，中国“一带一路”倡议在阿富汗的推进也需要和德国进行合作。中德双方目前在通过政治协商解决阿富汗问题，以及以矿藏开采为代表的经济领域已经进行了一系列合作。尽管德国对中国在阿富汗的一些活动持有不同看法，但维持阿富汗局势稳定是双方的共同意愿。预计中德两国在今后几年将继续在阿富汗展开合作。

---

① Ernennung des Bundeskabinetts，Schloss Bellevue，14.3.2018，http://www.bundespraesident.de/SharedDocs/Reden/DE/Frank-Walter-Steinmeier/Reden/2018/03/180314 - Ernennung-Bundeskabinett.html.

结 语

2005 年，默克尔刚刚就任德国总理时，基民盟内部就已经有声音呼吁今后德国的亚洲政策不能只集中在“看上去更有吸引力”的中国身上。[①] 然而，16 年过去了，无论是在高层领导人互访次数、经贸关系发展还是科技交流等领域，中国都毫无疑问的仍然是德国亚洲政策的中心，中国的亚洲邻国并未获得如中国那样的关注。默克尔到访中国的次数比去所有亚洲国家访问的次数总和都要多。在很长时间里，很少能从德国政经两界中听到要求对这种状况进行调整的声音。与此相反，中国连续四年成为德国最大的贸易伙伴，德国与中国在经贸领域建立了紧密的相互依赖关系，并且在一系列国际政治领域中进行了合作。

2010 年代以来，德国所面临的国际形势开始发生剧烈变化。在欧洲，欧债危机、乌克兰危机、难民危机、英国“脱欧”等重大挑战性的事件接踵而至，极大地冲击着德国和欧盟，并制约了其外交施展的能力。而亚太地区同样出现变局。2010 年前后，美国提出并大力推行了“亚太再平衡战略”，重视以重振盟国及多边的方式“重返亚太”，并在这一战略下制定出了多种机制和文件来推动欧美在亚太地区的合作。而中国随着综合国力的进一步提升，提出了“一带一路”倡议，并推动成立了亚投行、金砖国家新开发银行等国际合作机制。在这个过程中，中国与邻国日本、韩国、越南和菲律宾等相继出现了各种争端。2017 年特朗普就任美国总统后，中美竞争博弈进一步

① Stormy Mildner / Antje Nötzold / Martin Agüera, Auf dem Weg zu einer neuen Außenpolitik? Deutsche Interessen in Asien, KAS-AI 8/05, S. 20 – 21.

升级。亚太和欧盟甚至都面临了是否在中美摩擦中“选边站队”的问题。

在这一背景下，德国国内开始对几个重要的战略问题进行思考。德国和欧洲究竟在亚洲事务中处于什么样的位置？应该采取何种方式应对中美摩擦和中国的发展？在政治上，默克尔政府将自己视作美国不再承担领导权后西方自由世界的领导者。在经济上，德国愈发强调产业链和供应链的“多样化”及不依赖于中国的重要性。①

因此，德国亚洲政策开始出现一些显而易见的调整。第一，从以中国为中心到在中国与亚洲其他国家之间寻求平衡。第二，从单纯追求经济利益，到追寻价值观盟友和经济伙伴之间的平衡。第三，从跟随美国到努力追寻独立自主的亚洲政策。以上三点尤其在2013年默克尔第三届总理任期后变得更为明显。与此相调整，德国国际关系学界也更加专注于探讨本国在亚洲事务中的政治及安全作用。同时也开始关注考察对德国与中国之外其他亚洲国家关系的发展。

我们可以从政治和经济两方面来观察这种调整。2018年夏，在大联合政府的《联合执政协议》的基础上，德国外交部正式提出了与包括亚洲价值观盟友在内的全球中等强国合作维护世界秩序的“多边主义者联盟”计划。亚太地区的日本、韩国、新加坡、印度、澳大利亚等是“多边主义者联盟”的核心合作伙伴。与这些国家就地区和国际问题加强磋商，成了德国政府的重要议程。而在经济上，德国大力支持和推动欧盟与亚洲国家签署双边自由贸易协定，并以此输出欧洲的价值观和规则，进而作为应对中美摩擦和中国快速发展的办法之一。目前，欧盟与韩国、日本、新加坡、越南的自贸协定已相继签署并生效，而与印度、东盟其他国家和澳大利亚、新西兰等国的谈判也在深入进行。②

与此同时，不能因为其他亚洲国家受到德国政经两界较少的关注，就忽视了德国与这些国家的历史纽带、经济社会交往以及对这些国家的政治投入。本书的研究发现，在德国与中国亚洲邻国的交往中，历史因素常常起到极其重要的作用，连接和推动双边关系的发展。不考察德国与这些国家交往

① Auwärtiges Amt, *Leitlinien zum Indo-Pazifik: Deutschland-Europa-Asien, Das 21 Jahrhundert gemeinsam gestalten*, 8. 2020, Berlin, S. 47.

② USA, China und die Eu: Wir sollten China nicht zum Feind erklären, 29. 5. 2020, Wirschaftswoche, https://www.wiwo.de/politik/ausland/usa-china-und-die-eu-wir-sollten-china-nicht-zum-feind-erklaeren/25872292.html.

的历史，就不能认识它们今天关系的主要特征。而德国在这些国家的经济及社会领域的深耕已持续了很多年，并不是近年来才出现的新情况。

由于亚洲地区各国国情和历史传统等相差巨大，德国对亚洲各区域的政策并非完全一致。东亚的日本和韩国已经是世界上最发达的工业国之一，经济社会发展水平很高。在这里，德国的政策主要体现在发展“价值观盟友”和推动签署自贸协定上。日本是德国在亚洲和世界上构建的“多边主义者联盟”的核心合作伙伴。通过与日本的政治经济合作来维持西方主导的多边自由国际秩序，是德国政府在亚太和世界政治变局下的重要选择。双方已在一系列地区和国际问题上进行了连续几轮的紧密磋商。在针对这些问题进行协商的背景下，德日两国高层政治领导人和经济精英频繁互访，双边关系得到迅速提升。在经济上，德国力推欧盟同日本签署了自贸协定，使得双方在政治上的战略考虑延续到了经济领域，并推动了德国与日本的贸易发展。

在朝鲜半岛，1990 年德国统一的历史经验在朝鲜和韩国那里都获得了极大的重视，并由此在朝鲜半岛统一问题上实际赋予了德国在欧盟乃至世界上独一无二的作用和角色。德国政府通过展开各种形式的合作支持韩国统一半岛的努力，并拒绝在朝鲜作出具体变革承诺前减轻对朝鲜的制裁，也不考虑与朝鲜政府建立任何的官方联系。而德国国内还存在以左翼党为代表的另一种声音，即要求政府加强与朝鲜的官方和民间接触，并在文化教育及经济援助领域打开对朝接触的大门。在经济上，韩国是和欧盟签署自贸协定的第一个亚洲国家，同时也是全球唯一一个与中美欧三方都签署了自贸协定的工业国。因此韩国与德国和欧盟的贸易对其他亚洲国家起到了重要的示范和战略作用。近年来德韩贸易的发展甚至出现了双方一直宣传的自贸协定会导致出现“双赢”的情况，并突出体现在汽车贸易领域。德韩汽车分别成为彼此出口给对方的第一大商品门类，出口值仍在继续攀升。而韩国对德汽车出口的持续增长，甚至在一定程度上缓解了前几年韩德贸易中韩国出现大量赤字的情况。

德国在东南亚更加看重经贸关系的发展，并在此基础上寻找战略合作伙伴，维护多边自由国际体系。德国尤其将经济增速很快的越南视作其在东南亚关系发展的重点对象。冷战期间民主德国与越南的传统联系加深了德越对彼此的了解，成了发展双边关系的重要桥梁。尽管德国对越南的政治经济体制有很多不满，却将越南视作一个有着巨大发展潜力的国家。尤其是在中国经济增速下滑之时，越南被德方视作“未来的市场”。欧越自贸协定对德国和欧盟以及越南都有着巨大的利益。越南通过加强经贸关系以强化双边安全和政治联系，从而借助欧盟这个重要的第三者来制衡中美战略竞争，避免因“选边站队”使本国的生存和发展受到威胁。而德国和欧盟也可以此为依托，进一步扩展其在亚洲乃至全球的自贸协定体系，并按照自身规则建立世界经贸秩序。

提供和开展发展援助是德国在南亚和中亚的主要活动。长期以来，德国将印度视作可持续发展领域的全球重要伙伴，并对印度提供了大量发展援助，这些援助呈现了几个特点，如提供方与合作方多元、援助面广泛以及与公民社会合作强健等。德国在印度的全民医疗保险、农村与城市化建设、可再生能源利用及环境保护等多方面都有着深入参与。与此类似，自2001年阿富汗战争后，德国在阿开展了非常深入的政治经济和社会重建工作。在维持联邦国防军继续驻扎的同时，德国政府和非政府组织在政府治理、经济振兴、社会平等、教育培训等多个领域，对阿富汗的重建工作投入了大量的人力和物力，并取得了一些成效。由于持续时间长，这些工作成了“德国历史上最大规模的军事—民事行动”。这几年来，由于难民危机对德国的冲击，阿富汗问题已成为德国国内的重要社会和政治主题。德国国内对于如何处理阿富汗问题产生了不同的看法。

在德国与上述所有国家的交往中，中国都是重要的主题。在经济上，推动与这些国家经贸关系的发展，可以减少德国对中国的依赖并更好地整合利用亚洲经济增长的潜力。[①] 以德越贸易为例，双边贸易的发展以及欧越自贸协定的签署会削弱中国对欧洲出口的纺织品、鞋类、塑料及家具等产品的竞争力。同时，由于自贸协定对原产地的严格要求，因此势必会导致越南减少从中国等国进口原材料，并且加强本国原材料的生产。这个对中德及中欧贸易的消极影响在德国目前正在推动的欧盟与印度的自贸协定谈判中也可以观察出来。由于印欧贸易结构与中欧贸易相近，印欧自由贸易协定的达成可能冲击到中欧贸易。而与中国的邻国达成自贸协定，一方面可以强化欧盟作为规范力量以主导制定未来的国际经济贸易规则；另一方面也可以对中国施压，使中国接受德国和欧盟在经贸问题上提出的条件。

在政治上，德国力推的“多边主义者联盟”计划纳入了中国的大部分亚

---

① Auwärtiges Amt, *Leitlinien zum Indo-Pazifik: Deutschland-Europa-Asien: Das 21 Jahrhundert gemeinsam gestalten*, Berlin, 8. 2020, S. 47.

洲邻国，韩日印等还成为其核心内层的伙伴，而中国却只是这个联盟的外层伙伴。发展与这些国家的关系，提升了德国和这些中等强国应对中美摩擦的能力和战略定力。我们可以发现，在东海和南海等问题上出现的中国与日本、韩国、菲律宾及越南等的争端中，德国尽管看似中立，但实际上通过各种表态以及宣扬以国际法等措施解决危机，从而站在了中国的亚洲邻国一方。德国还批评中国的对外投资和援助模式，并将中国作为德国在印度援助的重要竞争者。而在政府磋商中，德印多次提及了“航行自由”问题和对中国的“一带一路”倡议的“忧虑”。

与此同时，德国在与中国亚洲邻国的合作中，并非只将中国视作单纯的对手和针对者。通过与中国邻国的合作，德国更加意识到中国在解决地区和全球问题中的重要性。没有中国就难以解决这些问题。例如，在阿富汗，德国一方面警惕中国影响的扩大，另一方面也将与中国的合作视作解决阿富汗问题的希望。中德政府已经就阿富汗问题进行过磋商。德国政府认为，中国在阿富汗和中亚地区开展的交通和基础设施建设在过去几年里唤起了改善本区域合作的希望，并计划加强与中国在阿富汗社会稳定、重建和发展领域的合作。

德国与中国亚洲邻国关系的发展，还存在一些短期内很难克服的问题。由于这些问题，德国与这些国家的关系发展受到了很大的制约。首先是德国作为中等强国，在亚太地区缺乏军事和政治影响，单靠经济实力很难在这个地区的事务中获得有力的发言权。尽管德国早已是亚太很多国家在欧盟的第一大贸易伙伴，但在政治和安全事务上并不受这些国家重视，甚至影响力还不如英法等传统殖民大国。

其次是德国政策的内在矛盾。例如，韩国和日本都是德国“多边主义者联盟”计划的核心合作伙伴。它们应该强调多边主义，克制自身的单边主义，并通过对话协商来解决彼此的矛盾和争端。但从领土到历史观再到贸易等问题，近年来日韩两国冲突不断。尤其是两国近年来的贸易争端，在最严重时甚至已发展成了一场小规模的贸易战。对于韩国加入七国集团的提议，日本也报以极其冷淡甚至反对的态度。①

---

① Japan Told U. S. It Opposes South Korea Joining G7, in Move Likely to Anger Seoul, 28. 6. 2020, https://www.japantimes.co.jp/news/2020/06/28/national/politics-diplomacy/japan-objection-south-korea-g7.

最后是德国的发展援助政策问题。在阿富汗、印度以及很多东南亚国家，德国提供的发展援助都以西方价值观和治理模式为基础，以全面提升这些国家的治理能力为目的，最终改变后者（例如阿富汗）作为恐怖主义发源地和难民输出国的角色。德国在亚洲多国输出其社会制度、统一经验和经济模式，以此作为其外交政策的目标。但从当代史的经验我们可以知道，亚洲地区的经济社会发展并不是按照传统的东方—西方或社会主义—资本主义两分模式，而是更多来自自身的经验，即亚洲各国之间的相互学习和借鉴。例如，1970 年代的亚洲经济发展更多是学习了 1945 年以前日本的政治经济经验。而中国的经济和社会发展也在很大程度上吸收了“亚洲四小龙”和日本的经验。①

近年来，德国政府内部对现代化是否等于西方化等困扰德国和西方对外发展援助已久的重要问题进行了反思。他们质疑西方文明体系能否适用于世界上所有的文化、社会和经济体，并提倡平等地看待发展中国家的文化，以及建立多元的世界文明体系，并要求德国政府更多地去“培养对象国的现代性而非去对其文化进行现代化”。② 但我们从德国在亚太各国的活动中仍然可以发现，意识形态对抗甚至一定程度上的文化优越感和西方文明至上观仍然十分普遍。例如，很多德国的高层外交官甚至对亚洲地区经济社会发展程度较高，同时是欧洲“价值观盟友”的日本和韩国的制度及文化也报以轻视的态度。③ 在经贸合作领域，德国和欧盟尽管宣扬自由贸易和公平贸易，但在包括农业等一系列领域仍然采取高度保护主义的立场，④ 同时在已签署的自贸协定中所严格规定的原产地原则，实际上也和德国及欧盟一直依赖并主张的多边主义理念不相符。

从根本上来说，以上问题和困境是和德国对亚洲地区的认识不足联系在一起的。曾在东亚和东南亚长期从事过高级外交工作的霍斯特·布里（Horst Brie）在退休之后指出，这些国家的革命运动“实际上是民族解放运动”，

---

① Bruce Cumings, The Origins of the Development of the Northesat Aisan Political Economy: Industrial Sectors, Product Cycles, and Political Consequences, *International Organization*, 38（1）, 1984; Felix Wemheuer, *Chinas große Umwälzung: Soziale Konflikte und Aufstieg im Weltsystem*, Köln: Papa Rossa, 2019, S. 101－102.

② Michael Bohnet, *Geschichte der deutschen Entwicklungspolitik*, S. 231－233.

③ The Man at the Center of Brussels Spy Probe, 27. 1. 2020, https://www.politico.eu/article/gerhard-sabathil-brussels-china-spy-probe.

④ 贺之杲：《治理困境与欧盟自由贸易协定政策》，《复旦国际关系评论》2019 年第 1 期。

“尽管我对这些国家的状况进行了仔细考察，并同当地的领导官员进行过谈话，我也愈发认识到这些国家正在进行着独立自主的，只是在很小程度上受到外部力量影响的发展。但我作为一个好心的外国人，仍然犯了太多的失误”。[①] 冷战期间，联邦德国和民主德国对亚洲各国的观察及政策都带有极强的意识形态特征，而联邦德国对亚洲事务则尤为缺乏长期及宏观的规划，往往被具体事务所牵绊和裹挟。这种冲击—反应式的应对使其很难真正仔细地去观察亚洲各国内部及各国彼此间关系的复杂性。这仍将是德国今后的亚洲政策所需要面对和解决的一大难题。

① Horst Brie, *Erinnerungen eines linken Weltburgers*, Berlin: Dietz, 2006, S. 100.

附　录

附表 1　2013～2019 年德国同亚洲主要国家的贸易情况

单位：亿欧元

国家	2013 年	2014 年	2015 年	2016 年	2017 年	2018 年	2019 年
中国	1404.01	1541.82	1630.82	1698.81	1866.46	1993.02	2059.29
日本	366.22	359.56	372.51	402.93	424.33	441.68	446.63
韩国	224.67	236.29	255.90	249.58	287.89	293.83	296.21
印度	160.81	159.86	173.33	174.23	191.48	214.32	213.20
越南	74.21	80.20	103.28	113.78	130.65	138.67	140.30
新加坡	111.31	112.94	124.85	120.86	132.17	145.56	130.59
马来西亚	104.58	109.35	118.25	123.33	138.43	141.28	142.58
泰国	82.05	85.88	90.98	97.68	106.44	111.87	110.26
印度尼西亚	66.96	65.53	66.01	62.69	66.21	66.63	63.17

资料来源：Statisches Bundesamt, *Rangfolge der Handelspartner im Außenhandel der Bundesrepublik Deutschland*, Wiesbaden, 2014－2020。

附表 2　2013～2019 年默克尔对亚洲各国的访问情况统计

国家	2013 年	2014 年	2015 年	2016 年	2017 年	2018 年	2019 年
中国		7 月	10 月	6 月、9 月		5 月	9 月
日本			3 月	5 月			2 月、6 月
印度			10 月				10 月
阿富汗	5 月						

附表 3 2014～2018 年德国对中国及其主要亚洲邻国的对外援助

单位：百万欧元

国家	2014 年 （双边 + 多边）	2015 年 （双边 + 多边）	2016 年 （双边 + 多边）	2017 年 （双边 + 多边）	2018 年 （双边 + 多边）
中国	344. 6 （320. 7 + 24. 0）	522. 3 （491. 4 + 30. 9）	558. 9 （532. 7 + 26. 2）	379. 3 （358. 2 + 21. 1）	463. 9 （430. 0 + 33. 9）
印度尼西亚	112. 8 （102. 4 + 10. 4）	295. 4 （280. 8 + 14. 6）	486. 2 （469. 4 + 16. 8）	261. 3 （238. 0 + 23. 3）	942. 3 （929. 6 + 12. 7）
阿富汗	454. 7 （399. 0 + 55. 7）	361. 1 （326. 4 + 34. 7）	520. 7 （454. 7 + 66. 0）	499. 8 （424. 4 + 75. 4）	465 （371. 2 + 93. 8）
印度	426. 6 （328. 3 + 98. 3）	750. 8 （677. 6 + 73. 3）	335. 3 （201. 3 + 134. 0）	604. 4 （466. 6 + 137. 8）	354. 5 （207. 0 + 147. 5）
越南	177. 8 （99. 4 + 78. 3）	146. 5 （118. 3 + 28. 2）	221. 5 （164. 3 + 57. 2）	148. 9 （101. 4 + 47. 6）	175. 9 （110. 7 + 65. 2）
缅甸	294. 7 （266. 4 + 28. 3）	40. 5 （16. 7 + 23. 7）	71. 9 （33. 1 + 38. 9）	66. 4 （35. 6 + 30. 9）	82 （43. 7 + 38. 2）
柬埔寨	52. 5 （35. 7 + 16. 8）	39. 6 （26. 0 + 13. 5）	54. 4 （37. 8 + 16. 6）	39. 9 （27. 0 + 12. 9）	72. 6 （45. 5 + 27. 1）

资料来源：Bundesministerium für wirtschaftliche Zusammenarbeit und Entwicklung：Bi- und multilaterale Netto-ODA nach Ländern 2014－2018，S. 6。

参考文献

外文

Auwärtiges Amt, *Leitlinien zum Indo-Pazifik: Deutschland-Europa-Asien, Das 21 Jahrhundert gemeinsam gestalten*, August 2020, Berlin.

Horst Brie, *Erinnerungen eines linken Weltburgers*, Berlin: Dietz, 2006.

Stormy Mildner, Antje Nötzold, Martin Agüera, *Auf dem Weg zu einer neuen Außenpolitik? Deutsche Interessen in Asien*, KAS-AI 8/05.

Bruce Cumings, "The Origins of the Development of the Northesat Aisan Political Economy: Industrial Sectors, Product Cycles, and Political Consequences", *International Organization* 38 (1), 1984.

Gerhard Will, "Chancen und Risiken deutscher Politik in Vietnam", *SWP-Studie* 5, Berlin, 2002.

Janka Oetel, Andrew Small and Amy Studdart, "The Liberal Order in the Indo-Pacific", GMF, Asia Program, 2018, No. 13.

Thorsten Benner, Jan Gaspers, Mareike Ohlberg, Lucrezia Poggetti and Kristin Shi-Kupfer, "Authoritarian Advance: Responding to China's Growing Political Influence in Europe", Berlin, Merics, February 2018.

Eberhard Sandschneider, "Nutznießer der Ukraine-Krise: China profitiert von Putins Interesse an einer Ressourcenpartnerschaft", *Internationale Politik* 4, Juli/August 2014.

Ulrich Speck, "Die Stunde des B-Teams: Nach der Wahl Donald Trumps stehen andere in der Verantwortung", *Internationale Politik*, März/April 2017.

Deutschlands Zukunft gestalten, Koalitionsvertrag zwischen CDU, CSU und SPD, 14. 12. 2013.

Ein neuer Aufbruch für Europa. Eine neue Dynamik für Deutschland. Ein neuer Zusammenhalt für unser Land, Koalitionsvertrag zwischen CDU, CSU und SPD, 7. 2. 2018.

Karin Weiss, "Vietnam: Netzwerke zwischen Sozialismus und Kapitalismus", *Aus Politik und Zeitgeschichte* (*APuZ*) 27/2005, Bonn, 2005.

Siegmar Schmidt, Gunther Hellmann, Reinhard Wolf Hg., *Handbuch zur deutschen Außenpolitik*, Wiebaden: VS Verlag für Sozialwissenschaften, 2007.

Ying Huang, *Die Chinapolitik der Bundesrepublik Deutschland nach der Wiedervereinigung. Ein Balanceakt zwischen Werten und Interessen*, Wiesbaden: Springer VS, 2019.

Young-Sun Hong, *Cold War Germany, the Third World, and the Global Humanitarian Regime*, Cambridge: Cambridge University Press, 2015.

Werner Abelshauser, *Deutsche Wirtschaftsgeschichte, von 1945 bis zur Gegenwart*, München: Verlag C. H. Beck, 2011.

Quinn Slobodian, *Foreign Front: Third World Politics in Sixties West Germany*, Durham: Duke University Press, 2012.

Bernd Schaefer & Baskara Wardaya eds., *1965: Indonesia and the World*, Jakarta: Gramedia Pustaka Utama, 2013.

Frank Bösch: *Zeitwende 1979: Als die Welt von heute begann*, München: C. H. Beck, 2019.

Alexander Troche, *Berlin wird am Mekong verteidigt: Die Ostasienpolitik der Bundesrepublik in China, Taiwan und Süd-Vietnam 1954 – 1966*, Düsseldorf: Droste Verlag, 2001.

Harish Mehta, "Soviet Biscuit Factories and Chinese Financial Grants: North Vietnam's Economic Diplomacy in 1967 and 1968", *Diplomatic History* 36 (2), April 2012.

Gottfried-Karl Kindermann, *Der Aufstieg Ostasiens in der Weltpolitik, 1840 – 2000*, Stuttgart: Deutsche Verlags-Anstalt, 2001.

Jürgen Osterhammel, *Die Flughohe der Adler: Historische Essays zur Globalen Gegenwart*, München: C. H. Beck, 2017.

Jürgen Osterhammel, *Die Entzauberung Asiens: Europa und die asiatischen Reiche im 18. Jahrhundert*, München: C. H. Beck, 2013.

Michael Bohnet, *Geschichte der deutschen Entwicklungspolitik*, Munchen: UVK Verlag, 2019.

Martin Grossheim, " 'Revisionism' in the Democratic Republic of Vietnam: New Evidence from the East German Archives", *Cold War History*, 2005.

Christian Becker, "Die militärstrategische Bedeutung des Südchinesischen Meeres: Überlegungen zum chinesischen Kalkül im Inselstreit", *SWP-Aktuell* 82, September 2015.

Felix Wemheuer, *Chinas große Umwälzung: Soziale Konflikte und Aufstieg im Weltsystem*, Köln: Papa Rossa, 2019.

Siegmar Schmidt, Gunther Hellmann, Reinhard Wolf Hg., *Handbuch zur deutschen Außenpolitik*, Wiebaden: VS Verlag für Sozialwissenschaften, 2007.

Till Florian Tömmel, *Bonn, Jarkarta und der Kalte Krieg: Die Außenpolitik der Bundesrepublik Deutschland gegenüber Indonesien von 1952 bis 1973*, Berlin: De Gruyter, 2018.

Melanie Hart and Blaine Johnson, "Mapping China's Global Governance Ambitions: Democracies still have leverage to shape Beijing's reform agenda", Feb. 2019, Washington DC: Center for American Progress.

Ivo Daalder and James Lindsay, "The Committee to Save the World Order: America's Allies must Step Up as America Steps Down", *Foreign Affairs*, Nov/Dec, 2018.

Hans Günther Hilpert, Gerhard Will, "China und Südostasien Auf dem Weg zu regionale Partnerschaft", *SWP Studie*, August 2005, Berlin.

Jamie Fly, "Trump's Asia Policy and the Concept of the Indo-Pacific", Research Division Asia/BCAS 2018, *SWP Working Paper*, October 2018.

Anja Seiffert, *Der Einsatz der Bundeswehr in Afghanistan: Sozial-und Politikwissenschaftliche Perspektiven*, Wiesbaden: VS Verlag für Sozialwissenschaften, 2012.

Aurel Croissant, "The Struggle for Democracy in Asia: Regression, Resilience, Revival", *Asia Policy Brief*, Bertelsmann Stiftung, 2020.

William Gray, "William Gray über Florian Tömmel, Till: Bonn, Jakarta und der Kalte Krieg. Die Außenpolitik der Bundesrepublik Deutschland gegenüber Indonesien von 1952 bis 1973. Berlin 2018", *H-Soz-Kult*, 21. 2. 2019.

Oliver Bräuner, "Rüstungstransfers ins maritime Südostasien-Wettrüsten oder Proliferation?", *Aus Politik und Zeitgeschichte*, 40 – 41/2014: Sicherheit in Südostasien, https://www.bpb.de/apuz/191928/ruestungstransfers-ins-maritime-suedostasien? p = all.

"Bundesministerium für Wirtschaftliche Zusammenarbeit und Entwicklung", *Die deutsche Zusammenarbeit mit Afghanistan*, November 2016.

Geoffrey Swenson, "Why U. S. Efforts to promote the rule of law in Afghanistan failed", *International Security* 42 (1), 2017.

"Bundesministerium für Wirtschaft und Energie", *Fakten zum deutschen Außenhandel*, Berlin, Oktober 2018.

"Bundesministerium für wirtschaftliche Zusammenarbeit und Entwicklung", *Bi- und multilaterale Netto-ODA nach Ländern* 2014 – 2018.

"Bundesministerium für Wirtschaftliche Zusammenarbeit und Entwicklung", *Neue Entwicklungspolitische Strategie für die Zusammenarbeit mit Afghanistan im Zeitraum 2014 – 2017*, 3. 3. 2014.

"Die Bundesregierung", *Bericht der Bundesregierung zu Stand und Perspektiven des deutschen Afghanistan-Engagements*, Februar 2018.

Statisches Bundesamt, *Rangfolge der Handelspartner im Außenhandel der Bundesrepublik Deutschland*, Wiesbaden, 2014.

Statisches Bundesamt, *Rangfolge der Handelspartner im Außenhandel der Bundesrepublik Deutschland*, Wiesbaden, 2015.

Statisches Bundesamt, *Rangfolge der Handelspartner im Außenhandel der Bundesrepublik Deutschland*, Wiesbaden, 2016.

Statisches Bundesamt, *Rangfolge der Handelspartner im Außenhandel der Bundesrepublik Deutschland*, Wiesbaden, 2017.

Statisches Bundesamt, *Rangfolge der Handelspartner im Außenhandel der Bundesrepublik Deutschland*, Wiesbaden, 2018.

Statisches Bundesamt, *Rangfolge der Handelspartner im Außenhandel der Bundesrepublik Deutschland*, Wiesbaden, 2019.

Statisches Bundesamt, *Rangfolge der Handelspartner im Außenhandel der Bundesrepublik Deutschland*, Wiesbaden, 2020.

中文

陈弢：《当前德国对俄政策探析》，载郑春荣主编《德国发展报告（2020）》，社会科学文献出版社，2020。

陈弢：《2018年以来德国与日本的合作探析》，载郑春荣主编《德国发展报告（2019）》，社会科学文献出版社，2019。

陈弢：《德国在阿富汗的政治经济活动及中德合作》，载郑春荣主编《德国发展报告（2018）》，社会科学文献出版社，2018。

陈弢：《近年来德国在东南亚的政治经贸活动》，载郑春荣主编《德国发展报告（2017）》，社会科学文献出版社，2017。

陈弢：《德国左翼党与2015年希腊债务危机》，载郑春荣、伍慧萍主编《德国发展报告（2016）》，社会科学文献出版社，2016。

陈弢：《德越关系分析：历史及现状》，载郑春荣、伍慧萍主编《德国发展报告（2015）》，社会科学文献出版社，2015。

陈弢：《在中苏分裂阴影下：越南留学生和实习生在民主德国的学习培训》，《近现代国际关系史研究》2015年第2期。

陈弢：《20世纪50年代初台湾当局对德"建交"活动始末》，《德国研究》2016年第3期。

陈弢：《科尔与中德关系发展》，澎湃新闻，2017年6月24日。

陈弢：《国际共运斗争中的统一战线：中朝在德国统社党六大上的合作及其影响》，《近现代国际关系史研究》2017年第2期。

陈弢：《中苏分裂与中蒙关系（1960～1966）》，《当代世界社会主义问题》2015年第4期。

任琳、程然然：《欧盟东南亚政策探析》，《欧洲研究》2015年第3期。

〔德〕米夏埃尔·施塔克：《欧债危机后德国的外交政策：更积极，更有为，更全球化?》，吴静娴译，《德国研究》2014年第3期。

忻华：《欧盟：靠拢日本、疏离中国》，《世界知识》2018年第23期。

忻华：《欧盟对日战略性双轨谈判的机理分析》，《现代国际关系》2015年第9期。

忻华：《从"欧日经济伙伴关系"的确立看欧盟对外战略布局》，《当代世界》2019年第6期。

宋黎磊、蔡亮：《冷战后欧日合作模式特征刍议》，《欧洲研究》2017年第6期。

许利平:《莫把越欧自贸协定想歪了》,《环球时报》2019 年 7 月 3 日。
葛兆光:《宅兹中国——重建有关［中国］的历史论述》,中华书局,2011。
杨耀源、翟崑:《越南与欧盟缔结自贸协议的考量和影响》,《东南亚研究》2020 年第 1 期。
张晓朋:《越南—欧盟 FTA 及其原产地规则对部分产业的影响》,《国际经济合作》2019 年第 4 期。
刘明礼:《欧越自贸协定对欧盟的战略意义》,《世界知识》2019 年第 14 期。
Nguyen Thi Hai Phuong:《欧盟—越南自由贸易协定(EVFTA)对越南纺织品出口影响效应研究》,上海大学硕士学位论文,2019。
阮氏秋红:《越南咖啡出口欧盟市场的竞争力研究》,广西大学硕士学位论文,2019。
林民旺:《印度—欧盟战略伙伴关系的发展动力及前景》,《欧洲研究》2015 年第 4 期。
茹亚伟、郭振、刘波:《东北亚变局与 20 世纪 80 年代朝韩对话——以朝韩奥委会洛桑谈判为视角的解读》,《冷战国际史研究》2019 年第 2 期。
薛力、肖欢容:《冷战后欧盟的冲突干预:以亚洲为例》,《欧洲研究》2014 年第 1 期。
《印尼德国协议合作发展棕油工业》,《世界热带农业信息》2010 年第 9 期。
《印尼第三国营农园与德国企业合作建棕油厂》,《世界热带农业信息》2012 年第 1 期。
《德国政府鼓励企业投资印尼》,《东南亚南亚信息》2001 年第 4 期。
曾绍毓:《美国与盟国的对华政策分歧趋于扩大》,《国际政治科学》2017 年第 3 期。
熊炜:《2016 年版德国国防白皮书评析——“来自中间的领导”困境》,《国际论坛》2017 年第 3 期
熊炜:《失重的“压舱石”?经贸合作的“赫希曼效应”分析——以德俄关系与中德关系为比较案例》,《外交评论》2019 年第 5 期。
贺之杲:《治理困境与欧盟自由贸易协定政策》,《复旦国际关系评论》2019 年第 1 期。
葛建华:《日欧联手应对美国全球贸易摩擦的途径和方法》,《现代日本经济》2019 年第 5 期。

后　记

我对德国在亚洲地区活动的兴趣，在很大程度上源于读博士期间偶然在德国柏林参加的一场学术活动。在那场近十年前的有关民主德国与越南关系的讲座中，主持人、国际著名民主德国史专家依科－萨沙·科瓦楚克（Ilko-Sascha Kowalczuk）博士竟然喧宾夺主，滔滔不绝地大谈1970年代末越南出口给民主德国的咖啡品种和口味，以及越南对民主德国外贸和两国关系的影响等。科瓦楚克博士借主持人之便所作的这场半个多小时的“评论”，以及随后在场学者们的热烈探讨，彻底激起了我进一步了解德国在中国之外亚洲地区活动的兴趣和对这一问题的研究动力。我后来写作的博士学位论文就以民主德国对东亚几个社会主义国家的政策为题，从而满足了自己对德国在这一地区活动的好奇心。

我取得博士学位已多年，这篇学位论文却因各种原因一直难以走进国内出版社的大门而获得出版。我常常感慨自己的博士学位论文未能出版不一定是件坏事，那篇论文中的很多论述现在看来都需要很多时间和精力来修改。工作后，我对德国的现状问题有了更多的观察与思考，但德国在亚洲地区的活动始终是我考察的重点。几年下来，我已经在一系列刊物上发表了多篇有关德国与亚洲地区关系的论文。有的文章还获得了各种渠道的转引和收录，据说影响还不错。本书中的部分章节，就来源于几年来我所撰写的一系列论文。

历史学研究和国际政治学研究同中有异。历史学者，包括我所在的现当代史领域的学者往往将自己所考察的研究对象前移，以尽量不和现实产生纠结。这样做的一个重要原因是要尽量保持自身研究的客观与公正，另一个原因是当代的档案材料没有解密开放，因此往往难以获得研究的基本素材。不过我很快也发现，历史学者和国际政治研究者的身份其实很难相分离。以我熟悉的德国问题研究为例，迈克尔·索达罗（Michael Sodaro）教授在当时档案没有开放的情况下，基于各国的报刊材料写就的《莫斯科、德国与西方》一书[①]很快就成为这个研究领域的必读经典。尤为令人称道的是，书中的大部分论断也并未因档案材料随后的大规模解密开放而被推翻。另一个我十分尊敬且多次对我进行过指导的格哈德·维蒂格（Gerhard Wettig）教授更是游走于外交史研究和当前的政策问题分析之间，他的很多涉及历史和当前政策的研究早已成为经典。我常常将他比作“被留在某个历史时代的国际政治研究者”。而在国际历史学界，对当前问题关注并下笔著书的学者更十分多见。我十分欣赏的外交史和苏联史年轻学者克里斯·米勒（Chris Miller）博士于2018年在北卡罗来纳大学出版的《普京经济学》[②] 一书并未让我感到吃惊。他们在研究和教学中往往将历史学研究和现实政治分析相结合，这是这些学者在研究上能够新意频出、引领学界的一个重要原因。

历史学研究非常注重研究对象的时间分期。本书中主要内容的截止时间被放到了2019年底。这里的一个重要原因在于2020年全球新冠肺炎疫情的暴发和蔓延，人类历史的很多方面由此已可以用“新冠前”和“新冠后”来划分了。以德国和西方的亚洲政策及亚洲各国的发展来说，新冠肺炎疫情流行前后尽管有很大的连续性——任何历史分期都不否认连续性的存在——但也出现了非常巨大的变化。这使得我可以沉下心来对这一历史阶段的德国亚洲政策进行阶段性的考察。在疫情肆虐的2020年春夏两季，我利用各种间歇，完成了本书中尤为重要的德国对印度和对朝鲜半岛政策，以及前言和结语部分的写作。本书利用的资料，主要是德国政府、驻外机构及其亚洲政策对象国政府、驻外机构的官方报告、分析和新闻，以及德国和亚洲各国的报刊资料。在这些资料的基础上，我希望尽量构建起对这一时期德国亚洲政策的客观、公正的阶段性分析，以弥补目前国内学界在探讨德国亚洲政策时充斥的各类“短、平、快”文章造成的不足，以便我们能够在一定的历史深度下，更全面、系统和有比较地对德国的亚洲政策进行观察、分析和研判。

---

① Michael Sodaro, *Moscow, Germany, and the West from Khrushchev to Gorbachev*, Ithaca, New York: Cornell University Press, 1990.

② Chris Miller, *Putinomics: Power and Money in Resurgent Russia*, Chapel Hill: The University of North Carolina Press, 2018.

本书的出版获得了同济大学文科办公室和德国研究中心的经费资助。我在此深表感谢。同济大学德国问题研究所浓厚的学术氛围和对当前德国与全球诸多重要事件的关注，推动着我进一步地深挖自己对德国、亚洲乃至全球问题的研究兴趣。

疫情肆虐之下，各种家务和生活上的琐碎之事一度压得人喘不过气来。在本书写作期间，如果没有妻子君来在家务上的帮助和生活上的照顾，这部专著难以完成。书中的一些内容，我也多次与她作了讨论和交流，使得本书更趋于完善。因此这本书是我献给她的作品。本书的写作过程几乎与幼子“Gabi”的出生、成长同行。看着他纯真的眼神，陪伴他玩耍为我们增添了很多生活的乐趣。

书中还有诸多不足之处，皆由本人承担。

陈弢

于上海长宁家中

2021年8月6日夜

图书在版编目(CIP)数据

德国的亚洲政策研究：2013～2019年 / 陈弢著. -- 北京：社会科学文献出版社，2021.12
（同济大学欧洲与德国研究丛书）
ISBN 978-7-5201-9493-8

Ⅰ.①德… Ⅱ.①陈… Ⅲ.①亚洲-对外政策-研究-德国-2013-2019 Ⅳ.①D851.60

中国版本图书馆CIP数据核字（2021）第251950号

同济大学欧洲与德国研究丛书
德国的亚洲政策研究（2013～2019年）

著　　者 / 陈　弢

出 版 人 / 王利民
组稿编辑 / 祝得彬
责任编辑 / 仇　扬
文稿编辑 / 陈旭泽
责任印制 / 王京美

出　　版 / 社会科学文献出版社·当代世界出版分社（010）59367004
地址：北京市北三环中路甲29号院华龙大厦　邮编：100029
网址：www.ssap.com.cn
发　　行 / 市场营销中心（010）59367081　59367083
印　　装 / 三河市东方印刷有限公司

规　　格 / 开 本：787mm×1092mm　1/16
印 张：11.25　字 数：191千字
版　　次 / 2021年12月第1版　2021年12月第1次印刷
书　　号 / ISBN 978-7-5201-9493-8
定　　价 / 88.00元

本书如有印装质量问题，请与读者服务中心（010-59367028）联系